出土文献与法律史研究现状学术研讨会论文集

马 聪　王 涛　曹旅宁 主 编

CHUTU WENXIAN YU FALUSHI YANJIU XIANZHUANG XUESHU YANTAOHUI LUNWENJI

暨南大學出版社
JINAN UNIVERSITY PRESS

中国·广州

图书在版编目（CIP）数据

出土文献与法律史研究现状学术研讨会论文集/马聪，王涛，曹旅宁主编．—广州：暨南大学出版社，2017．8

ISBN 978－7－5668－2172－0

Ⅰ．①出… Ⅱ．①马…②王…③曹… Ⅲ．①出土文物—文献—研究—中国—学术会议—文集 ②法制史—研究—中国—古代—学术会议—文集 Ⅳ．①K877．04－53 ②D929．2－53

中国版本图书馆 CIP 数据核字（2017）第 208483 号

出土文献与法律史研究现状学术研讨会论文集

CHUTU WENXIAN YU FALUSHI YANJIU XIANZHUANG XUESHU YANTAOHUI LUNWENJI

主编：马　聪　王　涛　曹旅宁

出 版 人： 徐义雄
责任编辑： 黄少君
责任校对： 亢东昌
责任印制： 汤慧君　周一丹

出版发行： 暨南大学出版社（510630）
电　　话： 总编室（8620）85221601
营销部（8620）85225284　85228291　85228292（邮购）
传　　真：（8620）85221583（办公室）　85223774（营销部）
网　　址： http：//www. jnupress. com
排　　版： 广州市天河星辰文化发展部照排中心
印　　刷： 佛山市浩文彩色印刷有限公司
开　　本： 787mm×960mm　1/16
印　　张： 11
字　　数： 243 千
版　　次： 2017 年 8 月第 1 版
印　　次： 2017 年 8 月第 1 次
定　　价： 35．00 元

目录

CONTENTS

谈《岳麓书院藏秦简（肆）》部分竹简的归类

彭 浩

《岳麓书院藏秦简（肆）》收录竹简391枚，整理者将它们分作三组，第一组108个编号是“有关‘亡律’内容的卷册”①。细审简文可以发现，第一组简文除《亡律》外，还有其他类的简文，现举例如下。

一

☑□，乡部吏赀一甲，占者赎耐，莫占吏数者，赎耐。典、老占数小男子年未盈十八岁及女子，县、道啬夫谇，乡部吏赀一盾，占者赀二甲，莫占吏数者，赀二甲。（简011－012）②

以上两简文字相连。据“典、老占数小男子年未盈十八岁及女子，县、道啬夫谇，乡部吏赀一盾，占者赀二甲，莫占吏数者，赀二甲”，可知简文要求的“占”者是指年龄满十八岁的男性。县道啬夫、乡部吏、典、老是负责此项登记的吏员。此项申报与常见的户籍登记的“自占年”似乎有些不同。在里耶城址的护城壕曾出土自名“南阳”的户籍记录。整理者根据户主的爵级前皆加“荆”的现象，认为是秦占领楚地后的户籍登录。③ 张荣强称之为“南阳里户版”，是迁陵县某乡的南阳里户籍。④ 每户包括户主籍贯、爵级、姓名；户主妻名；依附者（“隶”）名；户主之子名、爵级；户主之女名。依附者和子、女多以大、小表示成年与未成年。每一户籍包含全部家庭成员，不分性别、老小。张家山M247汉简《二年律令》简325－327也有“自占年”的规定，⑤ 与秦朝一脉相承。简011－012只涉及十八岁的男、女，显然不同于对人口普遍登记的“自占年”，与《户律》不类，自然也与擅自离开户籍所在地的逃亡无关。

---

① 陈松长主编：《岳麓书院藏秦简（肆）》，上海辞书出版社2015年版，“前言”第1页。

② 陈松长主编：《岳麓书院藏秦简（肆）》，上海辞书出版社2015年版，第42页，简011－012。为方便称引，本文采用竹简整理号。

③ 湖南省文物考古研究所编著：《里耶发掘报告》，岳麓书社2007年版，第203－210页。

④ 张荣强：《湖南里耶所出“秦代迁陵县南阳里户版”研究》，《北京师范大学学报》（社会科学版）2008年第4期。

⑤ “诸（?）民皆自占年。小未能自占，而毋（无）父母、同产为占者，吏以□比定其年。自占、占子、同产年，不以实三岁以上，皆耐。产子者恒以户时占其☑ ☑罚金四两。”参见彭浩、陈伟、［日］工藤元男主编：《〈二年律令〉与〈奏谳书〉：张家山二四七号汉墓出土法律文献释读》，上海古籍出版社2007年版，第222页。

据睡虎地秦简《编年记》“卌五年……喜产”“今元年，喜傅”推算，[①]“喜”的始傅年龄是十七岁（虚岁）。《编年记》的下限是秦始皇三十年（公元前217年），十七岁是当时规定的始傅年龄。《岳麓书院藏秦简（肆）》还有如下记载：“匿罪人当赀二甲以上到赎死，室人存而年十八岁以上者，赀各一甲，其奴婢弗坐”（简001），“主匿亡收、隶臣妾，耐为隶臣妾，其室人存而年十八岁者，各与其疑同法”（简003）。[②]“尉卒律曰：黔首将阳及诸亡者，已有奔书及亡毋（无）奔书盈三月者，辄筋〈削〉爵以为士五（伍）；有爵寡，以为毋（无）爵寡；其小爵及公士以上，子年盈十八岁以上，亦筋〈削〉小爵。爵而传〈傅〉及公士以上子皆牳（籍）以为士五（伍）……”（简135－137）[③] 这说明，十八岁是成年人的标志，要承担相应的法律责任。这比《编年记》记载的始傅年龄大一岁，调整的时间大约在秦王政元年“喜傅”之后，是秦国的傅籍年龄的新资料。

针对十八岁男性的“占”，可能与傅籍有关，如张家山汉简《二年律令》简364－365：“不更以下子年廿岁，大夫以上至五大夫子及小爵不更以下至上造年廿二岁，卿以上子及小爵大夫以上年廿四岁，皆傅之。公士、公卒及士五（伍）、司寇、隐官子，皆为士五（伍）。”[④] 汉初的傅籍年龄比秦时提高，并依爵级高低而有所不同。

二

子杀伤、殴詈、投（殳）杀父母，父母告子不孝及奴婢杀伤、殴、投（殳）杀主、主子父母，及告杀，其奴婢及子亡已命而自出者，不得为自出。（简013－014）[⑤]

投，或为“牧”之误。[⑥] 简文列出的子和奴婢的犯罪，也见于西汉《二年律令·贼律》[⑦]：“子贼杀伤父母，奴婢贼杀伤主、主父母妻子，皆枭其首市。”“子牧杀父母，殴詈泰父母、父母……及父母告子不孝，皆弃市。”法律对这些犯罪者的量刑皆处以不同方式的死刑。“其奴婢及子亡已命”，指犯有以上罪行的奴

---

① 睡虎地秦墓竹简整理小组编：《睡虎地秦墓竹简·编年记释文注释》，文物出版社1990年版，第5－6页。“卌五年”是秦昭王四十五年（公元前262年）；“今元年”是秦王政元年（公元前246年）。

② 陈松长主编：《岳麓书院藏秦简（肆）》，上海辞书出版社2015年版，第39页，简001、003。

③ 简125－137释文、断句依陈伟：《岳麓秦简“尉卒律”校读（二）》，简帛网，http://www.bsm.org.cn/show_article.php?id=2490，2016年3月21日。

④ 张家山二四七号汉墓竹简整理小组编著：《张家山汉墓竹简［二四七号墓］》（释文修订本），文物出版社2006年版，第58页。

⑤ 陈松长主编：《岳麓书院藏秦简（肆）》，上海辞书出版社2015年版，第43页，简013－014。

⑥ 投，何有祖释“牧”，详见何有祖：《读岳麓秦简肆札记（一）》，简帛网，2016年3月24日。从图片看，其字左旁从殳，非从攵，应是“牧”之误字。

⑦ 张家山二四七号汉墓竹简整理小组编著：《张家山汉墓竹简［二四七号墓］》（释文修订本），文物出版社2006年版，第13页。

婢、子逃亡（即亡命），与睡虎地秦简《封诊式·□捕》“去亡以命”同。[①] 子和奴婢所犯不是单一的逃亡罪，是先犯有死罪，再犯逃亡罪，即身负两罪。

对类似犯罪行为的处理，睡虎地秦简《法律答问》简131有如下记载：“把其叚（假）以亡，得及自出，当为盗不当？自出，以亡论。其得，坐臧（赃）为盗；盗罪轻于亡，以亡论。”[②] 整理者指出，“把其假以亡”是携带所借官有物品逃亡。此例是盗、亡两罪并发。陈公柔认为，亡罪有轻重，坐赃有多寡。如果盗罪轻于亡，则按亡罪论处，即两罪并发时以重论罪。[③] 对两罪并发的处罪原则，见于张家山汉简《二年律令》简99“一人有数〼罪殹，以其重罪罪之”，归于《具律》。

回到前面的两条岳麓简。“其奴婢及子亡已命而自出者，不得为自出”符合《二年律令》简99的处罪原则。它们不属于《亡律》，是对数罪并发的具体解释，与上引《法律答问》类似。由此推测，岳麓书院藏秦简中或许还有这类法律解释的内容。

三

> 不会毄（系）城旦舂者，以亡律谕〈论〉之。（简040）
> 不会收及隶臣妾之耐，皆以亡律论之。（简041）[④]

“不会”也称“弗会”。在不同场合，“弗会”所指之事不尽相同，但基本含义都是逾期不到。睡虎地秦简《法律答问》简164：“可（何）谓‘逋事’及‘乏繇（徭）’？律所谓者，当繇（徭），吏、典已令之，即亡弗会，为‘逋事’；已阅及敦（屯）车食若行到繇（徭）所乃亡，皆为‘乏繇（徭）’。”[⑤] 这里的“弗会”是指“民”接到征发徭役通知后逃亡，不来集合。《岳麓书院藏秦简（肆）》简015“有罪去亡，弗会”[⑥]，是指罪人逃亡，未能按期服刑。由此可知，“不会毄（系）城旦舂者”“不会收及隶臣妾之耐”指被判系城旦舂、收、隶臣妾者逃亡，未按时到指定的服刑场所报到。从里耶秦简看，隶臣妾归政府的仓管理，系城旦舂和城旦舂由司空管理。[⑦] 上面两简的“不会”，即指被判罚者未及时到政府机构“仓”或“司空”报到。简文指出，对“不会”的裁判是“以亡律论之”。这意味着，简文是分别对两种“不会”适用法律的解释。以“以亡律

---

① 睡虎地秦墓竹简整理小组编：《睡虎地秦墓竹简·封诊式释文注释》，文物出版社1990年版，第150页。

② 睡虎地秦墓竹简整理小组编：《睡虎地秦墓竹简·法律答问释文注释》，文物出版社1990年版，第124页。

③ 陈公柔：《云梦秦墓出土〈法律答问〉简册考述》，《先秦两汉考古学论丛》，文物出版社2005年版，第169页。

④ 陈松长主编：《岳麓书院藏秦简（肆）》，上海辞书出版社2015年版，第52页，简040－041。

⑤ 睡虎地秦墓竹简整理小组编：《睡虎地秦墓竹简·法律答问释文注释》，文物出版社1990年版，第132页。

⑥ 陈松长主编：《岳麓书院藏秦简（肆）》，上海辞书出版社2015年版，第43页，简015。

⑦ 孙闻博：《秦及汉初的司寇与徒隶》，《中国史研究》2015年第3期。

论之”收尾，也说明“不会毄（系）城旦舂者”“不会收及隶臣妾之耐”不属于《亡律》。

秦简另有“不会”的处罚规定：“不会，笞及除，未盈卒岁而得，以将阳辟（癖），卒岁而得，以阑癖，有（又）行其笞。”（简043）①“阑亡盈十二月而得，耐。不盈十二月为将阳，毄（系）城旦舂。”（简091）②

对“不会毄（系）城旦舂者”的处罚分两种：“未盈卒岁而得”，仍处系城旦舂，加笞刑；“盈十二月而得”，加耐罪处罚。后一种处罚的情况较为复杂。据睡虎地秦简《司空》，系城旦舂的身份有多种：“公士以下居赎刑罪、死罪者”，“鬼薪白粲，群下吏毋耐者，人奴妾居赎赀责（债）于城旦”，“隶臣妾、城旦舂之司寇、居赀赎责（债）毄（系）城旦舂者”。③ 在加处耐罪后，不同的身份所得结果也有差别。据张家山汉简《具律》《亡律》，④ “公士以下”有耐罪，耐为司寇；司寇耐为隶臣妾；隶臣妾、收人系城旦舂六岁。

“不会收及隶臣妾之耐”的“收”，指“收孥”；⑤ “隶臣妾之耐”指隶臣妾犯有耐罪。对被判有罪而“不会”之人的处罚原则是：“有罪去亡，弗会，已狱及已劾未论而自出者，为会，鞫，罪不得减。”（简015）⑥ 按照张家山汉简《具律》简90－91，隶臣妾有耐罪，处“系城旦舂六岁”，“不会”处完城旦舂。

顺便说一下，《岳麓书院藏秦简（肆）》有如下一简：“不会司寇之耐者，以其【狱鞫已】论，其审当此【耐而不会，耐为鬼薪】。”（简042）⑦ 方括号内的文字是整理者补入的。不考虑补字，简文为“不会司寇之耐者，以其论，其审当此”，是可以通读的。“司寇之耐者”指司寇有耐罪，如前所述，一般会判处隶臣妾。再犯“不会”，是在隶臣妾上加刑，即简文的“以其论”。“其审当此”指在隶臣妾之刑上再加“不会”之刑罚的案情是准确的，依律（简015）判决（此案）。这是审判文书中的常见用语，如张家山汉简《奏谳书》案例十五“鞫：恢，吏，盗过六百六十钱，审。……以此当恢”⑧。案例十六“律：贼杀人，弃市。·以此当苍。

---

① 陈松长主编：《岳麓书院藏秦简（肆）》，上海辞书出版社2015年版，第53页，简043。

② 陈松长主编：《岳麓书院藏秦简（肆）》，上海辞书出版社2015年版，第69页，简091。

③ 睡虎地秦墓竹简整理小组编：《睡虎地秦墓竹简·秦律十八种释文注释》，文物出版社1990年版，第51－52页。

④ 《具律》简90－91：“有罪当耐，其法不名耐者，庶人以上耐为司寇，司寇耐为隶臣妾。隶臣妾及收人有耐罪，系城旦舂六岁。系日未备而复有耐罪，完为城旦舂。城旦舂有罪耐以上，黥之。”张家山二四七号汉墓竹简整理小组编著：《张家山汉墓竹简［二四七号墓］》（释文修订本），文物出版社2006年版，第21页。

⑤ 《二年律令·收律》简174：“罪人完城旦舂、鬼薪以上……皆收其妻、子财、田宅。”张家山二四七号汉墓竹简整理小组编著：《张家山汉墓竹简［二四七号墓］》（释文修订本），文物出版社2006年版，第32页。

⑥ 陈松长主编：《岳麓书院藏秦简（肆）》，上海辞书出版社2015年版，第41页，简015。

⑦ 陈松长主编：《岳麓书院藏秦简（肆）》，上海辞书出版社2015年版，第52页，简042。

⑧ 《奏谳书》简72－73，张家山二四七号汉墓竹简整理小组编著：《张家山汉墓竹简［二四七号墓］》（释文修订本），文物出版社2006年版，第98页。

律：谋贼杀人，与贼同法。·以此当信。律：纵囚，与同罪。·以此当丙、赘”①。因此，这条简文与《亡律》不类，当属于某件司法文书。

四

廿年后九月戊戌以来，取罪人、群亡人以为庸，虽前死及去而后沓②者，论之如律。（简076）③

廿年后九月戊戌以来，其前死及去乃后沓者，尽论之如律。卿，其家啬夫是坐之。（简044）④

以上两条简文是解释“取罪人、群亡人以为庸”的论罪规定，虽然所取“罪人”、雇佣的“群亡人”此前死亡、离去后又来，皆按律处罪。简044补充了对“卿”犯法的处罚：“卿，其家啬夫是坐之。”卿，秦爵名，见于《商君书·境内》：“爵五大夫，有税邑六百家者受客。”孙诒让曰：“此句有脱误。受疑当为就，音近而误。客下疑当有卿字。下文云：‘故客卿相论盈就正卿。’就客卿犹言就正卿也。”⑤是，通作谌，《说文》：“理也。”“卿，其家啬夫是坐之”，指卿有以上违法行为，不受处罚，由其家啬夫坐罪。执行这一解释的起始日期是“廿年后九月戊戌以来”，即秦王政二十年（公元前227年）后的九月十六日之后。⑥史书所见汉代诏令多以“自今以来”起始，与秦令“廿年后九月戊戌以来”等相似。

秦律规定，知情而匿罪人者，按“舍罪人律”处罪：“取罪人、群亡人以为庸，智（知）其请（情），为匿之；不智（知）其请（情），取过五日以上，以舍罪人律论之。”（简075）⑦目前所见秦简舍匿罪人的律文有：

主匿亡收、隶臣妾，耐为隶臣妾，其室人存而年十八岁者，各与其疑同法，其奴婢弗坐，典、田典、伍不告，赀一盾，其匿□□归里中，赀典、田典一甲，伍一盾，匿罪人虽弗敝（蔽）狸（埋），智（知）其请（情），舍其室，□□□吏遣，及典、伍弗告，赀二甲。（简003－005）⑧

匿罪人当赀二甲以上到赎死，室人存而年十八岁以上者，赀各一甲，其奴婢

---

① 《奏谳书》简93－95，张家山二四七号汉墓竹简整理小组编著：《张家山汉墓竹简［二四七号墓］》（释文修订本），文物出版社2006年版，第99页。

② 沓，《方言》卷三：“沓，及也。东齐曰迨，关之东西曰沓，或曰及。”

③ 陈松长主编：《岳麓书院藏秦简（肆）》，上海辞书出版社2015年版，第64页，简076。

④ 陈松长主编：《岳麓书院藏秦简（肆）》，上海辞书出版社2015年版，第53页，简044。

⑤ 蒋鸿礼：《商君书锥指·境内》，中华书局1986年版，第118页。张家山汉简《二年律令》简236：“使非吏，食从者，卿以上比千石。”《汉书·樊哙传》王先谦《补注》引钱大昭曰：“卿则左庶长以上，封君则大庶长之属矣。”秦汉“卿”的异同，有待研究。

⑥ 徐锡祺：《西周（共和）至西汉历谱》，北京科学技术出版社1997年版，第1230页。

⑦ 陈松长主编：《岳麓书院藏秦简（肆）》，上海辞书出版社2015年版，第63页，简075。

⑧ 陈松长主编：《岳麓书院藏秦简（肆）》，上海辞书出版社2015年版，第39－40页，简003－005。

弗坐，典、田典而舍之，皆赀一甲。（简001－002）[①]

律文指明，匿者与所舍匿罪人同罪。“主匿亡收、隶臣妾，耐为隶臣妾”，即主匿者与所舍匿罪人同罪，相关人员坐赀罚。“匿罪人当赀二甲以上到赎死”，主匿者同罪，相关人员坐赀罚。简076、044只是对上列律文的补充。这正是秦汉“令”的重要特征。睡虎地秦简《语书》记载：“法律未足，民多诈巧，故后有间令下者。”[②]张建国认为，“间令”是指“间”于相对简略的“律”条文空隙中的“令”，起到补充法的作用。这个“间”字，恰恰表明了“令”的一个重要功能，即补律之不足；或者说，“令”作为一种法律形式，它的重要作用之一就是作为“律”的补充法。[③]《汉书·宣帝纪》“令甲，死者不可生……”注引文颖曰：“萧何承秦法所作为律令，经是也。天子诏所增损，不在律上者为令。令甲者，前帝第一令也。”因此，从内容看，简076、044属于“令”。

《岳麓书院藏秦简（肆）》第三组有数量众多的秦令，多数是截取其中与法律相关的内容，省略前后的套语。如简066－067“十四年七月辛丑以来，诸居赀赎责（债）未备而去亡者，坐其未备钱数，与盗同法。其隶臣妾殹（也），有（又）以亡日臧（赃）数，与盗同法”[④]。简045－046“廿五年五月戊戌以来，匿亡人及将阳者，其室主匿赎死罪以下，皆与同罪。亡人罪轻于☐有（又）以亡律论之”[⑤]。就简文的格式看，简076、044与这些秦令并无二致。

---

① 陈松长主编：《岳麓书院藏秦简（肆）》，上海辞书出版社2015年版，第39页，简001－002。

② 睡虎地秦墓竹简整理小组编：《睡虎地秦墓竹简·语书释文注释》，文物出版社1990年版，第13－15页。

③ 关于“间令”的解释，本文采用张建国的看法，见张建国：《秦令与睡虎地秦墓竹简相关问题略析》，《中外法学》1998年第6期。

④ 陈松长主编：《岳麓书院藏秦简（肆）》，上海辞书出版社2015年版，第60－61页，简066－067。

⑤ 陈松长主编：《岳麓书院藏秦简（肆）》，上海辞书出版社2015年版，第53－54页，简045－046。

岳麓秦简中的令文模式初论

陈松长

大家知道，令名的有无是帮助我们判断简文是否为令文的主要依据之一，但我们所看到的岳麓秦简中，有令名的毕竟不多，那我们凭什么来确定其简文的内容性质呢？笔者认为，简文的行文模式也是我们确定简文性质的重要参考依据，因此，无妨对简文的行文模式试作一些归类分析。

一

最容易判断令文与否的模式之一，是简文的起首有无明显标注者，这种标注，又可大致分为如下几类：

一是以“令曰”起首者，如：

2026：·令曰：黔首徒隶名为秦者更名之，敢有（有）弗更，赀二甲。

1893：·令曰：治书，书已具，留弗行，盈五日到十日，赀一甲，过十日到廿日，赀二甲。后盈【十】日，辄【驾一甲】。

这种以“令曰”起首者，经初步统计，有40余例，这种例子有的是由1枚简记载，有的是由2枚以上的简组成，因此，这40余例并不是只有40余枚秦简，而是有40多条完全可以确定的令文。当然，如果仔细区分，这一类又可分为简末有令名和无令名者，如上举二例是简末未附令名者，这种情况在“令曰”起首的简文中其实并不多，其他大部分都是简末附有令名者，如：

1162：·令曰：书当以邮行，为检令高，可以旁见印章；坚约之，书检上应署，令并负以疾走。不从令，赀一甲。·卒

1169：令丙三

1805：·令曰：邮一行书留半日，赀一盾；一日，赀一甲；二日，赀二甲；三日，赎耐；三日以上，耐。·卒令丙五

1912：·令曰：盗贼发不得者，必谨簿署吏徒追逐，疾徐不得，状于狱，令可案。不从令，令丞、狱史、主者赀各一【甲】。

1883：备盗贼令　廿三

这些有令名的令文，当然是岳麓秦简中最容易判断为秦令者，但其令名与令文的关系如何，又是很值得讨论的问题，例如前举两条“卒令”的内容，都是

关于行书的法律规定，那“卒”与行书的关系究竟如何也是很值得讨论的问题之一。

与此类相似者还有一种，如：

1801：县官田有令└：县官徒隶固故有所给为└，今闻或不给其故事而言毋徒以田为辞及发

1788：徒隶└，或择其官急事而移作田及以官威征令小官以自便其田者，皆非善吏殹，有如此者，以大犯

1803：令律论之　·县官田令甲十八

这条令起首不是说“令曰”，而是说“县官田有令”，且在“令”字后用钩识符号来加以强调，这显然与“令曰”有相同的强调功能。当然，我们也可以将“县官田有令”理解为“县官田令”，如果是这样的话，那就是以令名起首的唯一的例子。

这类以“令曰”起首的令文，这一“令”字应该不是一般的律令的“令”，它与“县官田令”的“令”也应该不是一回事，从秦汉时期诏令的形成形式来看，这一“令”字应该是诏令的令，这一点，我们也许可以从下面一条令文中得到佐证：

0519：昭襄王命曰：置酒节（即）征钱金及它物以赐人，令献（谳），丞请（情）出；丞献（谳），令请（情）出，以为恒。·三年诏曰：

0352：复用。

《史记·秦始皇本纪》：臣等谨与博士议曰：“古有天皇，有地皇，有泰皇，泰皇最贵，臣等昧死上尊号，王为‘泰皇’，命为‘制’，令为‘诏’，天子自称曰‘朕’。”王曰：“去‘泰’，着‘皇’，采上古‘帝’位号，号曰‘皇帝’，他如议。”制曰：“可。”

秦始皇廿六年（公元前221年）改命为制、改令为诏的记载大家都很熟悉，准此，这里所谓的“昭襄王命曰”，也就是昭襄王制曰，只是因为昭襄王时用“命”而不用“制”而已。因此，岳麓秦简中的“令曰”者，其意义也就等同于这条令文中的“命”，或者按照《史记》的说法，也就是“令为诏”的诏令。

如上所述，“命”和“令”都是秦始皇廿六年改制前的用语，那凡是“令曰”者是否就全是秦始皇廿六年以前的令文呢？仔细检查所有“令曰”的令文，似乎又不尽然，如：

1168：·令曰：吏及黔首有赀赎万钱以下而谒解爵一级以除［及］当□□□

同样是以“令曰”起首，但令文中又出现了“黔首”一词。有关“黔首”与“百姓”的区别，也是人们区分秦代简牍文献时代早晚的代表性语词，一般认为“黔首”是秦始皇改制之后的用语，如果照此推断，那这里的“令曰”就

不太可能是秦始皇改制前的用语，因为按改制的要求，这里的“令曰”应改为“诏曰”才对。但令人疑惑的是，岳麓秦简的令文中没有一条是以“诏曰”起首者，而现在学界都基本认为，岳麓秦简的律令部分比睡虎地秦简的时代略晚，大部分是秦始皇改制之后所抄写，那为什么会出现这么多与改制不符的用语呢？我们推断，也许是由当时文书抄写的诸多因素决定的，或许是皇帝改制到全面实施之间还有一个过程，或许是基层官吏在抄写文书时依其习惯而忘记更改，也可能是这些秦令文本是墓主人雇人抄录以供随葬使用，故并不像正式的法律文本那样严格规范等。总之，不管是哪种因素决定的，这里的“令曰”也就是“制曰”或“诏曰”，只是其抄写者并没太在意它使用的时代差异而已。或有人认为，秦始皇廿六年后的律令文本的抄写，凡秦始皇改制之前的一些特定语词都会在抄写时改过来，如将“令”改为“诏”，将“庄襄王”改为“泰上皇”之类，我们认为是太理想化的一种推测，实际上是不太可能的。

二是以“制曰”起首者，如：

1737：·制曰：吏上请└、对└、奏者皆传（傅）牒牍数，节不具而却。复上者，令其牒牍毋与前同数，以为恒。·廷卒乙

岳麓秦简中出现了十余次“制曰”，但用以起首者，仅此一例而已。据《史记·秦始皇本纪》记载：“命为制，令为诏。”这里直接称为“制曰”，说明此令是始皇帝直接发出的诏令，而且说明其抄写的时代应该比以“令曰”起首的令文要晚，也就是说，其抄写的时间应该在秦始皇廿六年之后。

值得注意的是，虽是以“制曰”起首，但在其令尾还是注明了“廷卒乙”的令文编号，这说明这条诏令在当时已经编入了“廷卒”令之中。

三是以“制诏御史”起首者，如：

1009：·制诏御史：吏上奏当者，具传（附）所以当者律令、比、行事。固有令，当各署其所用律令、比、行事。

以“制诏御史”起首的令文在岳麓秦简中出现了三次，这种模式，也曾两见于《二年律令·津关令》，如：

492：制诏御史：其令扜（扞）关、郧关、武关、函谷【关】、临晋关，及诸其塞之河津，禁毋出黄金，诸奠黄金器及铜，有犯令。

493：制诏御史：其令诸关，禁毋出私金。或以金器入者，关谨籍书，出复以阅，出之。籍器，饰及所服者不用此令。

这种皇帝直接诏令御史的令文，无疑是很容易判断的令文模式之一。跟这种模式相同的还有一种“制诏丞相”，如：

1129：·制诏丞相斯：所召博士得与议者，节有逮，告劾，吏治者辄请之，

尽如官显大夫逮。斯言罢。

1130：博士者，请辄除其令。

这是直接诏令丞相李斯的令文，这里的“丞相”，在《二年律令·津关令》中换成了“相国”，如：

500：制诏相国、御史，诸不幸死家在关外者，关发索之，不宜，其令勿索（索），具为令。相国、御史请关外人宦为吏若繇（徭）使，有事关中。

501：[不][幸][死]，县道各（?）属所官谨视收敛，毋禁物，以令若丞印封椟槥，以印章告关，关完封出，勿索（索）。椟槥中有禁物，视收敛及封。

可见皇帝直接诏令丞相、御史是很常见的事，虽然我们现在看到的这类令文不是很多，但这毕竟保存了令文的最初模式。

二

第二类容易判断令文与否的模式是令文之后有无注明令名者，如：

J66-6：☑者。·迁吏令

这是一条前面残缺，唯独在简文最后留有令名的简文，从其图片上看，“令”字已到达简末，后面已没有再写文字的可能，但我们还不能确定，这条令文是否全部结束了，因为在岳麓秦简中，简末只注明令名者就此一例，其他都是在令名后还附注有天干编号和数字编号者，而且大多是兼有天干和数字编号者，单独附注天干编号的也只有几例，如：

1791：及戍者。·迁吏令甲

1616：诸当以赏免除罪人，狱已断盈六月而弗以免除人者，止，毋行其赏。·廷甲

1856-1+1794：节吏有请，若上书者，有言殹。其所请言节已行而后有请（情）□其等者，必尽具写其前所已行

1785：与奏偕上，以为恒。·廷卒乙

这是完全可以确定简末只有天干编号的几个例子，其他大多数都是在天干编号后再加注编号者，如：

1775：视事毋过五日，过五日，赀二甲。·迁吏令甲廿八

J52：当治论皆毋以谴论。·廷甲第廿一

1713：日以来。·廷卒乙廿

1173：·恒署书皆以邮行。·卒令丙二

这种简末的令名标注，可以帮助我们判断：凡用这种模式抄写的简文，肯定是秦令而非秦律。

当然，这种简末标注令名的模式也有与简首标注“令曰”或“制曰”的模式在同条令文中共用者，如：

1805：·令曰：邮人行书；留半日，赀一盾；一日，赀一甲；二日，赀二甲；三日，赎耐；过三日以上，耐。·卒令丙五十

1737：·制曰：吏上请㇄、对㇄、奏者皆传（傅）牒牍数，节不具而却。复上者，令其牒牍毋与前同数，以为恒。·廷卒乙

应该说，这种两者共享的模式，更是我们最容易判断其内容是否为秦令的模式之一。值得注意的是，这种简末的令名标注其实并没有一种固定的模式，其具体表现是：

（1）令名的表述或可省略“令”字，例如：

1791：及戍者。·迁吏令甲

2126：▨·迁吏甲卅

很显然，2126号简上的“迁吏甲卅”应该是直接省略了“令”字，所谓的“迁吏甲卅”只能是“迁吏令甲卅”的省称。再如：

1774：以次为置守学佴。·迁吏廿三

其中的“迁吏廿三”也应该是“迁吏令廿三”的简称。准此，我们也可以对下面的一些简称作出明确的判断，例如：

1736：庸吏收钱为取就不为旁钱。·廷甲十九

1964：一岁而勿均·廷己八

这里所标注的“廷甲十九”和“廷己八”的令名就应该是“廷令甲十九”和“廷令己八”的省称。同理，我们在简文中常见的所谓“廷卒”令名简，如：

1699－1：禁市贩。·廷卒甲廿七

1684：其赐。·廷卒己廿一

其中的“廷卒”都应该是“廷卒令”的简称。有趣的是，在岳麓秦简中，也出现过“廷卒令”的全称者，如：

1116：□·廷卒令甲

由此更可证明，简文中大量出现的“廷卒”类令名，其全称也就是“廷卒令”，这与上揭“迁吏”，即“迁吏令”的省称是同一种表述方式。

（2）令名后面的编号记录并不统一，这表现为四种方式：

一是令名后只有天干编号者，如上面所例举的“廷卒令甲”“廷甲”“迁吏令甲”之类。

二是令名后面的天干编号后又加数字编号者，如上举“迁吏甲卅”“廷卒甲廿七”之类。

三是令名后偶然也有无天干编号而只有数字编号者，如“迁吏廿三”。这种方式或许是一种特例，因为在我们检索过的所有令名简文中，仅有两例是没有天干编号的，除此之外，还有1883：备盗贼令廿三。因此，我们很怀疑这两条令名是漏抄了天干的编号。如果这种怀疑成立的话，那这也许不应该算是一种特定的方式。

四是令名后的天干编序有加“第”字者，如：

1780：赀二甲，废。丞令、令史、官啬夫弗得，赀二甲。·内史仓曹令第乙六

1920：騇乘∟。它执法官得乘剸马覆狱行县官及它县官事者比。·内史旁金布令第乙九

从令名的理解上看，加不加“第”好像无关紧要，因为都是同样的令名，就有不加“第”字者，如：

1921：溥。有不以实者而弗得，坐，如其稗官令。·内史仓曹令甲卅

1768：·令曰：遣吏市者必遣真官啬夫、吏、令史，不从令者，赀各二甲。·内史旁金布令乙四

由此可见，简末的令文标识中，有无“第”字也许本身并无太大意义，它或许仅仅是天干编号表述的强调而已。

三

第三类可以判断为令文的简文模式是简末标注有数字编号者，这种数字编号均与简文隔有一定的距离，然后以墨点标识后再标注数字编号。如：

0550：·自今以来敢有盗取蜀、巴、洞庭犀牛者，黥为城旦舂。·六

1017：【·】自今以来有诲传言，以不反为反者，辄以行訞律论之，其有不安者，徙洞庭，洞庭处多田所。·十三

1123：·诸有罪当䙴输蜀巴及恒䙴所者，罪已决，当传而欲有告及行有告，县官皆勿听而亟传，诣

0966：䙴输所，勿留。·十九

这种简末所标注的数字编号，应该是秦代令文的标志之一。我们之所以这么

认为，理由大致有三：其一是现在所看到的秦汉律文中，无论是睡虎地秦简、龙岗秦简、岳麓秦简还是张家山汉简，都没有看到在律文之后用数字编号者。其二是上揭岳麓秦简的许多令文中，在简末令名的天干编序后大都附有数字编号，因此，这种数字编号应该是秦代令文在汇集整理过程中的具体编号。其三是这类简文的简首多有墨点标示，而且还有一些秦汉令文中所特有的专用语词可以帮助我们对其进行律令与否的区分和判断，如例中简首的“自今以来”“诸”等语词就是秦汉令文中用于首端的常见语词。

此外，简文中一些令文的特有语词，也可佐证这些简末的数字编号只能是令文的编号而不是律文的编号，如：

1125：·制诏御史：闻狱多留或至数岁不决，令无罪者久毄（系）而有罪者久留，甚不善。其举留狱上

0968：之└。御史请：至计，令执法上最者各牒书上其余狱不决者，一牒署不决岁月日及毄（系）者人数为

0964：最偕上御史，御史奏之，其执法不将计而郡守丞将计者，亦上之。制曰：可。·卌六

这三枚简的简首是墨点标识，接着是“制诏御史”这样明确的令文代表用语，简末还有“制曰：可”之类的皇帝批复用语，一看就是一条令文，故其简末的数字编号也只能是这类令文的编号而已。

四

第四类比较容易判断的令文模式是以“某某言”起首者，如：

0346：·御史丞相言：置发弩啬夫，固以泰射辞于弩事者补之，謹，勿令乘，计皆识射其执法府。·廿五

1036：·定陶忠言：律曰：显大夫有罪当废以上勿擅断，必请之。今南郡司马庆故为冤句令讼课，当

1010：废官，令以故秩？为新地吏四岁而勿废，请论庆。制书曰：诸当废而为新地吏勿废者，即非废。

第一条的“御史丞相言”只有御史丞相向皇帝请制的内容，但后面没有“制曰：可”之类的批复，因此，这也许是一条没有抄全的令文，它只抄录了请制的文字而已。但作为令文的标志之一是其简末已标注了数字的编号，根据我们上面所讨论的简末仅标注数字编号的令文模式推断，这也应该是作为一条已经确定的令文而抄录下来的，只是后面漏抄了“制曰：可”的批复文字而已。

第二条比较完整，其内容大致如下：先是定陶县令忠上奏曰：有律规定：凡显大夫有罪当废以上不能擅自论断，必须请示。现有南郡司马庆，以前的冤句县

令以巧言诈课，当废官。令以故秩为新地吏四岁而不废官，请示有关庆的论处是否可行。制书曰：凡当废而为新地吏勿废者，即不要废其官。

这种令的行文格式，在张家山汉简《二年律令·津关令》中多次出现，如：

简 516：相国上长沙丞相书言，长沙地卑湿，不宜马，置缺不备一驷，未有传马，请得买马十，给置传，以为恒。·相国、御史以闻，请

简 517：给买马。·制曰：可。

简 523：丞相上备塞都尉书，请为夹溪河置关，诸漕上下河中者，皆发传，及令河北县为亭，与夹溪关相直。阑出入、越之，及吏

简 524：卒主者，皆比越塞阑关令。·丞相、御史以闻，制曰：可。

两相比较，只是起首的"某某言"有所不同而已，"言"之后的内容都是郡县级官吏在自己的职权范围内面对各种事项和问题向上请示诏令的内容。然后是皇帝在批阅之后再发布诏令。值得注意的是，岳麓秦简上的是"制书曰"，而《二年律令》上的都是"制曰"，这多少也说明这种请求诏令的格式也许在岳麓秦简中还不是非常规范。

已有学者指出，这种模式的令文是制诏的形式之一：

关于秦令的制定手续，大庭修的关于汉代制诏的研究是可以适用的，也就是说，根据大庭修的研究，汉代的制诏可以分类为以下三种形式：

第一种形式："皇帝根据自己的意志下达命令。"第二种形式："官僚在自己委任的职权范围内，为了完成自己的任务向皇帝献计献策，皇帝认可（计策）之后，作为皇帝的命令予以公布。"第三种形式："皇帝根据自己的意志下达命令，但是下达命令的对象只限于一部分特定官员，特定官员的答申是必要的。"很显然，这里所说的第二种形式就是我们所讨论的这种令文模式，这种模式其实也就是所谓"事项令"的一种典型模式。

这类令文模式中，还有一条很特殊的令文，其内容如下：

0587：泰上皇时内史言：西工室司寇、隐官、践更多贫不能自给粮。议：令县遣司寇入禾其县，毋禾

0638：当贷者，告作所县偿及贷。西工室伐干沮、南郑山，令沮、南郑听西工室致。其入禾者及吏移西

0681：工室。·二年曰：复用。

从令文的模式看，这也是属于"某某言"一类的诏令形式，但这里是"泰上皇时内史言"，即前朝的内史所报告，而后面的批复也不是"制曰：可"，而是"二年曰：复用"。这里的"二年"我们理解为秦二世二年，也有人认为是秦始皇二年，但不管是哪个二年，"复用"二字都说明这条令所报告的内容并不是当今内史所呈请皇帝颁布诏令的内容，它只是转引前朝曾出现过的某一事项，呈请当今皇帝批准其仍然具有法律效用而已。

张家山汉简《二年律令》与秦汉法律史研究

闫晓君

2001 年底，《张家山汉墓竹简》由文物出版社出版，极大地带动了秦汉史、法律史、社会史及其他相关学术领域的研究。《二年律令》作为一种社会规范，调整的社会关系涉及社会生活的方方面面，不同专业的学者都从各自不同的专业领域加以解读和研究，发表的研究成果数量繁富。笔者仅就自张家山汉简《二年律令》公布以来至 2012 年底在大陆地区发表的《二年律令》考释性成果和法律史相关研究成果做一简要评介。挂一漏万，不足不当之处恳请方家见谅。

一、文献整理

张家山汉简公布时，整理小组就文献基础性研究做了大量工作，但仍存在很多问题。2007 年，彭浩、陈伟、工藤元男又整理出版了《〈二年律令〉与〈奏谳书〉：张家山二四七号汉墓出土法律文献释读》，修正了原释文中的一些错误。[①] 学界在条文编联、条文篇章归属、篇章内条文顺序和各篇章顺序、简文注释等方面做了大量工作。王伟认为确定条文编联和条文篇章归属应以简文为主，以出土位置为辅；确定篇章内条文顺序，应以出土位置为主，以简文为辅；确定各篇章顺序，应完全根据出土位置作出判断。[②] 相关成果不胜枚举，仅举数例以见其方法而已。

（一）律文编联

《二年律令》有的律文字数较少，可以抄写在一枚简上，有的字数较多，需要抄在两枚或更多枚简上，这就出现了竹简的编联次序问题。整理小组编联主要是根据文句衔接情况和出土位置，但由于“简在墓葬中无规则的位移、残断、朽烂等原因，竹简的系联已非原貌”[③]，因此学者重新编联，主要考虑内容关联性。如杨建对《津关令》做了几处调整：第 498 简后接第 503 简，将第 499 简调至第 501 简后。第 506、507 简后接第 510、511 简。第 509 简后接第 508 简。[④] 谢桂华

① 彭浩、陈伟、［日］工藤元男主编：《〈二年律令〉与〈奏谳书〉：张家山二四七号汉墓出土法律文献释读》，上海古籍出版社 2007 年版。

② 王伟：《张家山汉简〈二年律令〉编联初探》，简帛研究网，2013 年 12 月 24 日。

③ 彭浩：《谈〈二年律令〉中几种律的分类与编连》，《出土文献研究》（第六辑），上海古籍出版社 2004 年版。

④ 杨建：《西汉初期津关制度研究》，上海古籍出版社 2010 年版。

指出《具律》“简102之后应接简104，至简106之后”[1]。彭浩认为《具律》的简121不当与122相接，应下接简107、108、109，简107原无上接简；简102不当与简103相接，与之相接的上简应是与官吏任职相关的律文，与简103无关。[2] 张建国认为简121应当排在整编第15条的开头。[3]

检验编联是否正确的方法，主要看语意是否连贯，内容是否一致，律意无有关联等，重新编联还应参考简文的字数、间距、书写特征等。

（二）律条编次

《二年律令》为节略抄录本，不可能恢复原来的律文条款次序，但不能混淆其固有的逻辑次序。学者大多基于自己对汉律内部组织结构或律文条款逻辑次序的了解，对律文条款加以编次。如初世宾认为律条编次是罪名、罪目、刑名的定性、次序和相互关系。如《贼律》将贼的行为分类定为诸罪名，罪名之中又据其不同情况、情节、档次定为罪名分目，最后处以不同刑罚。《贼律》相同、相似、相近之罪编次相近。从总体上看，重罪在前，轻罪在后；近亲在前，远亲在后；一般在前，特殊在后；处罚总则在前，分则在后；重刑在前，轻刑在后，其规律性、逻辑性很强。基于这样一种认识，他对其他简依据自己的标准和办法做了调整，调整后的次序（括号内为原简号）是22（简23）、23（简26）、24（简22）、25（简25）、26（简24）。[4]

（三）律目排序

律目排序反映了是汉律原有的顺序还是抄写者任意而为。具体地体现在《贼律》何以居首，而《盗律》居次这一问题上。张伯元对《二年律令》首列《贼律》各种可能性做了推测。[5] 陈松长认为怀疑没有道理，《贼律》居于篇首是根据考古发现，并从法律、社会、政治三方面说明《贼律》居首的原因。[6]

张家界古人堤遗址出土汉律木牍为《盗律》目录，第四、五、六栏墨迹尚存，为《贼律》目录。张伯元据此认为秦之前六法、六律都是盗在前、贼在后，东汉永元、永初年间乃至《魏律》还是盗在前、贼在后的，《二年律令》却是贼在前、盗在后，显然不合情理。[7]

---

① 谢桂华：《张家山汉墓竹简［二四七号墓］校读举例》，李学勤、谢桂华主编：《简帛研究·2002—2003》，广西师范大学出版社2005年版。

② 彭浩：《谈〈二年律令〉中几种律的分类与编连》，《出土文献研究》（第六辑），上海古籍出版社2004年版。

③ 张建国：《张家山汉简〈具律〉121简排序辨正》，《法学研究》2004年第6期。

④ 初世宾：《〈二年律令·贼律〉整理刍议》，卜宪群、杨振红主编：《简帛研究·2004》，广西师范大学出版社2006年版。

⑤ 张伯元：《〈二年律令〉编联札记（四则）》，《出土法律文献研究》，商务印书馆2005年版。

⑥ 陈松长、李靖嵘：《〈二年律令〉以〈贼律〉置为律首原因初探》，《秦汉史论丛》（第十二辑），河南大学出版社2011年版。

⑦ 张伯元：《有关古人堤汉律简的两个问题》，《法史学刊》（第一卷），社会科学文献出版社2007年版。

（四）律目分类

明确律条的律目归属，必须依据历史文献记载，知道汉律有哪些律目以及不同律目的内容及区别。李均明认为《具律》的大部分条款当属《囚律》（或名《网律》），实属《具律》的条款反而较少。[①] 王伟认为原《钱律》的简 204、205 当归入《捕律》。[②]

彭浩认为简 206、207 也应从《钱律》改归《捕律》。《复律》简 278 – 280 改归《徭律》。简 195 应从《杂律》归入《复律》。原属《告律》的简 127 – 131 当归入《具律》。简 126 应归入《囚律》。[③]

（五）律文诠释

《二年律令》文义古奥，不易理解，学者加以考释，其方法不外以下几种：一，引用与时代接近的古籍及其注释。睡虎地秦墓竹简“注释尽可能引用与时代接近的古籍及其注释”[④]，张家山汉简注释亦如此。如王昕引《说文》《汉书》对几种织物名词加以分析。[⑤] 二，引《唐律疏议》及后世律注。古律一脉相承，一些律令名词和术语多保留在唐律及后世律注中。《钱律》“行钱”一词，吴荣曾认为“行”不应读为流行之行或通行之行，而应读为“航”，有滥恶之义；并引唐《杂律》“诸造器用之物及绢布之属，有行滥短狭而卖者”，注：“不牢谓之行，不真谓之滥。”朱红林对《二年律令》解释即多引《唐律疏议》。[⑥] 三，根据文义进行分析。如“御婢”，张小锋认为是比普通奴婢身份略高、比妾身份略低的一种奴婢。这种人是主人的心腹，与主人有夫妻之实。一旦与主人生子，在主人死后便可解除奴婢身份。[⑦] 王子今在考释方面创获较多，认为《秩律》所见“李公主、申徒公主、荣公主、傅公主”有可能是刘邦诸姬女，也不排除是刘盈后宫宫女的可能。[⑧] “偏妻”是对“正妻”而言。“下妻”位列“奴婢”之后，地位或有接近之处。“下妻”地位可能高于“偏妻”。[⑨] “偏”有“佐”“裨”之义，《贼律》“偏捕”可解释为“助捕”。[⑩] 《贼律》“叚大母”应当是没有直接血

---

① 李均明：《〈二年律令·具律〉中应分出〈囚律〉条款》，《郑州大学学报》2002 年第 3 期。

② 王伟：《张家山汉简〈二年律令〉编联初探》，简帛研究网，2013 年 12 月 24 日。

③ 彭浩：《谈〈二年律令〉中几种律的分类与编连》，《出土文献研究》（第六辑），上海古籍出版社 2004 年版。

④ 睡虎地秦墓竹简整理小组编：《睡虎地秦墓竹简·凡例》，文物出版社 1978 年版。

⑤ 王昕：《张家山汉简〈二年律令〉织物名词试析》，《出土文献研究》（第七辑），上海古籍出版社 2005 年版。

⑥ 朱红林：《张家山汉简〈二年律令〉集释》，社会科学文献出版社 2005 年版。

⑦ 张小锋：《释张家山汉简中的“御婢”》，《出土文献研究》（第六辑），上海古籍出版社 2004 年版。

⑧ 王子今、范培松：《张家山汉简〈秩律〉四“公主”说》，《陕西历史博物馆馆刊》（第九辑），三秦出版社 2002 年版。

⑨ 王子今：《“偏妻”“下妻”考》，饶宗颐主编：《华学》（第六辑），紫禁城出版社 2003 年版。

⑩ 王子今：《张家山汉简〈贼律〉“偏捕”试解》，《中原文物》2003 年第 1 期。

缘关系的祖母辈长者，有可能是其父的继母。①

二、《二年律令》研究综述

（一）法律思想

崔永东认为汉初继承了秦律以法家思想为主导思想的风格，也受到了儒家思想的影响，把儒家提倡的伦理原则和规范转化成法律原则和规范。《二年律令》是法律儒家化的开端。在治吏方面，贯彻了法家“明主治吏不治民”的思想，对官吏严加管理，对犯罪官吏坚决惩治。②

曾加从农业、家族、君权、诉讼制度等几个方面分析入手，通过与秦律、唐律的纵向比较，与古罗马法律思想的横向比较，认为张家山汉简法律思想有君权至上、以繁法严刑维护皇权统治的特点，也有对父权的维护，不承认奴婢的人格权等特点。③

（二）刑罚体系及适用原则

赎。张建国认为赎是一种特殊的财产刑，汉初混合适用，与所附实刑相关，也可与其无关，可以体现为代替刑，也可以体现为独立刑。④ 韩树峰认为独立赎刑是直接对罪的判罚，其后常附有一“罪”字。附属赎刑由于情况比较复杂，多以皇帝诏令形式出现，可视为对第一次判罚的减刑，主要针对有爵者、尊长、老幼孤弱等特殊主体。⑤ 南玉泉认为独立赎刑与替换赎刑都称赎刑，作为一般行为规范的独立赎刑应当晚于替换赎刑。替换赎刑在初始阶段着重于人，而独立赎刑偏重于罪。替换赎刑作为审判、量刑、执行中的一项特殊法则长期保留。⑥

完耐刑。张全民认为先秦至汉初，完相当于髡；文帝以后，完相当于耐。⑦ 韩树峰认为秦代完即耐，汉初完为耐或髡，文帝刑罚改制，“完”成为现代意义上的身体发肤完好无损之意。“完”刑的演变反映了秦汉时期法律的发展和变化。⑧

对于徒刑，张建国认为汉代劳役刑与当时世界各国较多使用生命刑和身体刑相比具有先进性。罚作只能称作劳役罚，不宜称劳役刑。复作不能算刑名，因为没有直接判为复作的，与皇帝赦令诏书直接相关。弛刑经皇帝下诏而弛解械具罪

---

① 王子今、范培松：《张家山汉简〈贼律〉“叚大母”释义》，《考古与文物》2003 年第 5 期。

② 崔永东：《张家山汉简中的法律思想》，《法学研究》2003 年第 5 期。

③ 曾加：《张家山汉简法律思想研究》，商务印书馆 2008 年版。

④ 张建国：《论西汉前期的赎》，《政法论坛》2002 年第 5 期。

⑤ 韩树峰：《西汉前期赎刑的发展》，《汉魏法律与社会》，社会科学文献出版社 2011 年版。

⑥ 南玉泉：《读秦汉简牍再论赎刑》，徐世虹主编：《中国古代法律文献研究》（第五辑），社会科学文献出版社 2012 年版。

⑦ 张全民：《髡、耐、完刑关系考辨》，《湘潭大学学报》2001 年第 5 期。

⑧ 韩树峰：《秦汉律令中的完刑》，《中国史研究》2003 年第 4 期。

衣，放松监管，得到一定程度的宽待，与定罪时所定的刑徒相比有所轻减，但刑徒身份不变。①

对于罚金，陈战峰认为其可以独立为直接或单一惩罚，也可为附加或共同惩罚。罚金四两、二两、一两较多，有防止后果严重的行为发生之作用。②

对于收孥与连坐，李均明认为连坐范围取决于犯罪的轻重。“收人”没入为官奴婢，相当于隶臣妾。③ 闫晓君认为收孥在法家思想影响下进一步强化。完城旦、鬼薪白粲以上罪才适用收孥，收的对象包括正犯妻、子、田宅财产等。收人是官奴婢，与“隶臣妾”有别。④ 刘欣宁认为同居连坐与缘坐有别：缘坐以血缘关系决定对象，同居连坐以居住关系决定对象；缘坐以关系本身为因，同居连坐以不告发犯罪为因；缘坐针对犯罪者而设，同居连坐针对犯罪者周围之人而设；缘坐导因于重罪，同居连坐导因于较易察觉之犯罪；缘坐惩以死刑等重刑，同居连坐则惩以轻刑，财产刑的比例较高。⑤

汉的刑罚体系，李均明认为由死刑、徒刑与附加刑、迁刑、赎刑、罚金、夺爵与免职为行政处罚构成。徒刑与附加刑复合使用，鬼薪白粲以下与耐刑复合。笞为体罚，可单独施行，亦可作为徒之加刑。⑥ 韩树峰认为城旦舂、鬼薪白粲为一个等级，隶臣妾、司寇为一个等级，与死刑构成了秦汉刑罚体系的三个等级。秦及汉初刑罚以徒刑为主，以肉刑为辅；汉初将肉刑的使用上移至城旦舂。⑦

闫晓君认为汉初刑种之间相互衔接，有较强的层次性和可适用性。以肉刑、无期劳役刑为主体。肉刑一般不单独运用，“刑尽”后又罚使各种劳役。文帝后刑罚体系主要是有期劳役附加不同数目的笞刑。刑罚残害犯人的肢体，毁害其生理机能，使其无法再犯，具有现代刑法上的特别预防功能；行刑又于大庭广众之前，死刑徇之三日甚至菹其骨肉，带有威慑恐吓色彩，具有一般预防的功能。⑧ 南玉泉认为汉初将秦以身高改为以自然人的年龄作标准，区分故意与过失，在实际的司法中采取同种数罪及异种数罪的吸收原则。⑨

（三）犯罪研究

李均明认为汉初职务犯罪有谋反叛逆、渎职、失职、过失四种。在严密监控

① 张建国：《汉代的罚作、复作与弛刑》，《中外法学》2006 年第 5 期。

② 陈战峰：《试析〈张家山汉墓竹简·二年律令〉中“罚金”的体制、功能和研究价值》，黄留珠、魏全瑞主编：《周秦汉唐文化研究》（第五辑），三秦出版社 2007 年版。

③ 李均明：《张家山汉简〈收律〉与家族连坐》，《文物》2002 年第 9 期。

④ 闫晓君：《论张家山汉简〈收律〉》，《华东政法大学学报》2006 年第 3 期。

⑤ 刘欣宁：《秦汉律令中的同居连坐》，王沛主编：《出土文献与法律史研究》（第一辑），上海人民出版社 2012 年版。

⑥ 李均明：《张家山汉简所见刑罚等序及相关问题》，饶宗颐主编：《华学》（第六辑），紫禁城出版社 2003 年版。

⑦ 韩树峰：《秦汉徒刑散论》，《历史研究》2005 年第 3 期。

⑧ 闫晓君：《汉初的刑罚体系》，《法律科学》2006 年第 4 期。

⑨ 南玉泉：《张家山汉简〈二年律令〉所见刑罚原则》，《政法论坛》2002 年第 5 期。

的基础上，规定相应的惩罚条款。[①] 马志冰认为《贼律》犯罪分为五类二十七种罪名。适用的刑罚有五类八等，反映了西汉前期刑法制度的主要内容。[②] 孙家洲认为矫制不害罚金四两，体现了汉代立法的理性精神和刚柔相济的弹性原则。[③]

贾丽英对以女性不孝罪、悍罪、奸罪、重婚罪及侵犯女性的强奸、略卖等进行了考证。[④] 通过对和奸、强奸、禽兽行、居丧奸四个种类约81个事例和案例的考察，认为汉律对奸罪适用轻刑，重点打击的仅为禽兽行。[⑤] 汉初不孝罪限于不养亲、殴骂杀伤尊亲、诬告尊亲、不听教令等，居丧奸、居丧嫁娶、居丧生子、别籍异财等不被刑律所涉及。汉中期以后，这些罪名才相继入律。[⑥]

闫晓君探讨了汉《贼律》罪与刑以及对唐律的影响和相关法律制度的沿革变化。[⑦] 对古代"盗"的概念起源及盗罪的设立、各种盗罪及立法进行了研究，总结了盗罪的特点；并对《盗律》沿革进行了考述；[⑧] 分析了在盗铸钱上的"告诉"与连坐制度，认为唐私铸犯罪由汉律继承而来。[⑨] 逃亡罪是依法应留住而私自离去的行为。犯罪主体是不同身份的逃亡者及包庇藏匿逃亡者。秦汉逃亡罪大多计日论罪，带有早期法律的一些特点，并剖析了秦汉逃亡犯罪的社会原因。[⑩]

（四）诉讼与司法

关于"告诉"，张小锋认为汉代自首沿用吕后二年的"自告减罪一等"的规定，不会采用自告统统除罪的规定。[⑪] 胡仁智认为"告"包括对"告"与"听告"者的限制，"听告"的程序及对"告"的处理等规定。与现代的刑事自诉不完全相同，司法机关根据"告"的性质采取相应的措施。[⑫] 闫晓君认为汉《告律》是单纯的告诉法，设立各种罪名及相应的刑事责任来规范告诉。规定一些诉讼行为的非罪性，司法官员依法不予受理。鼓励人们告奸及自告，并严格区别"诬告"与"告不审"。[⑬]

逮捕制度，刘庆认为存在身份与地位的差别，对特权阶层、低级官员、普通

---

① 李均明：《张家山汉简所见职务犯罪的类型与对策》，"沈家本与中国法律文化国际学术研讨会"组委会编：《沈家本与中国法律文化国际学术研讨会论文集》（下册），中国法制出版社2005年版。

② 马志冰：《张家山汉简〈贼律〉研究》，"沈家本与中国法律文化国际学术研讨会"组委会编：《沈家本与中国法律文化国际学术研讨会论文集》（下册），中国法制出版社2005年版。

③ 孙家洲：《再论"矫制"——读〈张家山汉墓竹简〉札记》，《南都学坛》2003年第4期。

④ 贾丽英：《汉代有关女性犯罪问题论考——读张家山汉简札记》，《河北法学》2005年第11期。

⑤ 贾丽英：《秦汉时期奸罪论考》，《河北法学》2006年第4期。

⑥ 贾丽英：《秦汉不孝罪考论》，《石家庄学院学报》2008年第1期。

⑦ 闫晓君：《汉简〈贼律〉沿革考》，《华南师范大学学报》2006年第1期。

⑧ 闫晓君：《秦汉盗罪及其立法沿革考》，《法学研究》2004年第6期。

⑨ 闫晓君：《试论张家山汉简〈钱律〉》，《法律科学》2004年第1期。

⑩ 闫晓君：《张家山汉简〈亡律〉考论》，《法律科学》2009年第1期。

⑪ 张小锋：《张家山汉简〈二年律令〉中的自告资料辨析》，中国政法大学法律古籍整理研究所编：《中国古代法律文献研究》（第二辑），中国政法大学出版社2004年版。

⑫ 胡仁智：《张家山汉简所见汉律中的"告"制论析》，《西南民族大学学报》2008年第12期。

⑬ 闫晓君：《张家山汉简〈告律〉考论》，《法学研究》2007年第6期。

民众、逃亡犯的逮捕问题予以分析和阐述。[①] 闫晓君认为汉《捕律》有禁止性的规范，针对“应捕人”规定若干罪名及相应的刑罚。有鼓励性的规范，针对“非应捕人”设置相关的奖励及赏格。一赏一罚，完全是先秦法家思想及立法主张的体现。[②]

至于《囚律》，闫晓君认为包括系囚、鞫狱、断狱。系囚是有关囚犯监管方面之法律规定，鞫狱是鞫问官员对犯罪嫌疑人、证佐等进行讯问，获取供词或证词的活动，对鞫狱官、犯罪嫌疑人、证佐等的行为都有规范。断狱是对犯罪行为进行定性并判处当适用何种刑罚的过程；司法官员必须以律、判例作为依据。[③]

（五）身份、民事、家事法

徐世虹认为秦汉法律中损害赔偿是一个重要方面，赔偿有过失损害赔偿，损害公物赔偿，畜产损害之赔偿，官吏失职、渎职之损害赔偿四种。[④]

王彦辉认为奴婢以人的身份登记在户籍上，生命得到基本保证，刑事责任相当于父权家庭中的子女。奴婢免良可以代户继承主人的财产。[⑤] 韩国学者尹在硕认为后子制以直系嫡子继承为中心。土地继承制中后子有优先选择权。代户的次序与置后次序大体相若。如家属成员皆无，可免奴婢为庶人，让其成为户主。兄弟分家，依遗嘱分割家产，没有遗嘱时平分家产。[⑥]

李均明认为汉身份继承是财产继承的前提，继承了被继承人身份的人必然继承其财产。继承人不能完全继承被继承人的身份，也不一定能全部继承其财产。[⑦] 徐世虹认为彻侯与关内侯及因公死亡爵位可以平级继承。爵位继承实行嫡长子继承制。兄弟之子继承户主，必须是同居且同一户籍。弃妻之子不得与后妻之子争继承权。财产继承方式分为生分与执行遗嘱两种。[⑧]

臧知非认为爵位除彻侯和关内侯世袭罔替，其余均降等继承；财产继承是诸子均分。[⑨] 曹旅宁认为秦代已有《置后律》，秦汉有法定身份继承及财产继承，但未见遗嘱继承制度。[⑩] 王彦辉认为汉《置后律》源于秦律，被继承人在生前依法指定“爵后”报官府；顺序为先满足直系血亲，姻亲次之；爵位继承实行等

---

① 刘庆：《秦汉逮捕制度考》，《河北学刊》2010 年第 3 期。

② 闫晓君：《秦汉时期的捕律》，《华东政法大学学报》2009 年第 2 期。

③ 闫晓君：《张家山汉简〈囚律〉考论》，徐世虹主编：《中国古代法律文献研究》（第四辑），法律出版社 2010 年版。

④ 徐世虹：《张家山汉简〈二年律令〉中的损害赔偿之规定》，饶宗颐主编：《华学》（第六辑），紫禁城出版社 2003 年版。

⑤ 王彦辉：《从张家山汉简看西汉时期私奴婢的社会地位》，《东北师范大学学报》2003 年第 2 期。

⑥ ［韩］尹在硕：《睡虎地秦简和张家山汉简反映的秦汉时期后子制和家系继承》，《中国历史文物》2003 年第 1 期。

⑦ 李均明：《张家山汉简所见规范继承关系的法律》，《中国历史文物》2002 年第 2 期。

⑧ 徐世虹：《张家山二年律令简所见汉代的继承法》，《政法论坛》2002 年第 5 期。

⑨ 臧知非：《张家山汉简所见西汉继承制度初论》，《文史哲》2003 年第 6 期。

⑩ 曹旅宁：《〈二年律令〉与秦汉的继承法》，《陕西师范大学学报》2008 年第 1 期。

级继承、爵加一级和降级继承的原则。[①]

尹在硕认为秦汉妇女并非完全从属于男性。法律对妇女收税征役，保障妇女财产所有权和积累个人财富的权利，承认妇女在没有子嗣的娘家或是在夫家继产承户的权益。[②]

闫晓君认为汉代置后可以是直系，也可是旁系；既可是卑幼，也可是尊长。以立子为主，以立弟为辅。罪犯不得为立后，也不得为人后；自杀者不得为立后；恶疾、废疾者不得为人后。诸子均分制尚未建立。[③]

（六）经济法

汉代田宅制，高敏认为是依法立户与依法授田的规定，所授田宅的所有权属于官府。名田制即私有土地制度，汉初名田制逐步取代授田制，国有土地逐渐转化成私有土地，土地买卖起重要作用。[④] 杨振红认为名田宅制以爵位为划分标准，以户为单位，名有田宅，可继承、转让和买卖。文帝后不再为土地立限，名田制作为土地登记手段而存在。[⑤] 朱绍侯认为秦汉受田宅制是一种有受无还的土地长期占有制度，随着社会经济的发展，土地私有及土地兼并盛行，受田制就完全被破坏了。[⑥] 王彦辉认为汉初的名田宅制本质上是军功受益制度。随着新生户口增多，文帝又普赐民爵，而土地买卖导致豪民购置大量田地，于是文帝放弃了名田宅制，不为民田及奴婢设限。名田宅制不复实行，国家不再赐爵连带赐田宅，景帝才能七次普赐民爵。[⑦]

于振波认为汉初名田制以军功爵制为基础，随着爵制的轻滥，人口的增加，占田过限的土地兼并就不可避免了。元、成时期，名田制遭到破坏。[⑧] 李恒全认为田宅在授予前土地属国家，被授予后，有的所有权属国家，有的土地归私有，可以转让、继承和买卖。汉初土地制是不同等级拥有不同土地限额的限田制。[⑨] 杨师群认为汉初继承了战国、秦代的土地国有制，又出台了土地相对私有的相关制度，形成了国有与私有互动的双重结构模式。[⑩]

---

① 王彦辉：《〈置后律〉与汉代的继承制度》，《张家山汉简〈二年律令〉与汉代社会研究》，中华书局2010年版。

② ［韩］尹在硕：《秦汉妇女的继产承户》，《史学月刊》2009年第12期。

③ 闫晓君：《汉代继承问题刍议》，《法律科学》2012年第2期。

④ 高敏：《从张家山汉简〈二年律令〉看西汉前期的土地制度——读〈张家山汉墓竹简〉札记之三》，《中国经济史研究》2003年第3期。

⑤ 杨振红：《秦汉“名田宅制”说——从张家山汉简看战国秦汉的土地制度》，《中国史研究》2003年第3期。

⑥ 朱绍侯：《论汉代的名田（受田）制及其破坏》，《河南大学学报》2004年第1期。

⑦ 王彦辉：《论张家山汉简中的军功名田宅制度》，《东北师范大学学报》2004年第4期。

⑧ 于振波：《张家山汉简中的名田制及其在汉代的实施情况》，《中国史研究》2004年第1期。

⑨ 李恒全：《论汉代限田制》，中国秦汉史研究会编：《秦汉史论丛》（第十辑），内蒙古大学出版社2009年版。

⑩ 杨师群：《张家山汉简反映的汉初土地制度》，张伯元主编：《法律文献整理与研究》，北京大学出版社2005年版。

傅籍，高敏认为登记身高作为不予登记服役的标识，推断西汉前期庶民十五岁始傅。[①] 丁光勋认为秦朝十五始傅，有爵者五十六老免，无爵者六十老免。高祖时年十五始傅，景帝二年至昭帝即位前，年二十始傅；昭帝改为二十三始傅。一般庶民都有爵，均为年五十六者免，但无爵者、犯罪夺爵者除外。[②] 臧知非认为傅籍是成年的开始，在承担徭役的同时，开始按等级获得爵位、田宅以及减免刑罚。[③] 张荣强探讨了"傅""睆老""免老"等课役名目及妇女的服役问题，梳理了汉代课役制的发展轨迹。[④]

刍稿税，高敏认为从以钱折纳到按户征收，秦到汉初刍稿税处在不断变化的过程中。[⑤] 户赋是把口钱、算赋和刍税改为按户征收，为优待有爵者的税目。汉前期山川矿产经营者有私自开采者，也有官私结合者，赋税不轻。[⑥] 臧知非认为工商业主通过授田获得矿产资源所有权，向国家交纳定额税。授田制下的个体农民，按户按顷交纳货币定额田税。税制促使商人兼并农民。[⑦] 授田以名籍为准，一经授予即归私有，可以买卖、赠予、世袭。西汉实行定额田税制度，按顷计算、按户征收。[⑧] 温乐平认为汉初商品、财产、物资等皆可以平价计算，对于加强物价监管、稳定市场具有重大意义。[⑨]

（七）行政法

李均明认为汉初为控制户口及防止逃亡，建立了严格的登记及核实制度，对逃亡及隐匿者予以严惩。[⑩]

彭浩认为汉代行书以邮行、乘传马行、以次传行。邮有邮舍供邮人和往来官吏住宿。亭、邮、传互不相属，职能各异。亭主要"司奸盗"，在不置邮地区兼有行书职能。传是传舍，为过往官吏提供食宿，为乘用马匹提供草料。[⑪] 李均明认为《行书律》对邮的距离、规模、功能及传递的范围、方式、速度做了规定，

---

① 高敏：《西汉前期的"傅年"探讨——读〈张家山汉墓竹简〉札记之六》，《新乡师范高等专科学校学报》2002 年第 3 期。

② 丁光勋：《秦汉时期的始傅、始役、终役的年龄研究》，中国秦汉史研究会编：《秦汉史论丛》（第九辑），三秦出版社 2004 年版。

③ 臧知非：《秦汉"傅籍"制度与社会结构的变迁——以张家山汉简〈二年律令〉为中心》，《人文杂志》2005 年第 1 期。

④ 张荣强：《〈二年律令〉与汉代课役身分》，《中国史研究》2005 年第 2 期。

⑤ 高敏：《论西汉前期刍、稿税制度的变化发展——读〈张家山汉墓竹简〉札记之二》，《郑州大学学报》2002 年第 4 期。

⑥ 高敏：《关于汉代有"户赋"、"质钱"及各种矿产税的新证——读〈张家山汉墓竹简〉》，《史学月刊》2003 年第 4 期。

⑦ 臧知非：《张家山汉简所见西汉矿业税收制度试析》，《史学月刊》2003 年第 3 期。

⑧ 臧知非：《西汉授田制度与田税征收方式新论——对张家山汉简的初步研究》，《江海学刊》2003 年第 3 期。

⑨ 温乐平、程宇昌：《从张家山汉简看西汉初期平价制度》，《江西师范大学学报》2003 年第 6 期。

⑩ 李均明：《张家山汉简所见规范人口管理的法律》，《政法论坛》2002 年第 5 期。

⑪ 彭浩：《读张家山汉简〈行书律〉》，《文物》2002 年第 9 期。

使国家行政得以正常运作。[①] 关津有一定的建筑形式，设有管理机构及驻防人员，职能为军事防御、控制往来、检查违禁物品等。凭符、传、致等出入，特殊情况以诏令。[②] 于振波认为邮人由无爵或低爵平民充当，以户为单位，父子相承，免除徭戍。[③]

汉初宦皇帝者，阎步克认为由中大夫、中郎、外郎、谒者、执楯、执戟、武士、驺、太子御骖乘、太子舍人等构成，与行政吏员不同，最初吏有禄秩而宦皇帝者无禄秩。宦皇帝者后来通过“比吏食俸”形成“比秩”。[④] 禄秩由千石直至御史大夫和丞相形成秩级；低端细碎秩级消失，禄秩上下段趋于匀称。禄秩有吏禄性质，这样高级官僚被以吏的形象定性定位。中央官的秩级向上伸展，而郡县王国官的秩级相形下降，中央对地方的强势政治地位在官阶得到了保障。[⑤] 南玉泉认为汉初御史大夫二千石，御史长史千石。御史中丞的设置在吕后二年（公元前186年）之后、景帝中元三年（公元前147年）之前。汉末，御史大夫转为司空，御史中丞为最高监察机关。丞相司直，秩二千石，御史中丞秩千石。[⑥] 有学者认为《秩律》缺中二千石诸简，阎步克认为《秩律》中最高秩是二千石，汉初原无中二千石，故不存在缺简。[⑦]

张家山简有关军功爵制的资料大大促进了军功爵制的研究，朱绍侯发表11篇论文，解决了很多疑难问题。认为军功爵分官爵和民爵，民爵八级是汉中期以后的产物。汉初爵分为侯爵、卿爵、大夫爵、小爵四等。公士至不更四个爵位总称为小爵。[⑧] 吕后时军功爵有实际价值，元帝时民爵八级属荣誉头衔，没资格与官级相比。关内侯、彻侯嫡长子爵位世袭，以下爵位嫡长子降级继承，余子继承低一级的爵位。[⑨] 吏爵、民爵不可逾越，民爵超过八级要转给兄弟子侄。妇女封“君”相当于列侯。妇女可以继承父兄及儿子的爵位，享受丈夫爵位级别的待遇。[⑩]《二年律令》是吕后时的制度，赐田宅培植了大批军功地主，汉初是军功地主集团掌权时代。[⑪] 朱绍侯还论述了军功爵的经济价值、政治待遇及以爵赎人、赎罪等其他价值。[⑫]

---

① 李均明：《张家山汉简〈行书律〉考》，中国政法大学法律古籍整理研究所编：《中国古代法律文献研究》（第二辑），中国政法大学出版社2004年版。

② 李均明：《汉简所反映的关津制度》，《历史研究》2002年第3期。

③ 于振波：《秦汉时期的邮人》，甘肃省文物考古研究所、西北师范大学文学院历史系编：《简牍学研究》（第四辑），甘肃人民出版社2004年版。

④ 阎步克：《论张家山汉简〈二年律令〉中的“宦皇帝”》，《中国史研究》2003年第3期。

⑤ 阎步克：《从〈秩律〉论战国秦汉间禄秩序列的纵向伸展》，《历史研究》2003年第5期。

⑥ 南玉泉：《从〈二年律令〉看御史大夫秩级与属官的变化》，王沛主编：《出土文献与法律史研究》（第一辑），上海人民出版社 2012年版。

⑦ 阎步克：《〈二年律令·秩律〉的中二千石秩级阙如问题》，《河北学刊》2003年第5期。

⑧ 朱绍侯：《两汉初年军功爵制的等级划分》，《河南大学学报》2002年第5期。

⑨ 朱绍侯：《从〈二年律令〉看与军功爵制有关的三个问题》，《河南大学学报》2003年第1期。

⑩ 朱绍侯：《〈秦汉时期的“赐民爵”及“小爵”〉读后》，《史学月刊》2009年第11期。

⑪ 朱绍侯：《吕后二年赐田宅制度试探》，《军功爵制考论》，商务印书馆2008年版。

⑫ 朱绍侯：《从〈二年律令〉看汉初二十级军功爵的价值》，《军功爵制考论》，商务印书馆2008年版。

刘敏认为小爵是未傅籍成人者占有的爵位，有严格年龄或身高规定。① 西岐定生关于汉代赐爵观点有局限：一是未明小男爵位与成人爵位之不同；二是小男获爵的其他途径；三是忽视了妇女与爵位的关系；四是把“赐民爵”释为“民爵赐与”。② 高敏认为“卿”不是汉政权所授，所以“卿”与“卿侯”在二十等爵中没有位置。获爵者有诸多经济特权和政治待遇。③

关于马政，陈伟认为汉初涉马诸令力保关中马匹资源，对马匹通关严格管制，对诸侯地区几近封锁，乃强本弱末之术。④ 臧知非认为西汉规定养马程序，突出对马匹的控制，严禁马匹流往诸侯王国，体现了强干弱枝的政治方针。⑤

陈苏镇认为汉初郡国并行，皇帝与诸侯共治。汉律对王国的干预有限，各王国有自己的法律。王国法与汉法有同有异，诸侯国司法独立性明显，案件审理自成系统。王国政治的从俗有助于缓解文化冲突，为避亡秦覆辙起了一定作用。⑥

赵凯认为“受鬻法”是定期向高龄老人提供粟米熬粥的福利制度。文帝作了补充完善，发放对象仍然是九十岁以上的老人。西汉后期已无法继续施行。东汉“行糜粥”是西汉“受鬻法”的流变。⑦

三、热点问题的争论

（一）年代考订

陈耀钧、阎频从避讳、肉刑、钱律、连坐与秦律的继承关系等认为《二年律令》之“二年”指吕后二年。⑧ 彭浩据同墓所出历谱及律文的有关内容推断，律令制定大约在吕后二年。李学勤也指出《二年律令》有显属吕后时的条文，这种条文到文帝即位一定要被废除，所以“二年”只能是吕后二年，是律令行用的年代。⑨

张建国认为以“吕宣王”断定就是吕后二年尚需斟酌。几十种律令不大可能都是吕后二年律令，因为律稳定性较高，很少进行整体修订，个别律条修改不需冠以“二年”纪年。高祖时的文书不需特别注明，汉二年萧何制法令，把它看作“汉二年律令”更妥当。⑩ 曹旅宁认为简文多用“盈”字而不避惠帝讳，其年代应为惠帝前。历谱有墓主惠帝元年病免的记载，《奏谳书》案例最晚为高祖

① 刘敏：《张家山汉简“小爵”臆释》，《中国史研究》2004 年第 3 期。
② 刘敏：《秦汉时期的“赐民爵”及“小爵”》，《史学月刊》2009 年第 11 期。
③ 高敏：《从〈二年律令〉看西汉前期的赐爵制度》，《文物》2002 年第 9 期。
④ 陈伟：《张家山汉简〈津关律〉涉马诸令研究》，《考古学报》2003 年第 1 期。
⑤ 臧知非：《张家山汉简所见汉初马政及相关问题》，《史林》2004 年第 6 期。
⑥ 陈苏镇：《汉初王国制度考述》，《中国史研究》2004 年第 3 期。
⑦ 赵凯：《西汉“受鬻法”探论》，《中国史研究》2007 年第 4 期。
⑧ 陈耀钧、阎频：《江陵张家山汉墓的年代及相关问题》，《考古》1985 年第 12 期。
⑨ 李学勤：《论张家山二四七号墓汉律竹简》，《汉简研究的现状与展望》，日本关西大学 1992 年版。
⑩ 张建国：《试析汉初“约法三章”的法律效力》，《法学研究》1996 年第 1 期。

十一年，不排除是高祖二年的可能。吕后追尊父为“吕宣王”一事不一定就是吕后元年，也有可能是高祖时追谥。① 李力认为《二年律令》为抄本、节选本，是墓主使用过的本子，其抄写时间是高祖五年至吕后二年。《二年律令》正本系汇编汉初律令而成，是开放性的律令集合体。编纂于高祖二年，故名。高祖五年起，作为西汉法典推行全国。②

高敏认为《户律》《赐律》肇端于高祖五年五月诏，《具律》《秩律》制定于惠帝即位的五月诏，《置后律》有制定于刘邦死后和惠帝即位之初的可能。诸律令是吕后二年总结此前诸帝制定汉律的汇抄。③ 杨振红认为《钱律》制定于吕后二年，《贼律》修订于吕后元年，《津关令》颁行不晚于高帝十年。许多律条是惠、吕时期制定或修订的。吕后时对律令作大规模整理修订并非不可能，《二年律令》是吕后二年修订后颁行的当代行用法典。④ 初世宾认为《二年律令》是吕后时汉律正本，是汉初不断增修积累的结果，吕后时又加入本朝所制。吕后二年颁行，是当时汉律的集大成。⑤

诸家虽有分歧，所指各不相同。所说之年有制定颁行之年、行用之年、汇总修订之年及抄写之年的不同。持论虽异，但在一点上倾向于共识，即《二年律令》的沿革应是萧何沿袭秦律令所奠定的基础，惠帝、吕后时又有所增补修订。⑥

（二）《二年律令》与《九章律》

《二年律令》有二十七种律，除七种在《九章律》中，其余二十种均在《九章律》外，如何解释这些律与《九章律》的关系，如何理解汉律的构造，这些都迫切地需要得到解释。徐世虹认为所谓“作律九章”是就秦律增加三篇。《九章律》是汉律的一部分，称为“九章”，不是源于任何公权的命名，而是作为律学家的习惯称呼而问世。严格意义上的法典编纂是从魏律开始的。⑦ 杨振红认为《二年律令》以及传世文献中出现的不属于九章的律篇大多是九章之下的二级律篇。二级律篇是针对具体事项制定的单行律，李悝、商鞅、萧何编纂法典时，在单行律的基础上分类整合，以其中的一个二级律篇名作为一级律篇名，这样的六个或九个一级律篇构成正式律典。⑧

---

① 曹旅宁：《张家山 247 号汉墓汉律制作时代新考》，《张家山汉律研究》，中华书局 2005 年版。

② 李力：《关于〈二年律令〉题名之再研究》，卜宪群、杨振红主编：《简帛研究·2004》，广西师范大学出版社 2006 年版。

③ 高敏：《〈张家山汉墓竹简·二年律令〉中诸律的制作年代试探》，《史学月刊》2003 年第 9 期。

④ 杨振红：《出土简牍与秦汉社会》，广西师范大学出版社 2009 年版，第 55 页。

⑤ 初世宾：《〈二年律令·贼律〉整理刍议》，卜宪群、杨振红主编：《简帛研究·2004》，广西师范大学出版社 2006 年版。

⑥ 徐世虹：《近年来〈二年律令〉与秦汉法律体系研究述评》，中国政法大学法律古籍整理研究所编：《中国古代法律文献研究》（第三辑），中国政法大学出版社 2007 年版。

⑦ 徐世虹：《九章律再认识》，“沈家本与中国法律文化国际学术研讨会”组委会编：《沈家本与中国法律文化国际学术研讨会论文集》（下册），中国法制出版社 2005 年版。

⑧ 杨振红：《出土简牍与秦汉社会》，广西师范大学出版社 2009 年版，第 35 页。

李振宏认为《二年律令》是萧何所作，大部分条目和内容远非“九章”所能涵盖，因此萧何“作律九章”不符合历史事实。“作律九章”之说是一种理想化的说法。[①] 曹旅宁认为从《二年律令》律文安排、律名排列及内容来看，汉律不存在二级分类。汉初不存在正律与傍章的区别。《二年律令》为法律汇编，法典化从曹魏《新律》开始，《泰始律》初步完成，唐代集大成。[②] 孟彦弘认为《法经》是法学著作，不是法典；盗、贼、囚、捕、杂、具是法学意义上的分类。汉律九章泛指汉律篇章多而非实指。随着令的编集和完善，律由开放性体系变成固定和封闭的体系。《魏律》是秦汉法典体系演变成果的集中体现。[③]

王伟认为《二年律令》并非吕后二年颁行的当代法，不宜以正律、傍章、单行律、追加法、律经等概念认识汉律结构，没有证据证明不同律章在形式或法律地位上存在区别。《九章律》只是汉律的一部分，不是汉律总名或泛称，萧何作律九章与汉律不止九章没有矛盾。[④] 张伯元认为汉律九章多依据史家、前辈学者的推测，汉律不止九章。九，泛指多；章，意为着、明。《盗律》《贼律》等篇名是后人凑九而成，导致以讹传讹。萧何对秦律令做了整理编排，“作律九章”非实指，“九章律”或汉律之异名而已。[⑤] 张忠炜认为汉代没有法典或法典编纂，律令以单行律或令篇的形式出现。“二年律令”是抄录者或编汇者自己命名的结果。汉初律令的主体与萧何定律有关，但兼有惠帝、吕后时期的增删。[⑥]

（三）“三环”问题

对“三环”的解释，学术界存在三种看法：一认为三环即《周礼》中的“三宥”，指司法部门依据三种情况宽宥惩处罪犯。二认为“三环”是司法机关对某些告诉所作的一种拒绝受理的制度。三认为“三环”指必须反复告三次，司法部门才予受理的程序。刘华祝认为在没有新材料之前，把三环视为《周礼》中的“三宥”，属审讯判决程序中的规定，不赞同将“三环”释为“三还”“三却”的看法，从而把它归于所谓受理制度的意见。[⑦] 徐世虹认为法律虽赋予父母控告子女不孝的绝对权利，但对年七十以上者实行“三环之”乃听。“三环”应具有阻断诉讼的作用，因而训“环”为“反复”，作“反复调查”解。[⑧] 朱红林认为对不孝罪诉讼特殊处理，老人要在不同时日内上诉三次才予受理。[⑨] 此问题

---

① 李振宏：《萧何“作律九章”说质疑》，《历史研究》2005 年第 3 期。

② 曹旅宁：《秦汉律篇二级分类说辨正》，王立民主编：《中国历史上的法律与社会发展》，吉林人民出版社 2007 年版。

③ 孟彦弘：《秦汉法典体系的演变》，《历史研究》2005 年第 3 期。

④ 王伟：《论汉律》，《历史研究》2007 年第 3 期。

⑤ 张伯元：《汉“九章”质疑补》，杨一凡主编：《中国古代法律形式研究》，社会科学文献出版社 2011 年版。

⑥ 张忠炜：《秦汉律令法系研究初编》，社会科学文献出版社 2012 年版。

⑦ 刘华祝：《关于秦律、汉律中的“三环”问题》，中国秦汉史研究会主编：《秦汉史论丛》（第九辑），三秦出版社 2004 年版。

⑧ 徐世虹：《秦汉简牍中的不孝罪诉讼》，《华东政法大学学报》2006 年第 3 期。

⑨ 朱红林：《张家山汉简〈二年律令〉研究》，黑龙江人民出版社 2008 年版。

目前尚难有定论，只有俟之将来新材料的出现。

（四）隶臣妾

“隶臣妾”问题争论已久，李力认为难下一个最终的确定结论，只能是阶段性认识：“隶臣妾”是“隶臣”和“隶妾”的缩略复合词；“隶臣妾”为刑名，最早出现于秦国，直至汉武帝太初元年夏五月；“隶”字多义造成“隶臣”“隶妾”乃至“隶臣妾”的复杂性和多样性；罚罪为奴逐渐转变成罚罪为徒刑，成为这种混合性表现在律学上的成因；睡虎地秦简“隶臣妾”既为奴隶又为刑徒名之说有较强的说服力；龙岗秦简、张家山汉简中“隶臣妾”身份均为刑徒。隶臣妾身份的变化，是古代刑罚从以肉刑为主向以徒刑或劳役刑为主的刑罚体系过渡的一个环节和具体表现。探讨“隶臣妾”问题，不能将中国古代史分期问题作为一种预设的前提；研究刑徒刑期问题，也不能以“隶臣妾”身份问题为其前提条件。①

邢义田认为汉初之法及秦法中已出现有期刑，唯刑期不一定，也不成体系。将建立刑期之功完全归于汉文帝，不免有将复杂历史过程简单化和个人英雄化之嫌。②

四、几点浅见

（1）治秦汉史学者，由于熟悉秦汉历史文献，较多关注汉代政治、经济与法律的关系等问题，对《二年律令》考订考释多有心得。但大多缺乏对所涉法律问题进行学理研究的能力，也缺乏法律通史的知识背景，对汉律的研究仅限于现象的描述与史实考证，亦不能做纵向比较。

（2）法律史学者长于理论分析，往往将秦汉律与唐律乃至明清律做纵向比较分析，探讨的多是秦汉法律的技术问题，擅长理论分析，法律概念精准，但往往以论代史，在史实考证方面有所欠缺，在史料的运用上有缺憾。

（3）围绕一些学术问题展开了激烈争论。争论的问题有的是学者对学术悬案的持续关注，如“隶臣妾”问题、“三环”问题等。还有一些是由《二年律令》引发的，如“二年”到底指高祖、惠帝还是吕后“二年”，《二年律令》与《九章律》的关系问题。还有一些是前人不疑，今人有疑的问题，如财产继承是否“诸子均分”，是否有遗嘱继承。这些问题的最终解决，有待于出土文献的发现。

---

① 李力：《“隶臣妾”身份再研究》，中国法制出版社 2007 年版。

② 邢义田：《从张家山汉简〈二年律令〉重论秦汉的刑期问题》，中国政法大学法律古籍整理研究所编：《中国古代法律文献研究》（第三辑），中国政法大学出版社 2007 年版。

试析“不死者归，以为隶臣”

孙 铭

睡简《秦律杂抄》简37[1]：

战死事不出，论其后[2]。有（又）后察不死，夺后爵，除伍人；不死者归，以为隶臣。

整理小组的译文是：“在战争中死事不屈，应将爵授予其子。如后来察觉该人未死，应褫夺其子的爵位，并惩治其同伍的人；那个未死的人回来，作为隶臣。”简文中的“不死者归，以为隶臣”一句值得玩味。

“不死者”是本简所述事实的主人公。围绕他的行为，简37大体可依时、分步来看。第一步，对有“战死事不出”英勇行为的士卒（后来被处罚的“不死者”）进行了“论其后”的授爵奖赏。第二步，“有后察不死，夺后爵，除伍人”，奖赏后，发现应授爵的士卒并未战死且已归营，于是更改错误，夺去了此士卒后人继受爵位的权利，同时处罚与此士卒同伍的军人。第三步，便是如何惩治这个归来士卒的问题，即“不死者归，以为隶臣”。

一、“战死事不出，论其后”

“战死事不出”，即在刚刚结束的战役中，一名士卒英勇战斗致死。“论其后”，即由于他的顽强不屈而立有军功，故将他应得的爵授予其子。

《吴子·上略》：“夫用人之道，尊以爵，赡以财，则士自来。接以礼，励以义，则士死之。”[3] 又，《司马法·定爵》：“凡战，定爵位，着功罪。”[4] 军事作战中，对英勇的士卒尊以爵位，可慰死事。

秦实行军功爵制以来，斩首立功乃是获爵之利法。《韩非子·定法》：“商君之法曰：‘斩一首者爵一级。’”[5] 集解《汉书》曰：“商君为法于秦，战斩一首赐爵一级。”一级爵能干吗呢？可以益田，亦可赎身、赎罪。《商君书·境内》

① 睡虎地秦墓竹简整理小组编：《睡虎地秦墓竹简》，文物出版社1990年版，第88页。下文略作“简37”。

② “这种父有军功而爵其子的制度，实际上是爵可转移的另一种表现形式。”见高敏：《从云梦秦简看秦的赐爵制度》，收入氏著《云梦秦简初探》（增订本），河南人民出版社1981年版，第167页。

③ 娄熙元、吴树平译注：《吴子译注·黄石公三略译注》，河北人民出版社1992年版，第62页。

④ 李零译注：《司马法译注》，河北人民出版社1992年版，第29页。

⑤ 《韩非子校注》组编：《韩非子校注》，江苏人民出版社1982年版，第592页。

云："能得（爵）［甲］首一者，赏爵一级，益田一顷，益宅九亩，一益除庶子一人。"[①] 出土文献亦有其迹，睡简《秦律十八种·军爵律》简156：

……工隶臣斩首及人为斩首以免者，皆令为工。

工隶臣，做工匠活的隶臣。如工隶臣以敌首或他人斩首的方式来获得赎免的，其身份便可成为自由人。这是赎身。《商君书·境内》："战及死吏（事），而［轻］短兵，能一首则优（复）。"[②] 战斗中，由于将官死于战事，他的"短兵"也就是士卒将要受到处罚。但是，如能在战斗中斩得敌人的一个首级，便可免受连坐之苦。这是赎罪。

《商君书·境内》："陷队之士知疾斗，不得，斩首队五人，则陷队之士人赐爵一级。死则一人后。"[③] "一人后"便是指家中可有一人继承其爵位[④]。《商君书·境内》："以战故，暴首三，乃校三日，将军以不疑致士大夫劳爵。"[⑤] 睡简《秦律十八种·军爵律》简153－154：

从军当以劳论及赐，未拜而死，有罪法耐譻（迁）其后；及法耐譻（迁）者，皆不得受其爵及赐。其已拜，赐未受而死及法耐譻（迁）者，鼠（予）赐。

立了军功"未拜而死"，其后只要不犯废、耐、迁以上罪的，均可以继承死者的爵位。[⑥]

《吴子·励士》："有死事之家，岁使使者劳赐其父母，着不忘于心。"[⑦] 同理，由简37中"不死者"的后人继承其杀敌所获爵位是理所当然的事。

二、"有后察不死，夺后爵，除伍人"

"有后察不死，夺后爵"。战后，"不死者"的归营行为，证明他并未战死沙场，所以夺了他本应授予而实际已被其后人所继承的爵位，并且惩治了与他同伍的其余四人。

《史记·秦本纪》云："（秦昭襄王）五十年十月，武安君白起有罪，为士伍，迁阴密。"裴骃《集解》引如淳之语曰："尝有爵而以罪夺爵，皆称士伍。"[⑧] 士伍，兵卒的行列。《史记·项羽本纪》："（汉之三年）汉王患之，乃用陈平计间项王。……范增大怒，曰：'天下事大定矣，君王自为之。愿赐骸骨归卒伍。'

① 高亨注译：《商君书注译》（全四册），中华书局1974年版，第424页。
② 高亨注译：《商君书注译》（全四册），中华书局1974年版，第407页。
③ 高亨注译：《商君书注译》（全四册），中华书局1974年版，第427页。
④ 高亨注译：《商君书注译》（全四册），中华书局1974年版，第429页。
⑤ 高亨注译：《商君书注译》（全四册），中华书局1974年版，第421页。
⑥ 栗劲：《秦律通论》，山东人民出版社1985年版，第512页。
⑦ 娄熙元、吴树平译注：《吴子译注·黄石公三略译注》，河北人民出版社1992年版，第41页。
⑧ （汉）司马迁：《史记》，中华书局2014年版，第269页。

项王许之。行未至彭城，疽发背而死。”① 归卒伍，意思是回乡为民。被夺爵为士伍的人，便是无爵之身。睡简《秦律十八种·内史杂》简190：

除佐必当壮以上，毋除士五（伍）新傅。……

任命佐必须用壮年以上的人，不要任用刚傅籍的没有爵的士伍。夺爵为士伍的相似情况见《岳麓秦简·多小未能与谋案》简1318（正）：

鞫之：多与儿邦亡荆，年十二岁，小未能谋。今年廿（二十）二岁，巳（已）削爵为士五（伍）②。……

多与儿逃出本国亡命到楚国时，因多年龄较小（十二岁），未能随其母参与谋划出逃之事，故注销其爵位，并贬为士伍。唐元稹《授牛元翼成德军节度使制》：“（牛元翼）忠孝谨廉，慈仁和惠，爱养士伍，均如鸤鸠，镇之三军，争在麾下。”可明士伍与军戍有关。“所谓‘士伍’就是原本无爵或虽曾有爵而被夺爵的成年男子，卫宏在《汉旧仪》中说‘无爵为士伍’是正确的。”③ 《商君书·境内》：“爵自一级以下，有刑罪则已。”④“已”是取消爵位。冨谷至先生曾提出“士伍为零位爵的看法”，即“失去爵位的有爵者与因犯罪被驱逐出爵位体系外的隶臣妾是用士伍来区别的”⑤。这便引出另外一个问题：隶臣的身份低于被夺爵的士伍（关于隶臣的身份第三部分再议）。

在夺爵之外，还有一项惩治同伍之人的处罚。秦军中有什伍的编制，五人为伍，十人为什，《大通上孙家寨汉简》简五九（126）：

☐五人为伍。☐⑥

《商君书·境内》：“五人一屯长，百人一将。”⑦ 简37的“除伍人”，是由于“不死者”自归营所引发的连坐反应，从刑罚担负的角度说，同伍之人有罪责。有观点认为此简“非因罪行而免爵，乃因授爵错误而更之”⑧，此需商榷。夺爵

① （汉）司马迁：《史记》，中华书局2014年版，第413页。

② “‘已削爵’，时间应在判决之前，因而可知‘削爵’是在多与儿邦亡发觉之后，不经过刑事审判，由乡啬夫等以职权所进行的。剥夺爵位的刑事处分，秦汉律称为‘夺爵’，应与‘削爵’有别。”朱汉民、陈松长主编：《岳麓书院藏秦简（叁）》，上海辞书出版社2013年版，第144页。

③ 刘海年：《战国秦代法制管窥》，法律出版社2006年版，第21页。

④ 高亨注译：《商君书注译》（全四册），中华书局1974年版，第425页。

⑤ ［日］冨谷至：《秦汉における庶人と士伍·覚书》，谷川道雄编：《中国士大夫阶级と地域社会との关系についての总合的研究》，昭和五十七年度（1982年）科学研究费补助金综合研究A研究成果报告，1983年；又收入氏著《秦汉刑罚制度研究》第26页脚注①（广西师范大学出版社2006年版）。

⑥ 胡平生、徐刚：《大通县上孙家寨一一五号汉墓出土木简》，《中国简牍集成》（第十七册），敦煌文艺出版社2005年版，第1343页。注：括号内的阿拉伯数字为整理小组原编号，见《大通上孙家寨汉简释文》（《文物》1981年第2期），下同。

⑦ 高亨注译：《商君书注译》（全四册），中华书局1974年版，第406页。

⑧ 傅容珂：《睡虎地秦简刑律研究》，台北商鼎文化出版社1992年版，第226页。

确因罪行引起，否则便不能造成同伍之人的连坐，而连坐之人被惩治也表明：对于死事的牵连结果，往往会涉及连坐。《商君书·境内》："其战也，五人束簿为伍。一人兆而到其四人，能人得一首则复。"① 汉时亦有此类规定，《大通上孙家寨汉简》简二一三（351）：

☐□将长及死不［出］［营］，营私卒、将吏皆耐为鬼新（薪），其□☐②

私卒要对将官被杀的事情负连带责任。此乃军事连坐的表现，与"除伍人"内容近似。所以，简37中究责的发生，罪因在此士卒，故论刑连坐之人。

连坐亦有轻重，这取决于连坐者与违法者的关系紧密性。《秦律杂抄·敦（屯）表律》简35－36：

……·军新论攻城，城陷，尚有栖未到战所，告曰战围以折亡，叚（假）者，耐；敦（屯）长、什伍智（知）弗告③，赀一甲；禀伍二甲。

军中就最近攻城的功绩论赏，如有城陷时因迟到没有进入战场，而报告中却说在围城作战中死亡的情况，就是弄虚作假的行径，法律应处以耐刑。屯长以及同什的人如知情不报，则罚一甲；同伍的人，罚二甲。对同伍之人的处罚源于两点：其一，"智弗告"即不上报弄虚作假的行径，这是不告奸。告奸，即告发阴私奸宄。《史记·商君列传》云："不告奸者腰斩，告奸者与斩敌首同赏，匿奸者与降敌同罚。"④ 连坐制与告奸法是一个有机联系的整体。由于人们害怕被犯罪行为所牵连，从而采取积极告发的办法来避免连坐，且告发行为还有可能为自己带来从轻的处罚甚至奖赏，于是告发现象在秦社会极为普遍。同时，连坐制利用人们避害趋利的本能，强迫人们互相监视、互相告发，达到预防犯罪和揭发犯罪的目的。回看《秦律杂抄》简37行为人涉嫌临阵逃脱与简35－36弄虚作假的行为，实行连带责任制本就无可厚非。其二，简37"除伍人"与简35－36"禀伍二甲"的"军事同伍连坐"表明："伍在刑徒的服役或居地的移动等情况下起到一种担保，即连带责任制的作用。"⑤ 连坐，必须存于利害关系人之间。

睡简《法律答问》简180：

"使者（诸）侯、外臣邦，其邦徒及伪吏不来，弗坐。"可（何）谓"邦徒""伪使"？·徒、吏与偕使而弗为私舍人，是谓"邦徒""伪使"。

---

① 高亨注译：《商君书注译》（全四册），中华书局1974年版，第406页。

② 胡平生、徐刚：《大通县上孙家寨一一五号汉墓出土木简》，《中国简牍集成》（第十七册），敦煌文艺出版社2005年版，第1366页。

③ 从简37的"伍"来看，此处应是对同什的人而言。见睡虎地秦墓竹简整理小组编：《睡虎地秦墓竹简》，文物出版社1990年版，第88页。

④ （汉）司马迁撰：《史记》，中华书局1959年版，第2230页。

⑤ 参看［日］水间大辅：《战国秦汉期の伍制における保证制度——伍制による民众支配の原理》，《早稻田大学大学院文学研究科纪要》第46卷第4号，2001年2月。

出使到诸侯国时，随同出使的邦徒和伪使不归来，使臣不连坐。原因就是与使臣一起出使的本国随从和吏，不是使臣自己的舍人，所以使臣不必担其不归职责。这或是“其法通乎人情”① 之所在。当然，这其中也有罪刑法定的精神内涵，即与违法者的关系越近，处罚越重。与《秦律杂抄·敦（屯）表律》简35－36近似，同为“弗告”的《秦律杂抄》简12－14：

……·军人买（卖）禀禀所及过县，赀戍二岁；同车食、敦（屯）长、仆射弗告，戍一岁；县司空、司空佐史②、士吏将者弗得，赀一甲；邦司空一盾。……

军人非法出卖军粮者引起的连坐：间接责任人（同吃军粮的徒、屯长、仆射）被戍边一岁，监管者（令、尉、县司空等）被罚一甲，而邦司空至多是间接责任人，仅是对其罚一盾。可见，连坐制下，关系紧密性越小，处罚越轻。

所以，《秦律杂抄》简35－36对什者罚一甲而伍者罚二甲，说明了“逐级连坐”应是普遍实行的一种制裁办法。这也能够间接反映出：战时的同伍之人是最应该受到责罚的对象。简37“不死者”的完好归来，似有“畏耎”保命之嫌，对与“不死者”同伍的其余四人进行的处罚自不会轻，可依汉律对照。张家山汉简《二年律令·贼律》简1－2：

以城邑亭障反，降诸侯，及守乘城亭障，诸侯人来攻盗，不坚守而弃去之，若降之，及谋反者，皆要（腰）斩。其父母、妻子、同产，无少长皆弃市。……

因军人胆怯降敌而有了连坐所生“弃市”情况的出现。连坐者受罚后，罪人的刑罚便要被提上议程。

三、“不死者归，以为隶臣”

简37中对“不死者”的处罚显然为轻，仅是秦第五级别刑罚劳役刑之“隶臣”。我们试分析其原因。

“隶臣妾”是一个法律术语，最早出现于战国时期的秦律之中，并行于帝制时代的秦汉法律之中。③ 隶臣专指男犯，隶妾则指女犯。据张家山汉简《奏谳书·案例二十》简174－175：

·异时鲁法：……白徒者，当今隶臣妾。……④

---

① 《韩非子·制分》：“其法通乎人情，关乎治理也。”

② “县司空的下属有‘司空佐史’，负责文书工作。”见宋杰：《秦汉国家统治机构中的“司空”》，《历史研究》2001年第4期，第21页。

③ 李力：《“隶臣妾”身份再研究》，中国法制出版社2007年版，第3页。

④ 彭浩、陈伟、［日］工藤元男主编：《〈二年律令〉与〈奏谳书〉：张家山二四七号汉墓出土法律文献释读》，上海古籍出版社2007年版，第372页。

隶臣妾在先秦时期的鲁国是被称作“白徒”的，“白徒之身份相当于‘隶臣妾’，平时服杂役，战时充作士卒”[①]。

就现有资料来看，在多数情况下隶臣结合象刑与肉刑。结合象刑时的刑名配置：“隶臣”并科以象刑中的耐刑构成“耐隶臣”。结合肉刑的刑名配置：“刑隶臣”，这属于个别加重耐刑的处罚，多为黥隶臣。除此之外，还有单独处隶臣的刑名，但数量有限。针对简37的具体情况，需要探讨引起“以为隶臣”的可能性行为因素。

（一）以“畏耎”论

由于简37中的不死者战后安然归来，他的这种全身而退，难免不让人对他产生怯懦畏战的看法，所以如将他以“畏耎”论也不是没有道理的。李力先生曾说：这条律文是奖励战争中宁死不屈者与惩罚胆小怕死者的相关规定，[②] 这里的“以为隶臣”似是对其违反军纪行为的处罚，“隶臣妾”显然应是刑徒刑名。[③]

“畏耎”的本义，是指列于军阵时的胆怯行为。如有退却，即行斩杀。临战状况急切，是“畏耎”行为发生的主因。《汉书·武帝纪》注引如淳曰：“军法，行逗留畏耎（懦）者要（腰）斩。”[④]《汉书·韩安国传》云：“于是下恢廷尉，廷尉当恢逗桡，当斩。”其注亦引如淳曰：“军法，行而逗留畏懦者要斩。”[⑤]“畏耎”，在军法中的表现尤为典型，它承启自兵法的原始惩戒特征，后延至刑法的成文规制。与临战时“畏耎”行为造成的危害性之重、轻所对应，刑名的等级是由严至宽、刑名种类由单一化迈入多元化，恰好反映出原始法到成文法的发展步骤。《大通上孙家寨汉简》简六七（63）：

☐行杀之，擅退者后行杀之。☐[⑥]

对战斗中犯有擅自退却之罪者，由身后士兵依法当场处死。《淮南子·汜论训》有云：“两军相当，将施令曰：‘斩首拜爵，而屈挠者要（腰）斩。’”[⑦] 故《司马法·〈司马法逸文〉》云：“小罪联，中罪刖，大罪刭。”[⑧]《敦煌汉简》简983记云：

《捕律》：亡入匈奴、外蛮夷，守弃亭鄣逢燧者、不坚守降之及从塞徼外来

---

① 何有祖：《上博楚竹书（四）札记》，简帛研究网，2005年4月15日。

② 李力：《“隶臣妾”身份再研究》，中国法制出版社2007年版，第396页。

③ 张金光：《关于秦刑徒的几个问题》，《中华文史论丛》1985年第1辑，第22页。

④ （汉）班固撰：《汉书》，中华书局1962年版，第204页。

⑤ （汉）班固撰：《汉书》，中华书局1962年版，第2404－2405页。

⑥ 胡平生、徐刚：《大通县上孙家寨一一五号汉墓出土木简》，《中国简牍集成》（第十七册），敦煌文艺出版社2005年版，第1344页。

⑦ （汉）刘安等编著，（汉）高诱注：《淮南子》，上海古籍出版社1989年版，第147－148页。

⑧ 李零译注：《司马法译注》，河北人民出版社1992年版，第77页。

降而贼杀之，皆要（腰）斩。妻子耐为司寇作如。[①]

军人懦弱的不坚守和故意杀死归降者的行为，均会被腰斩。军法领域的“畏耎”行为所引起的刑名已难觅简37中“以为隶臣”这么轻的处置办法了。即便如军法以外的一般国内法领域，如《岳麓书院藏秦简（叁）·绾等畏耎还走案》简242-245：

……（秦王政廿六年）鞫之：得、文、刍、庆、绾等与反寇战，不伍束符，忌以射死，卒喜等【□】短兵死。畏耎，去环（还）走卌（四十）六步。逢包【……】□□□□暘□……□……□【……。】【审】【……】□臣信（?）请取□【……,】皆致灋（法）焉。有（又）取卒畏耎冣（最）先去、先者次（?）十二人，完以为城旦、鬼薪。有（又）取其次（?）十四人，耐以为隶臣。其余皆夺爵以为士五（伍）；其故上造以上，有（又）令戍四岁，公士六岁，公卒以下八岁。□【……。】【……】□□□（系）。它县论。【……】[②]

其根据士卒在与叛乱贼寇作战中“畏耎”的不同表现而分别量刑的情况，多见“完以为城旦、鬼薪”以及“耐以为隶臣”的刑名附加处置办法，较少见单处隶臣的刑名出现。据《司马法·〈司马法逸文〉》云：“周左执黄钺，右执白旄，所以示不进者审察斩杀之威也。”[③] 可见，单单拿“以为隶臣”处置“畏耎”已起不到惩戒警示的效果了。

先秦至秦汉，不见“畏耎”者轻处“以为隶臣”，后世亦不见如此从轻的处罚情况。《唐律疏议·擅兴》234条：

诸主将以下，临阵先退；若寇贼对阵，舍仗投军及弃贼来降，而辄杀者：斩。……[④]

“诸主将以下，临阵先退”，是指战士以上的军吏，在临阵交战的时候有怯懦先退的行为，即“畏耎”。又，《唐律疏议·擅兴》233条：

诸主将守城，为贼所攻，不固守而弃去及守备不设，为贼所掩覆者，斩。若连接寇贼，被遣斥候，不觉贼来者，徒三年；以故致有覆败者，亦斩。[⑤]

主将是主要的领兵人或留守边城之主，唐代时对这类镇防事务中军事人员的“不固守而弃去”行为，当然是以“畏耎”认定的，但处罚的结果却是斩。

《史记·商君列传》索隐云：“案律，降敌者诛其身，没其家，今匿奸者，

---

① 甘肃省文物考古研究所编：《敦煌汉简》（下），中华书局1991年版，第256-257页。

② 朱汉民、陈松长主编：《岳麓书院藏秦简（叁）》，上海辞书出版社2013年版，第240-241页。

③ 李零译注：《司马法译注》，河北人民出版社1992年版，第77页。

④ （唐）长孙无忌等撰，刘俊文点校：《唐律疏议》，中华书局1983年版，第308页。

⑤ （唐）长孙无忌等撰，刘俊文点校：《唐律疏议》，中华书局1983年版，第307页。

言当与之同罚也。"[①] 可见，以"畏耎"认定简37的"不死者"显然已不适用。

（二）以"寇降"论

那么到底是什么标准造成他被处"以为隶臣"呢？《左传·昭公七年》："天有十日，人有十等。下所以事上，上所以共神也。故王臣公，公臣大夫，大夫臣士，士臣皁，皁臣舆，舆臣隶，隶臣僚，僚臣仆，仆臣台。""隶则罪人，周官所谓'入于罪隶'，汉之城旦舂输作。"[②] 其中之"隶"，正义云："隶，隶属于吏也。""臣妾"，《史记·伍子胥传》："越王句践乃以余兵五千人栖于会稽之上，使大夫种厚币遗吴太宰嚭以请和，求委国为臣妾。吴王将许之。"[③] 隶臣妾有归属以供役使的意思，而国家征战极需要这类身份的人。秦隶臣妾的身份比较复杂，[④] 刘海年先生指出："隶臣妾，可以是籍没的犯罪人的家属，也可以是战争中投降的敌人；还可以是封建国家掌握的官奴婢隶臣妾的后代，秦的隶臣妾既包括官奴隶，也包括一部分刑徒。"[⑤]

看看其他的"以为隶臣"，或能找到答案。《秦律杂抄》简38：

寇降，以为隶臣。[⑥]

同样是"以为隶臣"，这里的处罚意义却有不同。此简中被罚作隶臣的是归降的敌寇。寇，指的是敌兵。对于战争中的投降之人，将其作为隶臣役使。[⑦]《吴子·应变》："其有请降，许而安之。"[⑧]《秦律杂抄》简38与简37一样，均涉及军事活动中的战后赏罚奖惩内容，[⑨] 但各自代表的身份是有区别的。简37乃"因人怯于公战而为隶臣者"[⑩]，而简38的"隶臣"代表的并非刑名，而是官奴

---

① （汉）司马迁撰：《史记》，中华书局1959年版，第2230页。

② 杨伯峻编著：《春秋左传注》，中华书局1990年版，第1284页。

③ （汉）司马迁撰：《史记》，中华书局1959年版，第2178页。

④ "在睡虎地秦简有关'隶臣妾'的37条史料中，各种形式的'隶臣妾'名称共有64个：42个可以确定为刑名或刑徒者，约占65%；11个可确定为官奴隶者，约占17%；8个暂不能确定，约占14%；待考者约占4%（'更隶妾'）……在龙岗秦简的1条史料中，'隶臣妾'的身份为徒刑刑名；在里耶秦简的5条史料中，'隶臣妾'的身份均为刑徒。"见李力：《"隶臣妾"身份再研究》，中国法制出版社2007年版，第681－682页。

⑤ 刘海年：《战国秦代法制管窥》，法律出版社2006年版，第288页。

⑥ 睡虎地秦墓竹简整理小组编：《睡虎地秦墓竹简》，文物出版社1990年版，第89页。

⑦ "他们（寇）不是罪犯，而是国家的财产。"见栗劲：《秦律通论》，山东人民出版社1985年版，第268页。

⑧ 娄熙元、吴树平译注：《吴子译注·黄石公三略译注》，河北人民出版社1992年版，第39页。

⑨ "《秦律杂抄》中许多律文与军事有关，其中关于军官任免、军队训练、战场纪律、战勤供应以及战后赏罚奖惩的法律条文，是研究秦兵制的重要材料。"见睡虎地秦墓竹简整理小组编：《睡虎地秦墓竹简》，文物出版社1990年版，第79页。

⑩ 陈公柔：《云梦秦墓出土〈法律答问〉简册考述》，侯仁之、周一良主编：《燕京学报》（新二期），北京大学出版社1996年版，第200页。

隶身份，即“指以俘虏为隶臣”①，它是“把放下武器而投降的敌兵士卒转化为奴婢，这在战国时本是普遍现象”②。岳麓简中也有降寇被处隶臣的情况，见《岳麓书院藏秦简（叁）·魏盗杀安、宜等案》简158（正）：

……同段（改）曰：定名魏。故熊城人，降为隶臣，输寺从。去亡。③

整理者对盗杀案中的“降为隶臣”的解释是：本人投降为隶臣。这应与《秦律杂抄》简38的“寇降，以为隶臣”同义，二简均是由“降”引起的“为隶臣”，是对域外之降敌的处置办法。

依上来看，战国时，被罚作隶臣之人中有一部分属外来者，如归降的寇之类。所以，隶臣虽是劳役刑，却也代表了一种身份。鹰取祐司先生认为：劳役刑之司寇、隶臣妾、鬼薪白粲、城旦舂是相当于负爵位的身份刑，④ 故劳役刑也可被理解为身份刑。

既然是寇，那就无法避免不被怀疑其忠诚度，因为降了的寇仍可能会破坏稳固的军事纪律以及安定的社会秩序。岳麓秦简简0187（正）：

道徼中蛮夷来诱者，黥为城旦舂。其从诱者，年自十四岁以上耐为隶臣妾，奴婢黥颜頯，畀其主。⑤

蛮夷来诱者便是社会安定的隐患，对这类人施以“黥为城旦舂”，目的即是避免从诱者的跟随。汉时亦不例外，张家山汉简《二年律令·贼律》简3：

【从诸侯】来诱及为间者，磔。亡之【诸侯】⑥

对来诱者是以磔刑惩治的。农耕时代，有生劳力、兵源的存续对国家发展极其重要，睡简《法律答问》简69有云：

擅杀子，黥为城旦舂。其子新生而有怪物其身及不全而杀之，勿罪。⑦

秦时人口少，为了发展生产与巩固戍防，政府鼓励生育，除非杀死的小儿是残疾人，杀伤有生人力的行为均要被治罪。上列“【从诸侯】来诱”与“擅杀

---

① 陈公柔：《云梦秦墓出土〈法律答问〉简册考述》，侯仁之、周一良主编：《燕京学报》（新二期），北京大学出版社1996年版，第200页。

② 吴荣曾：《胥靡试探——论战国时的刑徒制》，《中国史研究》1980年第3期。

③ 朱汉民、陈松长主编：《岳麓书院藏秦简（叁）》，上海辞书出版社2013年版，第48页。

④ 参看［日］鹰取祐司：《秦汉时期の司寇、隶臣妾、鬼薪白粲、城旦舂》，《中国史学》2009年第19辑；又［日］鹰取祐司：《秦汉时期の刑罚と爵制的身份序列》，《立命馆文学》2008年第608辑。

⑤ 陈松长主编：《岳麓书院藏秦简（肆）》，上海辞书出版社2015年版，第72页。

⑥ 彭浩、陈伟、［日］工藤元男主编：《〈二年律令〉与〈奏谳书〉：张家山二四七号汉墓出土法律文献释读》，上海古籍出版社2007年版，第90页；陈苏镇：《汉初王国制度考述》，《中国史研究》2004年第3期。

⑦ 睡虎地秦墓竹简整理小组编：《睡虎地秦墓竹简》，文物出版社1990年版，第109页。

子”都是不利国家治理的现象，尤其是对经济发展有碍。

以上三简中的法规，无论直接规定还是间接运用，均可视为政府保存生源的有效办法。它从侧面反映出：寇未必可信，且对国家安稳存在隐患。正因如此，汲黯才会请求汉武帝将归降的匈奴以奴婢对待之，便于掌控。《史记·汲郑列传》：“匈奴浑邪王率众来降，汉发车二万乘。……黯请闲，见高门，曰：‘夫匈奴攻当路塞，绝和亲，中国兴兵诛之，死伤者不可胜计，而费以巨万百数。臣愚以为陛下得胡人，皆以为奴婢以赐从军死事者家；所卤获，因予之，以谢天下之苦，塞百姓之心。’”①

综合考虑，对简37的“归”者“以为隶臣”处理态度的选择上，若以“畏耎”论是较少有资料支持的，但以“寇降”论则可依身份定此“不死者”之性，即“寇降，以为隶臣”。

四、结论：《秦律杂抄》简37实与“寇”有关

简37“不死者归，以为隶臣”一语有个关键字“归”，是定性身份的关键。《史记·秦本纪》：“（秦昭襄王五十一年）西周君走来自归，顿首受罪，尽献其邑三十六城，口三万。……周初亡。”②《史记·秦本纪》：“景公立四十年卒，子哀公立。后子复来归秦。”③ 这两件事中的“归”，均有归顺投降之意。投降之后的身份就有变化了，成为官奴隶、刑徒甚为可能，而隶臣妾是其代表之一。所以，有观点认为：“‘隶臣妾’正在从官奴隶名称转向刑徒名称的发展中，秦‘隶臣妾’‘既用为奴隶名又逐渐用为刑徒名’之说，有较强的说服力。”④

吕思勉先生曾云：“夫地大人众，则不必举国皆兵，而后足以御侮；征戍远则民劳，不得不加以体恤；于是罪人、奴隶与异族之降者杂用。盖自秦已启其端，至汉武之世而大盛。”⑤“异族之降者”被吸纳入军事行伍之列，系先生于未有秦汉简牍材料年代的认识，《秦律杂抄》简38“寇降，以为隶臣”可后证之。依据上述所引诸简，本文所论简37中的“不死者”归来，却被当作“寇”对待，是军事统领者对战时特殊情况下士卒身份一种有倾向性的选择。这是简37主人公最终的际遇，它的经历全面展示了秦赏罚有序的军事面貌，使我们认识到了“寇”在当时社会的地位与成分。至少从军事范围来看，被认作“寇”者并非仅限于外来的归降者。

---

① （汉）司马迁撰：《史记》，中华书局1959年版，第3109页。

② （汉）司马迁撰：《史记》，中华书局1959年版，第274页。

③ （汉）司马迁撰：《史记》，中华书局1959年版，第250页。

④ 李力：《“隶臣妾”身份再研究》，中国法制出版社2007年版，第682页。

⑤ 吕思勉：《秦汉史》，江苏人民出版社2014年版，第525页。

张家山336号汉墓汉律竹简与汉文帝初年贾谊除肉刑主张的实施

曹旅宁

西汉前期汉文帝的刑法改革，是中国历史上非常重大的事件。“除肉刑”以及“有年而免”是这次改革的中心内容，历代学者对此次的改革评价都是比较正面、比较高的。①

张家山336号汉墓出土汉律，根据已公布的信息，系汉文帝即位初年的汉律，墓中出土有前元七年（公元前173年）质日，其时代上限为汉文帝前元七年，下限不晚于汉文帝前元十三年（公元前167年）。与张家山247号汉墓所出《二年律令》相较，不仅除去了有吕宣王谥号的条文以及优待吕氏子孙的条文，且除去了若干肉刑。② 通说一般以为，汉文帝前元十三年刑制改革才除去肉刑。

章太炎《菿兰室札记》卷二第三六〇“萧何九章”条：“寻文帝时除肉刑，诏言具为令，丞相张苍等谨议请定律曰：诸当完者完为城旦舂云云。盖当时即取萧何九章之律，而更定之。其原文言某罪皆不易，言某刑者皆更以新法……又《汉书·贾谊传》云：诸法令所更定，及列侯就国，其说皆贾谊发之。汉文除肉刑在十三年，贾生之卒在十二年，从汪容甫定。已不及见。而其更定实自贾生发之。”③ 按：《汉书·贾谊传》中进谗使贾谊贬谪为长沙王太傅者中有冯敬者，与文帝前元十三年刑制改革诏书领衔者之一的、与丞相张苍并列的御史大夫冯敬者当为同一人。检《汉书·贾谊传》：

贾谊，雒阳人也，年十八，以能诵诗书属文称于郡中。河南守吴公闻其秀材，召置门下，甚幸爱。文帝初立，闻河南守吴公治平为天下第一，故与李斯同邑，而尝学事焉，征以为廷尉。廷尉乃言谊年少，颇通诸家之书。文帝召以为博士。是时，谊年二十余，最为少。每诏令议下，诸老先生未能言，谊尽为之对，人人各如其意所出。诸生于是以为能。文帝说之，超迁，岁中至太中大夫。

谊以为汉兴二十余年，天下和洽，宜当改正朔，易服色制度，定官名，兴礼乐。乃草具其仪法，色上黄，数用五，为官名悉更，奏之。文帝谦让未皇也。然

---

① 高恒：《西汉王朝前期的刑制改革》，《秦汉法制论考》，厦门大学出版社1994年版，第141－155页。［日］滋贺秀三：《西汉文帝的刑法改革和曹魏新律十八篇篇目考》，刘俊文主编：《日本学者研究中国史论著选译》（第八卷），中华书局1992年版，第76－101页。

② 彭浩：《江陵张家山汉墓出土大批珍贵竹简》，《江汉考古》1985年第4期；李学勤：《论张家山247号汉墓汉律竹简》，［日］大庭脩编：《汉简研究的现状与展望》，日本关西大学出版部1993年版，第174－179页。

③ 沈延国、汤志钧点校：《章太炎全集》（一），上海人民出版社1984年版，第206页。

诸法令所更定，及列侯就国，其说皆谊发之。于是天子议以谊任公卿之位。绛、灌、东阳侯、冯敬之属尽害之，乃毁谊曰："雒阳之人年少初学，专欲擅权，纷乱诸事。"于是天子后亦疏之，不用其议，以谊为长沙王太傅。

从该传叙事来看，贾谊曾随李斯同邑且从吴公问学，文帝初年吴公曾任廷尉并推荐贾谊，文帝接受并重用贾谊皆缘于此。

出土文献与正史记载的歧义如何解决呢？我们明了，汉初的刑制改革应当经历了相当长的时期。或许文帝初年即根据贾谊等人的建议进行了局部的调整。再至前元十三年进行刑制改革并宣布刑徒可"有年而免"的整体法令。汉初法律的制定改易与萧何、叔孙通、贾谊、张苍等人密切有关。诚如章太炎所云，除去肉刑与贾谊的建议关系更大。且据张家山 336 号汉律简，贾生当见到除肉刑主张的实施。贾谊与文帝一朝政治关系重大，绝非李商隐诗中据《汉书》所谓"可怜夜半虚前席，不问苍生问鬼神"者也。在新近（2014 年 12 月）召开的秦简学术会议上，论文《〈岳麓书院藏秦简（肆）〉概述》论述秦《亡律》有云：

例如岳麓秦简中有数则关于刑徒逃亡的。秦律中对惩罚城旦舂、白粲和城旦司寇三者逃亡的措施是一样的。都是黥为城旦舂。这在《二年律令》中就有不同的规定："城旦舂亡，复城旦舂。鬼薪、白粲也，皆笞百。"秦汉律中诸如此类之细微差别，既可以看作是法律日趋严密合理的表现，也可视为是汉律相对宽和的表征。

确实，拙作《秦律新探》也注意到秦与汉初关于亡人婚嫁处分条文的细微差别，秦简《法律答问》中娶亡人为妻，黥为城旦舂。这在张家山 247 号汉墓所出《奏谳书》高祖十年案例中被完全继承。汉高祖十年案例所引："律：取（娶）亡人为妻，黥为城旦舂，弗智（知），非有减也。"而《二年律令·亡律》则规定娶亡人为妻，知情者才黥为城旦舂。[①] 由此可见秦汉法律的细微变化趋向宽和的实际。可见任何改革都不是一蹴而就的，而贾谊、汉文帝堪称刑制改革的先知先觉者。张家山 336 号汉墓所出汉律所反映的除肉刑资料，如果年代确定无大误差的话，不仅为研究西汉前期刑法改革提供了第一手新资料，也为《汉书》订正相关记载之不足提供了新证据。

附记：此文盖仿顾亭林《日知录》而成。2014 年 12 月 23 日承彭浩先生教示，张家山 336 号汉墓年代为文帝七年，竹简上已剜去了部分肉刑，希望发现文帝十三年以后的汉律。张家山 336 号汉墓与印台汉墓竹简正在由荆州博物馆的学者加紧整理中，不久以后将由文物出版社出版面世，其中均有汉初律令简。这些材料公布后，本札记或可修改补充成为论汉文帝刑制改革的长文。此外，我们注意到日本汲古书院 2015 年所出版若江贤二著《秦汉律と汉文帝の刑制改革の研究》目录中似乎还未对此问题进行探讨。

---

① 曹旅宁：《秦律新探》，中国社会科学出版社 2002 年版，第 300－301 页。

秦汉简"质钱"与《周礼·质人》中的相关制度

——竹简秦汉律与《周礼》比较研究（八）[①]

朱红林

近年来出土秦汉律令中出现了有关"质钱"的记载，引起学界的关注。较早出现的是张家山汉简《二年律令·金布律》"官为作务、市及受租、质钱"，随后里耶秦简、岳麓秦简也相继出现了有关"质钱"的记载。尤其是岳麓秦简《金布律》中有关"质钱"及相关制度的记载，与《周礼·质人》所描述的制度有很多相似之处，把二者结合起来进行比较研究，不但可以对《周礼》中所载制度的真实性作进一步的探讨，而且可以解决秦汉简中有关商业管理制度及商业案例的一些疑难问题。下面就此谈几点不成熟的认识，敬请专家批评指正。

一

张家山汉简《二年律令·金布律》有关"质钱"的记载："官为作务、市及受租、质钱，皆为缿，封以令、丞印而入，与参辨券之，辄入钱缿中，上中辨其廷。质者毋与券。租、质、户赋、园池入钱，县道官勿敢擅用，三月壹上见金、钱数二千石官，二千石官上丞相、御史。"整理小组注："质，抵押。"[②] 高敏、彭浩、陈伟、工藤元男等学者，包括笔者在内，当时都同意这一说法。[③]

但随着里耶秦简中"质钱"的出现，相关的理解和认识发生了转变。里耶秦简 8－2226 背＋8－2227"☑买铁铜，租质入钱，贳责隃（逾）岁，买请铜锡"，《里耶秦简牍校释》（第一卷）（以下简称《校释》）对"质钱"进行了系统的解释：

岳麓书院秦简 1411、1399 号简云："《金布律》曰：官府、为作务市受钱，及受赍、租、质、它稍入钱，皆官为缿，仅为缿空，婺（务）毋令钱能出，以

① 本文为国家社科基金一般项目"《周礼》注所见汉代史料辑证"（项目编号：14BZS098）阶段性成果、国家社科基金重大项目"简帛学大辞典"（项目编号：14ZDB027）阶段性成果。

② 张家山二四七号汉墓竹简整理小组编著：《张家山汉墓竹简［二四七号墓］》（释文修订本），文物出版社 2006 年版，第 67 页。

③ 高敏：《关于汉代有"户赋"、"质钱"及各种矿产税的新证——读〈张家山汉墓竹简〉》，《史学月刊》2003 年第 4 期。朱红林：《张家山汉简〈二年律令〉集释》，社会科学文献出版社 2005 年版，第 250 页。彭浩、陈伟、［日］工藤元男主编：《〈二年律令〉与〈奏谳书〉：张家山二四七号汉墓出土法律文献释读》，上海古籍出版社 2007 年版，第 254 页。

令若丞印封缿，而人与入钱者参辨券之，辄入钱缿中，令入钱者见其入。”《二年律令·金布律》429号简云：“官为作务、市及受租、质钱，皆为缿，封以令、丞印而入，与参辨券之，辄入钱缿中，上中辨其廷。质者勿与券。”租，指市租与盐矿之租等。质，张家山汉简整理小组注释说：“抵押。”今按：《周礼·地官·质人》云：“质人掌成市之货贿、人民、牛马、兵器、珍异。凡卖儥者质剂焉，大市以质，小市以剂。”又《廛人》云：“廛人掌敛市绒布、总布、质布、罚布、廛布，而入于泉府。”郑玄注：“质布者，质人之所罚犯质剂者之泉也。”孙诒让正义：“王与之云：‘质布，质人所税质剂者之布也。质人卖儥之质剂，如今田宅，官给券以收税，谓之质布。’江永云：‘罚则当入罚布，何为别名质布，此即偿质剂之布也。古未有纸，大券小券当以帛为之，交易以给买者，而卖者亦藏其半。质剂盖官作之，其上当有玺印，是以量取买卖之泉以偿其费，犹后世契纸有钱也。’按王、江说是也。”简文质钱与租钱并列，似应理解作官府为大型交易提供质剂而收取的税金。①

如今《岳麓书院藏秦简》第四卷正式出版，其中公布了更详细的有关“质剂”的资料，包括陈伟先生已经引用过的，证明了《校释》的解释完全正确。笔者在陈伟先生研究成果的基础上，结合新材料再做进一步的探讨。

二

岳麓秦简中有关“质钱”的资料如下：

1411 正 + 1399 正 + 1403 正：②

·金布律曰：官府为作务、市受钱，及受赍、租、质、它稍入钱，皆官为缿，谨为缿空（孔），嬃毋令钱$_{121正}$能出，以令若丞印封缿而入，与入钱者三辨券之，辄入钱缿中，令入钱者见其入。月壹输$_{122正}$缿钱，及上券中辨其县廷，月未尽而缿盈者，辄输之，不如律，赀一甲。$_{123正}$

1415 正 + 1428 正 + 1300 正 + 1301 正 + 1351 正 + 0990 正 + 1226 正 + J42 正 + 1263 正：

·金布律曰：黔首卖马牛勿献（谳）廷，县官其买殹（也），与和市若室，勿敢强。买及卖马牛、奴婢它乡、它县，吏$_{198正}$为（？）取传书及致以归及（？）免（？），弗为书，官啬夫吏主者，赀各二甲，丞、令、令史弗得，赀各一甲。其有事关外，以私马$_{199正}$牛羊行而欲行卖之及取传卖它县，县皆为传，而欲徙卖它县者，发其传为质。黔首卖奴卑（婢）、$_{200正}$马牛及买者，各出廿二钱以质市亭。皇帝其买奴卑（婢）、马，以县官马牛羊贸黔首马牛羊及买，以为义$_{201正}$者，

① 陈伟主编：《里耶秦简牍校释》（第一卷），武汉大学出版社 2012 年版，第 447－448 页。

② 本文有关岳麓书院藏秦简的材料均出自陈松长主编：《岳麓书院藏秦简（肆）》，上海辞书出版社 2015 年版。首列为简原始编号，如“1411 正”等，简文中下脚标号为该书所编序号，如“121 正”等。

以平贾（价）买之，辄予其主钱。而令虚质、毋出钱、过旬不质，赀吏主者一甲，而以不质律论。黔首自202正告，吏弗为质，除。黔首其为大隃取义，亦先以平贾（价）直之。质奴婢、马、牛者，各质其乡，乡远都市，欲徙（?）203正（缺简）老为占者皆罨（迁）之。舍室为里人盗卖马、牛、人，典、老见其盗及虽弗见或告盗，为占质，黥为204正城旦，弗见及莫告盗，赎耐，其伍、同居及一典，弗坐。卖奴卑（婢）、马、牛者，皆以帛书质，不从令者，205正赀一甲。卖半马半牛者，毋质诸乡。206正

岳麓秦简及张家山汉简《二年律令·金布律》的记载表明，官府的货币收入，有作务、市受钱，及受赍、租、质、它稍入钱等六类，大部分属于商业收入，质钱就是其中重要的一项。在这种情况下，岳麓秦简整理小组显然吸收了《校释》的观点，把质钱解释成“官府为大型交易提供质剂而收取的税金”①，这显然比把质钱理解为抵押金合理得多。

质钱是由交易双方在交易成交之时，提交市场管理部门审核，由官府颁发交易券契的费用。岳麓秦简《金布律》“黔首卖奴卑（婢）、马牛及买者，各出廿二钱以质市亭”说的就是这笔费用。这笔费用在《周礼》中称为“质布”。这在陈伟先生的研究中已经说得很明白。“布”在《周礼》中作为货币讲时，指的是铜铸货币。《周礼·天官·外府》：“掌邦布之入出，以共百物，而待邦之用，凡有法者。”郑玄注：“布，泉也。布读为宣布之布。其藏曰泉，其行曰布，取名于水泉，其流行无不遍。”②《周礼·地官·司市》：“国凶荒札丧，则市无征，而作布。”郑玄注：“金铜无凶年，因物贵，大铸泉以饶民。”③

市亭向交易双方颁发表示交易成功的券书（也就是“质剂”）时，要对交易商品进行审核，以确认交易的合法性。特别是针对人口、马牛等交易，市亭机构要作详细调查。岳麓秦简《金布律》说：“质奴婢、马、牛者，各质其乡。”各质其乡，就是到奴婢、马、牛所在的乡去调查这些交易商品的所有权及相关信息的真实性。睡虎地秦简《封诊式》记载了私家把奴隶卖给官府的程序，《告臣》爰书中就有官府对私人奴隶主所卖奴隶身份进行核实的过程。《告臣》曰：

爰书：某里士五（伍）甲缚诣男子丙，告曰：“丙，甲臣，桥（骄）悍，不田作，不听甲令。谒买（卖）公，斩以为城旦，受贾（价）钱。”讯丙，辞曰：“甲臣，诚悍，不听甲。甲未赏（尝）身免丙。丙毋（无）病殹（也），毋（无）它坐罪。”令令史某诊丙，不病。令少内某、佐某以市正贾（价）贾丙丞某前，丙中人，贾（价）若干钱。丞某告某乡主；男子丙有鞫，辞曰：“某里士五（伍）甲臣。”其定名事里，所坐论云可（何），可（何）罪赦，或覆问毋（无）有，甲赏（尝）身免丙复臣之不殹（也）？以律封守之，到以书言。

---

① 陈松长主编：《岳麓书院藏秦简（肆）》，上海辞书出版社2015年版，第164页。
② （清）孙诒让：《周礼正义》（第二分册），中华书局1987年版，第469页。
③ （清）孙诒让：《周礼正义》（第四分册），中华书局1987年版，第1070页。

《告臣》中的"丞某告某乡主"云云，就是官府派人到甲臣所在的乡进行调查，看看甲臣有没有犯罪历史，其身份是否仍属于主人，主人是否免除过丙的奴隶身份等。

因为在现实社会中，有时会出现奴婢已经被免除了奴婢身份，又被原来的主人强行卖给他人，从而引起纠纷的案例。比如，张家山汉简《奏谳书》简8－16：

十一年八月甲申朔丙戌。江陵丞骜敢潚（谳）之。三月己巳大夫禒辤（辞）曰："六年二月中买婢媚士五（伍）点所，贾（价）钱万六千，乃三月丁巳亡，求得媚。"媚曰："不当为婢。"媚曰："故点婢，楚时去亡，降为汉，不书名数。点得媚，占数复婢媚，卖禒所。自当不当复受婢，即去亡。它如禒。"点曰："媚故点婢。楚时亡。六年二月中得媚，媚未有名数，即占数，卖禒所。它如禒、媚。"诘媚："媚故点婢，虽楚时去亡，降为汉，不书名数，点得，占数媚，媚复为婢，卖媚当也。去亡，何解?"媚曰："楚时亡，点乃以为汉，复婢，卖媚。自当不当复为婢，即去亡，毋它解。"问媚，年卌岁。它如辤（辞）。鞫之：媚故点婢，楚时亡，降为汉，不书名数，点得。占数复婢，卖禒所，媚去亡，年卌岁，得皆审。疑媚罪，它县论。敢潚（谳）之。谒报，署史廥发。吏当：黥媚顔（颜）頯畀禒，或曰当为庶人。

这个案子说的就是媚原为点的奴婢，楚汉战争时逃离原来的主人，汉朝建立之后，媚自以为改朝换代，自己已是自由之身，不再隶属于原来的主人，但她没有向汉政府自占名数，结果后来被原主人点抓获，并且卖给了大夫禒。但媚认为自己是自由之身，点没有权利出卖自己，因此逃亡。这就是说，点和禒在进行人口交易时，没有确认奴婢媚的身份，因此引起了这场纠纷。

也有在到市亭取质时，审出问题来的。张家山汉简《奏谳书》简100："元年十二月癸亥，亭庆以书言雍廷，曰：'毛买（卖）牛一，质，疑盗，谒论。'"整理小组注："质，《广雅·释诂二》：'问也。'"① 具体情况当如岳麓秦简"质市廷"之"质"。也就是说，毛把盗窃来的牛带到市场上出售，达成交易时，须到市亭那里去取质，在接受市亭长官庆的询问时露出破绽，被抓了起来。

之所以到所在乡去调查情况，是因为奴婢、马、牛这类财产都登记在户籍上，而户籍统计一般都是由乡直接负责组织调查编制的，户籍的正本都保存在乡里。《岳麓书院藏秦简（叁）》所收录"识劫娓案"，法官在对"娓"的身份进行调查时，乡啬夫唐和乡佐更辩解说，大夫沛在免除娓"妾"的身份时向他们汇报了，所以他们在户籍档案上做了登记，后来正式把娓立为妻子的时候，没有向他们汇报，所以他们没有在户籍上登记（简1200正）。张家山汉简《二年律令·户律》载："恒以八月令乡部啬夫、吏、令史相杂案户籍，副臧（藏）其廷。有移徙者，辄移户及年籍爵细徙所，并封。留弗移，移不并封，及实不徙数

① 张家山二四七号汉墓竹简整理小组编著：《张家山汉墓竹简［二四七号墓］》（释文修订本），文物出版社2006年版，第102页。

盈十日，皆罚金四两；数在所正、典弗告，与同罪。乡部啬夫、吏主及案户者弗得，罚金各一两。”汉初的这项律令可为我们的研究提供旁证。

三

市亭机构在对成交的商品，诸如马、牛、奴婢进行审核调查时，往往要派人到卖主所在乡进行调查。但如果卖主不是本县人而是外县人，这种调查就会变得很麻烦，费时费力。在这种情况下，秦代的官府作了变通，允许外县卖主所持有的作为通行凭证的传作为商品所有权的真实凭证。岳麓秦简《金布律》说：“其有事关外，以私马牛羊行而欲行卖之及取传卖它县，县皆为传，而欲徙卖它县者，发其传为质。”“发其传为质”，“质”即官府的调查报告。就是说利用卖主所持有的传，作为其所卖马、牛、奴婢所有权无争议的证明。

卖主欲到他县出售马、牛、奴婢等商品，需要持有本县出具的传作为沿途关卡的通行凭证。传上除了记录买主本人的个人信息之外，还必须记录清楚他所带商品的详细情况，这就包括了商品特性及所有权的认可与说明。张家山汉简《二年律令·津关令》关于县官及私人买马过关的相关记载可为旁证：

□、御史请诸出入津关者，皆入传□□吏（?）里年长物色疵瑕见外者及马职（识）物关舍人占者，津关谨阅，出入之。县官马勿职（识）物者。与出同罪。●制曰：可。（简498－499）

☒议，禁民毋得私买马以出扜〈扞〉关、郧关、函谷【关】、武关及诸河塞津关。其买骑、轻车马、吏乘、置传马者，县各以所买名匹数告买所内史、郡守，内史、郡守各以马所补名为久久马，为致告津关。津关谨以藉（籍）、久案阅，出。诸乘私马入而复以出，若出而当复入者，出，它如律令。御史以闻，请许，及诸乘私马出，马当复入而死亡，自言在县官，县，县官诊及狱讯审死亡，皆津关。制曰：可。（简506－508）

十二、相国议，关外郡买计献马者，守各以匹数告买所内史、郡守，内史、郡守谨籍马职（识）物、齿、高。移其守，及为致告津关，津关案阅，津关谨以传案出入之。诈伪出马，马当复入不复入，皆以马贾（价）讹过平令论，及赏捕告者。津关吏卒，吏卒乘塞者智（知），弗告劾，与同罪；弗智（知），皆赎耐。●御史以闻，制曰：可。（简509－511）

十五、相国、御史请郎骑家在关外，骑马节（即）死，得买马关中人一匹以补。郎中为致告买所县道，县道官听，为质〈致〉告居县。受数而籍书马职（识）物、齿、高，上郎中。节（即）归休、繇（徭）使，郎中为传出津关，马死，死所县道官诊上。其詐（诈）贸易马及伪诊，皆以詐（诈）伪出马令论。其不得□及马老病不可用。自言郎中，郎中案视，为致告关中县道官，卖更买。●制曰：可。（简513－515）

从汉初《津关令》的记载可知，不论是县官还是百姓私人购买或携带马匹，都要由购买地或原住所官府机构出具详细的文书证明，包括购买者本人或机构的信息，购买原因，马匹的数量、名称、齿龄、高度、官方烙印标志等，这份证明不但用于沿途关卡盘查，而且到达目的地后，也要提交当地官府以备验证。秦代的制度当与此相仿。也就是说，商人带着奴婢、马、牛到外县出售，出行之际到本地官府取传，早已经历了重重审查，因此，传上所记载奴婢及马、牛的信息完全是经过本地官府认证的，当然也就可以作为商品所有权无争议的证据来使用。

四

岳麓秦简《金布律》记载的商品交易过程中出具质剂的情况，有以下三点值得注意：

一是官府与黔首之间交易，市亭也要出具质剂。《金布律》："皇帝其买奴卑(婢)、马，以县官马牛羊贸黔首马牛羊及买，以为义者，以平贾（价）买之，辄予其主钱。而令虚质、毋出钱、过旬不质，赀吏主者一甲，而以不质律论。黔首自告，吏弗为质，除。"这条律文强调的是公买公卖，即使是皇帝买奴婢、马牛，或官府与黔首之间马牛羊互换，也不例外。这种情况下，市亭机构可能会出于官官相护的考虑，偏袒官方，出现"虚质、毋出钱、过旬不质"等情况，这都是法律所不允许的，一旦发现，将对有关官吏及交易双方进行处罚。同时还鼓励黔首自告，自告者可以免责。

二是打击商品交易中的"虚质"现象。"虚质"，岳麓秦简整理小组注："质不实。"① 具体来说，就是市亭机构在对商品，尤其是奴婢及马牛羊等高价值商品的商品信息进行调查核实时，调查者及被调查者提供虚假信息。岳麓秦简《金布律》："老为占者皆署（迁）之。舍室为里人盗卖马、牛、人，典、老见其盗及虽弗见或告盗，为占质，黥为城旦，弗见及莫告盗，赎耐，其伍、同居及一典，弗坐。""老为占者皆署（迁）之"前缺简，当有"典"字，典、老是里中的主要负责人，关于商品信息的调查情况，他们最了解，是主要的调查对象，提供的信息非常关键。一旦典、老提供信息不实，将会对交易造成很大的损失，对他们的处罚也就很重。"典、老为占者皆迁之"就是处罚之一。《金布律》还提到了销售赃物的情况，这种情况下，如果典、老知情不报，甚至为之提供"虚质"，将被处以"黥为城旦"的处罚。

三是市亭对成交商品的调查审核是有标准的，并不是所有的交易都要深入到乡里查验。岳麓秦简《金布律》："卖半马半牛者，毋质诸乡。"整理小组注："半马半牛：指半马半牛的价格。《九章算术·方程》：'今有二马、一牛价过一万，如半马之价。一马、二牛价不满一万，如半牛之价，问牛马价各几何？'"② 马牛属于大额交易，如果价格在半马半牛以下，则属于小额交易，这时候的交易

① 陈松长主编：《岳麓书院藏秦简（肆）》，上海辞书出版社2015年版，第170页。
② 陈松长主编：《岳麓书院藏秦简（肆）》，上海辞书出版社2015年版，第171页。

审核工作就无须深入乡里调查，很可能在市场上经过验看就可以了。这种规定是符合实际情况的。如果不论商品价格多少，都要“质诸乡”，这无疑是不现实的。

五

《周礼》一书中，有关“质人”职能的描述，与岳麓秦简《金布律》有关商品交易过程中使用质的记载非常类似，值得关注。《周礼·地官·质人》记载，质人的职能分为三个方面：

第一，质人负责市场上商品交易完成的最终确认，即“掌成市之货贿、人民、牛马、兵器、珍异”。《质人》所列举的市场商品的分类中，“人民、牛马”属于价格较高又较为常见的商品。① 睡虎地秦简《日书》就屡见购买或出售奴婢、马、牛的记载。《日书甲种》简23正贰：“收日，可以入人民、马牛、禾粟，入室取妻及它物。”简49正叁+50正叁+51正叁+52正叁：“离日不可以家（嫁）女、取妇及入人民、畜生，唯利以分异。”简111正贰：“毋以申出入臣妾、马牛、货材（财），是胃（谓）□□□。”现在岳麓秦简《金布律》也把“奴婢、马、牛”列入市场上的大宗商品，可见《周礼·地官·质人》的记载是反映了战国以来市场贸易基本情况的。

第二，质人负责审定交易，颁发质剂。“凡卖儥者质剂焉，大市以质，小市以剂。”郑玄注：“玄谓质剂者，为之券藏之也。大市，人民牛马之属，用长券；小市，兵器、珍异之物，用短券。”② 区分商品交易额而制定不同的用券制度，并把人民、牛、马作为大额交易的代表来表述，《周礼》与岳麓秦简《金布律》的规定也是一致的，表明郑玄的解释是有依据的。在《质人》经文的表述中，虽然没有提到官府发给交易双方质剂时要收钱，但与之紧密相连的《廛人》一职中却提到了，廛人“掌敛市絘布、总布、质布、罚布、廛布，而入于泉府”，质布就是缴纳质剂的费用。郑玄认为是“质人所罚犯质剂者之泉也”，但王与之、江永、孙诒让都主张是“质人所税质剂者之布”，现在岳麓秦简的材料说明，后者是正确的，也证明了《周礼》所载是有事实依据的。

第三，质人对市场管理秩序的维护。“掌稽市之书契，同其度量，壹其淳制，巡而考之，犯禁者举而罚之。”“市之书契”就是指质剂类商业券书。质剂文书上会涉及商品的各种信息，包括大小、长短、质地及所有权等，都需要得到官方的确认，因此质人在认证过程中必须“同其度量，壹其淳制”，这样才能保证交易的公平公正。“犯禁者举而罚之”，孙诒让曰：“禁谓犯质剂者之禁也。《荀子·王霸》篇云：‘质律禁止而不偏，如是则商贾莫不敦悫而无诈矣。’杨注云：‘质律，质剂也。可以为法，故言质律也。禁止而不偏，谓禁止奸人不偏听也。’

---

① 朱红林：《关于〈周礼·地官·质人〉中一句话的标点与注解问题》，《古籍整理研究学刊》2001年第6期。

② （清）孙诒让：《周礼正义》（第四分册），中华书局1987年版，第1077页。

依杨说，质律盖即此官纠禁之着为官法者也。”[1] 质律就是商品交易取质之律。秦汉律中经常出现把有关某一类法律事务规定的条文称为某某律的现象，并非专项法律名称，如睡虎地秦简《效律》中把官有器物标志不当的律文称为“职（识）耳不当之律”，把会计审核中出现盈余或不足的法律条文称为“效赢、不备之律”；张家山汉简《二年律令·盗律》把擅自假借公物给私人的法律条文，称为“私自叚（假）律”，《亡律》把有关奴婢的法律称为“奴婢律”，等等。《荀子·王霸》所谓的“质律”亦当如是解，或许指的就是岳麓秦简《金布律》中有关“质剂”的法律条文。《金布律》中诸如“虚质、毋出钱、过旬不质”等，都属于“犯质剂者之禁”，对相关吏主者、典、老、同居、士伍的处罚，都属于“举而罚之”的对象。

另外，质人办理质剂的期限有专门的规定。《质人》经文规定：“凡治质剂者，国中一旬，郊二旬，野三旬，都三月，邦国期；期内听，期外不听。”这种期限规定，郑玄将其解释为针对质剂所产生的争讼的解决处理期限，曰：“谓赍券契者来讼也，以期内来则治之，后期则不治，所以绝民之好讼，且息文书也。”[2] 也就是说，质剂出现争讼，在规定的时间期限内提供申诉，质人予以受理，超过期限，则不予受理。这样的理解过于狭窄，治质剂，应该包括办理质剂和处理围绕质剂产生的争讼两个方面。通过岳麓秦简《金布律》的规定我们知道，市亭机构对于奴婢、马、牛这类大额交易，都要“质诸乡”，是有一个调查审核过程的，其中所谓的“过旬不质”或许就是一种期限。这就启发我们在理解《周礼》的这项规定时也应该充分考虑到这一点，也就是说随着地域远近不同，官府办理质剂的期限也不同。

综上所述，岳麓秦简《金布律》中有关商品交易用“质”的规定，印证了《周礼·地官·质人》的相关记载是有史实依据的。尽管《周礼》与岳麓秦简在形成时代、地域等方面可能存在着很大的差异，但是该书的记载无疑是在充分吸收了先秦，特别是战国时期各国制度的基础上，加以整理编辑形成的，对于研究战国秦汉时期的社会制度有着很重要的借鉴作用，应当充分引起学界的重视。

① （清）孙诒让：《周礼正义》（第四分册），中华书局 1987 年版，第 1078 页。
② （清）孙诒让：《周礼正义》（第四分册），中华书局 1987 年版，第 1079 页。

秦法律对刑罚的表述

——以《法律答问》20 简为中心

支 强

睡虎地秦简《法律答问》20 简：

律曰“与盗同法”，有（又）曰“与同罪”，此二物其同居、典、伍当坐之。云“与同罪”，云“反其罪”者，弗当坐。

对于该条，整理小组的译文为：

律文说“与盗同法”，又说“与同罪”，这两类犯罪者的同居、里典和同伍的人都应连坐。律文说“与同罪”，但又说“反其罪”的，犯罪者的同居、里典和同伍的人不应连坐。①

就该条所涉及的法律内涵，虽已有研究者进行了解释，② 但笔者认为，其中仍有未尽之意。本文仅就该条中“与盗同法”和“与同罪”两个法律用语在刑罚适用表达方面的特殊意义略陈管见。

理解本条“答问”内涵的关键，在于“有曰”二字。这一频度副词③反映了由其连接的“与盗同法”和“与同罪”之间存在着一种明确的连带关系。如《法律答问》1 简：

“害盗别徼而盗，驾（加）罪之。” ·可（何）谓“驾（加）罪”？ ·五人

---

① 睡虎地秦墓竹简整理小组编：《睡虎地秦墓竹简》，文物出版社 1990 年版，第 92 页。整理小组的译文实有可商榷之处。整理小组译文在“云‘反其罪’”前增加了“但又”，显然是意在与前半段中的“又”相对应，将前后两段理解为两种完全相对应但处置方式相反的情况。然而，从简文的叙述中看，“云‘与同罪’”和“云‘反其罪’”之间并无表示“但又”这种意义的词语。因后一部分的理解问题并不影响本文内容的展开，故在此不作讨论。

② 对这一问题，朱红林《竹简秦汉律中的“与同法”和“与同罪”研究》（收入《吉林大学古籍整理研究所建所二十周年纪念文集》，吉林文史出版社 2003 年版）一文中曾有所讨论，论者指出：“与同罪”本身并没有连坐责任，与哪一种罪“同罪”要由所比照的罪来决定。律文说“与盗同法”，就是说按照实际从事了盗窃的行为进行处罚。秦律中的“盗罪”需要连坐，所以，“与盗同法”者也要连坐。又说“与同罪”，“与盗同罪”只是按照处罚盗贼的一般标准进行处罚，无须连坐。两项处罚中“与同法”的处罚较重，按照数罪并罚从重罪的原则，所以要实行连坐。但该文收入氏著《张家山汉简〈二年律令〉研究》（黑龙江人民出版社 2008 年版，第 96－116 页）时，作者对原文作了较大修订，已无上述内容。

③ 魏德胜：《〈睡虎地秦墓竹简〉语法研究》，首都师范大学出版社 2000 年版，第 183 页。

盗，臧（赃）一钱以上，斩左止，有（又）黥以为城旦……

该简中对“五人盗”的处罚方式不属于正常的刑罚适用。参照《二年律令·具律》88简的规定可知，[①] 斩左趾是对已施加了黥、劓两等肉刑，而又犯应判处“黥”的罪行时的刑罚执行方式。规定从加重处罚的角度，对“五人盗”直接适用该刑，但由于其执行方式不同于正常，故须特别说明其实际的执行方式，不仅要执行斩左趾，而且还须执行基本的“黥以为城旦”。此处“有（又）”表明在“斩左止”为“黥以为城旦”这一基本量刑的基础上的加刑，两种刑罚并处。又《法律答问》49简：

诬人盗直（值）廿，未断，有（又）有它盗，直（值）百，乃后觉，当并臧（赃）以论，且行真罪、有（又）以诬人论？当赀二甲一盾。

该条中“有（又）”两见，前者表明犯罪人在已有一罪的情况下再犯新罪；后者则表示不仅要处罚“真罪”，还须对其诬告行为加以处罚。从以上两例中，在“有（又）”所连接的事物之间，存在着同时并举，或是同地进行的连带关系。由此可见“律曰‘与盗同法’，有（又）曰‘与同罪’”，是指在某一规定或相关规定中，已表明对某一行为按照“与盗同法”原则处理，又在相关规定中出现了“与同罪”的情况。

一、“与盗同法”的法律意义

“与盗同法”是秦汉法律文献中常见的法律用语，如《秦律十八种·效律》174－175简：

禾、刍稾积廥，有赢、不备而匿弗谒，及者（诸）移赢以赏（偿）不备，群它物当负赏（偿）而伪出之以彼（貱）赏（偿），皆与盗同法。

整理小组认为，其意指与盗窃犯同罪，《龙岗秦简》中的相关注释也同此说。《二年律令》披露后，涉及“与盗同法”这一术语的资料更为丰富，除《贼律》49简，《盗律》57简、77简、74和75简，《收律》180简，《田律》221简见有“与盗同法”外，如《贼律》20简、《□市律》261简见有“坐某赃与盗同法”。此外，在律文中还存在与之接近的两种表述方式，即《贼律》26简和《奏谳书》94简的“与贼同法”，《奏谳书》185简的“与父母同法”。这种表达可以概括为如《二年律令·具律》107简所示的“诸律令中曰与同法”这样的基本模式。

在先行研究成果中，朱红林认为“与……同法”与唐律中的“以……论”

---

① 《二年律令·具律》88简：“有罪当黥，故黥者劓之，故劓者斩左止（趾），斩左止（趾）者斩右止（趾），斩右止（趾）者府（腐）之。”

意义相当，是以罪名比附。他认同“把此行为附于彼罪名、主体、主观心理状态、量刑方法之下，完全以彼罪名、彼种状态、彼种方法所在法条的罚则论断，且无罪止规定，适用加重罚”的说法，[①] 指出所谓“与盗同法”，“一般指的是当事人本身并没有犯盗窃或与盗窃相关的罪，但由于其行为失当，从而给国家造成财产损失，法律出于从重惩处的原则，根据其所造成损失的大小，以盗窃罪论处”。[②] 冨谷至认为“与某同法”是对行为事实的认识，非指裁量对应行为的处罚。[③] 周敏华逐条分析涉及“与盗同法”“与贼同法”条文的含义，并将这些条文与唐律中的制度进行对比，认为“与……同法”并不直接导致具体法律的适用，而是一种为司法官员提供“上下比罪”的判断尺度。[④] 这些研究成果对“与同法”的内涵揭示不无裨益。不过笔者认为，对这一法律用语的意义和功能还可作进一步探讨。

首先，笔者认为“与同法”是对一种事实状态的陈述。如果将诸多“与盗同法”的用例加以排比，那么确乎可以从这些事类繁杂的“犯罪情节”中找到共性，即都与物质利益密切相关，表现为对公私财产权的侵害。但值得注意的是，如果将包括“与盗同法”在内的“与……法”这一用语作为类推，可能会忽略类推这种法律方法存在的必要前提，即“解释的事实必须是法律无明文规定的事项”[⑤]。如果我们将分析对象扩大到“与盗同法”之外的其他“与……同法”的用例上，便可以看到两者间的龃龉。

这里仅以“与父母同法”为对象进行分析。在此之前先说明笔者立论的基础。《二年律令·具律》107 简有“诸律令中曰与同法、同罪”之语，[⑥] 考虑到《具律》本身具有通常所说的法律总则的性质，那么可以将 107 简中的“与同法”看作是对各种具体的“与……同法”的概述。各种“与……同法”之所以能在《具律》中被概括为“与同法”，进而规定其“如耐罪然”的前提条件，自然是各种“与……同法”在法律意义上存在着一致性。换言之，“与……同法”是一个内涵相对固定的法律用语，“与盗同法”或是“与贼同法”，在法律结构中所起到的作用性质是相同的。这一点是笔者立论的基础。

“与父母同法”一语见《奏谳书》180 – 196 简“杜泸女子甲和奸”案。该案案情为，女子甲在其夫死后，于夜晚守灵期间与他人在丈夫灵堂通奸，次日被

---

① 霍存福、丁相顺：《〈唐律疏议〉“以”“准”字例析》，《吉林大学社会科学学报》1994 年第 5 期，第 42 页。

② 朱红林：《张家山汉简〈二年律令〉研究》，黑龙江人民出版社 2008 年版，第 97 页。

③ ［日］冨谷至：《二年律令に见える法律用语——その（一）》，《东方学报》京都 76 册，2004 年，第 226 页。

④ 周敏华：《〈二年律令〉中的“与……同法”试探》，《故宫学术季刊》2009 年第 26 卷第 3 期，第 22 页。

⑤ 薛瑞麟：《论刑法中的类推解释》，《中国法学》1995 年第 3 期，第 73 页。

⑥ 整理小组释文无“与”，何有祖指出图版中“曰”后本有一字，应是“与”（何有祖：《〈二年律令〉零释二》，简帛研究网，2003 年 10 月 23 日）。彭浩、陈伟、［日］工藤元男主编的《〈二年律令〉与〈奏谳书〉：张家山二四七号墓出土法律文献释读》采纳了此说（上海古籍出版社 2007 年版，第 135 页）。今从之。

其婆母告发。由于法律中没有明确规定丈夫死后妻子与人“奸丧旁”应如何处断，因此围绕着对这一问题的法律适用，廷尉以及属吏进行了讨论。在廷尉瞉等部分官吏看来，这一案件在性质上等同于父死而子“奸丧旁”，按照法律规定，父死而子“奸丧旁”的性质为不孝，应处以“弃市”。但令瞉等不能决断的是，如何在涉及夫妻关系的问题上适用涉及父子关系的法律规范。即找出同时涉及处置父子、夫妻关系的规定作为参照，是瞉等官吏解决如何将夫死而妻“奸丧旁”行为比附于父死而子“奸丧旁”的前提条件。

瞉等作为参照的规定如 185 简：

律，死置后之次，妻次父母；妻死归宁，与父母同法。

从该案的前文可知，185 简的所谓“律”，即指该案引用的两条律文（180－181 简）：

故律曰：死夫以男为后。毋男以父母，毋父母以妻，毋妻以子女为后。律曰：诸有县官事，而父母若妻死者，归宁卅日；大父母、同产十五日。

从以上所引条文可见，185 简显然是对 180－181 简所涉及内容的概括。有关“妻死归宁”的处置方式，实际已经为法律所明确规定为三十天，并非一个需要通过某种推理的方式加以确认的待定事项。显然，比附定罪并非“与同法”这一术语所体现的法律功能。

再从“与……同法”的用例来看，它所陈述的对象是两种处置方式的相同性。如前所述，如果“与同法”是对事实的陈述，那么其陈述的对象是什么？换言之，“与同法”要表达“什么与什么同”？此处仍以“与父母同法”为例加以分析。

张建国曾指出：在汉律中，“若”在句中的作用相当于“和”“或”那样的连词含义；“及”则进一步把性质不大相同的词、短语或句子分开；“及”字所构成的并列可以通过与条文其他成分的组合构成更小的句子，如果展开，实质上类似于现代法律条款下面的“项”。[①] 笔者以为此说甚确。实际上，无论是“父母若妻死者，归宁卅日”还是“父母及妻不幸死者已葬卅日……之官”，都可以分解为两条独立的关于亲属死亡给假的明确规定。这说明法律中对于父母死给假的规定和妻死给假的规定是两条平行设置的条款，妻死归宁并不能解读为因为父子关系和夫妻关系具有某种相似性，因而在处理妻子问题上也采取相同的办法。事实上只是由于在给予丧假问题上处理办法的竞合，才会以“与父母同法”这种方式表达出来。“妻死归宁，与父母同法”，应解释为“（有关）妻死归宁的规定与父母死归宁的规定相同”。

换言之，在“妻死归宁，与父母同法”之间，不存在必然导致其“同法”

① 张建国：《张家山汉简〈具律〉121 简排序辨正》，《法学研究》2004 年第 6 期，第 150 页。

的关系。假设“妻死归宁，与父母同法”的社会关系基础是就与本人的关系而言的，父子关系等同于夫妻关系，令人不解的则是在《奏谳书》185简的“死置后之次，妻次父母”这一规定中，父子关系明显异于夫妻关系。从该案此后的叙述可知，引用以上法条的敦等官吏选择了“以律置后之次人事计之”作为处理该案的基本依据，也正说明在提出“妻死归宁，与父母同法”之际，并没有父子关系等同于夫妻关系的认识。也就是说尽管妻与父母是不同身份并处于不同的社会关系之下，但妻死和父母死的性质得以等同，是缘于死这一事实的发生。由此不难看出，“妻死归宁，与父母同法”，并不以父（母）子关系与夫妻关系在某种条件下存在共性为其成立的基础。

概言之，在“与父母同法”这一用例中，“妻死归宁”与“父母死归宁”在法律上并无使二者等同的因素存在，只是因法律给予二者的假期同为三十天，故表述为“妻死归宁，与父母同法”。如果用一个简单的形式表示这一关系，则为：A：妻死归宁，D：假三十天；B：父母死归宁，D：假三十天。因对二者的规定同为D——假三十天，故表述为“A（妻死归宁）与B（父母死归宁）同法”。可见“与同法”的本质，是对具有某种牵连关系的事项采取相同或近似的处置方式。所谓A与B同法，即指A与B在处置方式上的一致性。“与盗同法”等用例也可以用上述模式解析。如《法律答问》32简：“府中公金钱私贷用之，与盗同法。”这里A是“私贷用府中公金钱”，B是“盗”，D是对盗的处罚方式，“与盗同法”是在立法上明确规定A与B处置相同，即“与盗同法”是法律对“府中公金钱私贷用”行为的直接规定，如其金额在“六百六十钱”以上，即“黥为城旦舂”。

二、“与同罪”在法律中的使用

从上述意义理解“与盗同法”，其与“与同罪”在刑罚表达上具有相似的功能。秦汉法律中的“与同罪”，冨谷至认为“与某同罪”——非指等同某个罪名，而是指所科刑罚相同。[①] 朱红林也认为“与同罪”是“与同罚”的意义。[②] 笔者基本同意这一看法。就法律适用角度而言，无论是“与同法”或“与同罪”实际都强调了对某一主体所采取处置方式和对与其具有某种牵连关系的事项处置方式基本相同的意义。

但值得注意的是，“与同罪”这一表述方式的成立，要求“所与同者”已有较为明确的量刑。如《二年律令·盗律》63简：

智（知）人为群盗而通歓（饮）食馈遗之，与同罪；弗智（知），黥为城旦舂。其能自捕若斩之，除其罪，有（又）赏如捕斩。

① ［日］冨谷至：《二年律令に見える法律用語——その（一）》，《东方学报》京都76册，2004年，第238页。

② 朱红林：《张家山汉简〈二年律令〉研究》，黑龙江人民出版社2008年版，第104页。

对于“群盗”的量刑问题，参照《法律答问》1简“五人盗，臧（赃）一钱以上，斩左止，有（又）黥以为城旦”，可推知对群盗行为的基本量刑是斩左止”“黥以为城旦”。《法律答问》113简：“可（何）谓‘赎鬼薪鋈足’？……臣邦真戎君长，爵当上造以上，有罪当赎者，其为群盗，令赎鬼薪鋈足。”“上造”等有特殊身份的人有免除肉刑和城旦舂劳役的特权，113简“赎鬼薪鋈足”应与免除肉刑和城旦舂劳役后的实际刑罚有关。从其刑罚表述上看，此处“鬼薪”是主要刑罚，应来源于“城旦舂”，“鋈足”则有加刑性质，这与《法律答问》1简对“群盗”施加的“斩左止”“黥以为城旦”刑在结构上是一致的。按照1简中的解释，“斩左止”为“黥”的“加罪”，可见其与“鬼薪鋈足”都是由主刑和主刑的加刑构成。如果考虑到对上造等特权主体施加的“耐为鬼薪”是由“黥为城旦舂”转化而来，则可知113简的“鬼薪鋈足”即对应1简中的“斩左止”“黥以为城旦”，是对有特权身份者犯“群盗”的处罚，二者实际上是一个等级的刑罚。“斩左止”“黥以为城旦”应是对“群盗”的唯一“生刑”。

《二年律令·盗律》65-66简，列举了群盗实施的若干种特别犯罪形式，对于这类犯罪一律处以“磔”。冨谷至认为就整体刑罚体系而言，“磔”并非刑罚序列中独立的最高一级刑罚。死刑的实质是一种“终极肉刑”（毁伤肢体为其目的），这种刑罚的实施目的不在于惩罚，而在于恐吓，因此在死刑的执行上实际上就存在着作为“剥夺生命”的正刑——弃市、腰斩和“处理尸体”的附加刑——枭首、磔的双重结构。① 笔者以为此说可从。若从“磔”的这一意义而言，适用“磔”说明已到达了整个刑罚体系的最高等级。换言之，即便群盗的某些行为重于《盗律》65-66简所列举的内容，但对群盗而言已无更重刑罚加以惩处。可见秦汉律中，对于群盗的处罚方式是较为简单的，即“斩左止”“黥以为城旦”和磔两等。《二年律令·盗律》63简所涉及的“智（知）人为群盗而通歓（饮）食馈遗之”者，即可根据其所通群盗所犯罪行，分别处以“斩左止”“黥以为城旦”或“磔”两种具体刑罚。《二年律令·钱律》203简：

> 智（知）人盗铸钱，为买铜、炭，及为行其新钱，若为通之，与同罪。

从《钱律》201简“盗铸钱及佐者，弃市”的规定可知，盗铸钱所对应的刑罚只有“弃市”一种，故对“智（知）人盗铸钱”并为其提供帮助者的处罚可以直接施以适用“盗铸钱”者的“弃市”。《钱律》208简“诸谋盗铸钱，颇有其器具未铸者，皆黥以为城旦舂。智（知）为及买铸钱具者，与同罪”，该条由于犯罪人尚未实施铸钱这一行为，故不以201简所规定的“弃市”加以处罚，而是减等判处“黥以为城旦舂”，与之相关的“帮助犯”也以“黥以为城旦舂”加以处罚。又《二年律令·津关令》488-489简：

---

① ［日］冨谷至撰，徐世虹译：《剥夺生命与处理尸体的刑罚》，选录于中国政法大学法律古籍整理研究所编：《中国古代法律文献研究》（第三辑），中国政法大学出版社2007年版，第149-151页。

御史言，越塞阑关，论未有□，请阑出入塞之津关，黥为城旦舂；越塞，斩左止（趾）为城旦；吏卒主者弗得，赎耐；令、丞、令史罚金四两。智（知）其请（情）而出入之，及假予人符传，令以阑出入者，与同罪。

令文规定的内容包括了四种情形：①无符传出入关塞者，[1] 黥为城旦舂；②在津关以外的地方穿越边界者，[2] 斩左趾为城旦；③未能查获上述犯罪的直接负责人员，赎耐，[3] 令、丞、令史作为间接责任人，罚金四两；④明知有人无符传出入而不予以阻拦使其得以出入，或借予、给予（无符传者）以符传，而使之（在实际无符传的情况下）得以出关的责任人，"与同罪"。"与同罪"之前，列举了三种应受处罚的情况，但"与同罪"指向的并非所有的三种情形。从规定内容来看，用"与同罪"处罚的犯罪主体，其只能是有权在检查过程中故意放纵或可能利用自己的权力违规为他人提供出入关津凭证的人，实际与第三种情形中的主体是重合的，因此"与同罪"指向的不可能是"赎耐"和"罚金四两"这两种处罚。第二种情形则是守卫关津者在其责任范围内无法控制的行为，故无所谓"知其情"，且无符传者之所以要通过不正当手段获得符传，其目的显然是想顺利通过关津，而不可能实施"越塞"行为，故"与同罪"指向的也不应为"斩左止为城旦"。同时"令"中明确指出"令以阑出入"，由此可知，此处"与同罪"指向的是适用第一种"阑出入"者的刑罚"黥为城旦舂"。

从以上"与同罪"的用例可见，"与同罪"是一个内涵相对简单的法律用语。其法律意义在于，在一些法律认定的共犯关系中，确定未实际实施具体犯罪行为的一方的处罚与实施犯罪者在刑事责任上的直接对应关系。它的存在以法律对于某种犯罪的明确量刑为前提。"与同罪"在适用上有着较为严格的条件。当说"A 与 B 同罪"时，对 B 的处罚必须是确定的。

相对于"与同罪"的确定性，"与盗同法"在使用上则更具概括意义。从前文的分析中不难看出，"与盗同法"是将对某一行为的量刑依据指向了处罚"盗"的相关规定，但最终的量刑结果并不确定。如前揭《法律答问》32 简："府中公金钱私贷用之，与盗同法。"当这一规定具体适用时，其实际量刑结果将是从较轻微的"赀"到较重的"黥为城旦舂"。这显然与"与同罪"在适用刑罚上的确定性要求不同。因此，在某些法律规定中，"与同法"并不能完全涵盖"与同罪"的罪刑表述功能。

三、"与盗同法"和"与同罪"

正如前文所示，"与同法"或"与同罪"实际上都强调了对某一主体所采取

---

① 张家山二四七号汉墓竹简整理小组编著：《张家山汉墓竹简［二四七号墓］》（释文修订本），文物出版社 2006 年版，第 84 页。

② 陈伟：《张家山汉简杂识》，选录于单周尧、陆镜光：《语言文字学研究》，中国社会科学出版社 2005 年版，第 37 页。

③ 《二年律令·具律》119 简："赎耐，金十二两。"

处置方式和对与其具有某种牵连关系的事项处置方式基本相同的意义。那么“与盗同法”和“与同罪”同时出现，则说明此处“与同罪”的具体内容，包含了“与盗同法”所难以概括的特殊内容。

《二年律令》为我们提供了进一步解读这一条款的切入点。《二年律令·盗律》74、75简及76简：

盗出财物于边关徼，及吏部主智（知）而出者，皆与盗同法；弗智（知），罚金四两，使者所以出，必有符致，毋符致，吏智（知）而出之，亦与盗同法。(74、75简)

盗出黄金边关徼，吏、卒徒部主者智（知）而出及弗索，与同罪；弗智（知），弗索得，戍边二岁。(76简)

这两个条款从简文排序上前后相联，[①] 意思也能够连贯，都是对于非法携带财物出境的规定。就黄金自身性质而言，《二年律令·钱律》197、198简：

钱径十分寸八以上，虽缺铄，文章颇可智（知），而非殊折及铅钱也，皆为行钱。金不青赤者，为行金。敢择不取行钱、金者，罚金四两。

该条表明金与钱都是当时市场上通行的货币。《钱律》200简规定“为伪金者，黥为城旦舂”，201简则规定“盗铸钱及佐者，弃市”。从这两条规定看来，似乎国家更重视非法铸造钱行为。这些规定说明，“金”自身并非特殊物品，具有财物的一般属性，“盗出黄金边关徼”这一行为，在性质上为“盗出财物于边关徼”的一种具体犯罪情节。但另一方面汉初存在着黄金出入境特殊的管理制度，《二年律令·津关令》：

二、制诏御史，其令扜（扞）关、郧关、武关、函谷【关】、临晋关，及诸其塞之河津，禁毋出黄金，诸奠黄金器及铜，有犯令。(492简)

□、制诏御史，其令诸关，禁毋出私金器、铁。其以金器入者，关谨籍书，出复以阅，出之。籍器，饰及所服者不用此令。[②]（493简）

事实上，从《津关令》二十八个条文的内容来看，涉及物资出入境管理的

① 74简出土编号为C274，75简出土编号为C273，76简出土编号为C272。

② 《张家山汉墓竹简［二四七号墓］》（文物出版社2001年版）中，该条“出私金”后两字未释出，但指出所缺第二字从“金”；后多有研究者指出“私金”后可释出为“器”“铁（?）”（相关成果可参见彭浩、陈伟、［日］工藤元男主编：《〈二年律令〉与〈奏谳书〉：张家山二四七号墓出土法律文献释读》，上海古籍出版社2007年版，第309页），释文修订本补释“器”［张家山二四七号汉墓竹简整理小组编著：《张家山汉墓竹简［二四七号墓］》（释文修订本），文物出版社2006年版，第84页］；彭浩、陈伟、［日］工藤元男主编《〈二年律令〉与〈奏谳书〉：张家山二四七号墓出土法律文献释读》据红外图版补释二字为“器铁”（第309页）。“其以金器入者”，《张家山汉墓竹简［二四七号墓］》中，释为“或以金器入者”。后有研究者指出“或”应为“其”（王伟：《张家山汉简〈二年律令〉编联初探——以竹简出土位置为线索》，简帛研究网，2003年12月21日），释文修订本改释为“其”。

只有针对黄金等金属和马匹这两类规定，不涉及其他物资。虽然《津关令》492简等规定的颁布时间可能晚于76简的规定，可以看作是76简规定的扩大适用，[①]但这无疑表明黄金出入境问题在物资出入境管理制度中具有特殊意义。故笔者认为《盗律》74、75简和76简二者存在着一般法和特别法之间的关系。

《盗律》74、75简是对非法携带财物出境的一般性规定。其具体内容可分为前后两款。前款规定包括两项主要内容：其一，对“盗出财物于边关徼”的处罚；其二，针对负责稽查“盗出财物于边关徼”的责任人明知违法行为存在而放任其出境的处罚。后款涉及“使者”携带财物出关的相关规定。按照其规定内容来看，使者运送财物出关必须持有“符致”，[②]若无“符致”携带财物出境，负责稽查的责任人放任其出境，按照前款中的相关规定加以处罚。

“盗出财物于边关徼”可以解读为“以非法获利为目的携带财物出境”的行为。按照法律规定，对于此类行为按照“与盗同法”的原则确定其刑罚。本条中“与盗同法”的“盗”，应泛指对各种财物所实施的盗的行为。也就是说，本条中“与盗同法”的实际意义，并非指向某种具体的刑罚或者量刑规则，而是指“盗出”不同财物出境行为的处罚与“盗”相关财物的处罚相同。在本条中，不仅对“盗出财物于边关徼”的行为人适用这一处罚原则，更通过“皆与盗同法”一语，适用于对负责稽查“盗出财物于边关徼”行为的责任人明知违法行为存在而放任其出境的行为的处罚。

从《二年律令》其他条文来看，对明知他人有犯罪行为，不检举或提供帮助的行为而一般采取“与同罪”的方式加以处置。如《盗律》：

智（知）人为群盗而通歙（饮）食馈遗之，与同罪。(63简)

智（知）人略卖人而与贯，与同罪。(67简)

诸予劫人者钱财，及为人劫者，同居智（知）弗告吏，皆与劫人者同罪。(72、73简)

又《钱律》203简：

智（知）人盗铸钱，为买铜、炭，及为行其新钱，若为通之，与同罪。

涉及官吏者如《津关令》510简：

诈伪出马，马当复入不复入，皆以马贾（价）讹过平令论，及赏捕告者。津关吏卒、吏卒乘塞者智（知），弗告劾，与同罪。

从以上数条规定可见，采取“与同罪”的方式处罚此类行为是法律的通行

---

① 杨振红：《出土简牍与秦汉社会》，广西师范大学出版社2009年版，第65页。

② “符致”从文书形态角度而言，为两种不同类型的文书，用作通行证的“符”，汉简中常见者称“出入符”；通知书形式的凭证称“致”，通常只适用于指定地点，并附有详细的人、马及物品清单。（参见李均明：《汉简所反映的关津制度》，《历史研究》2002年第3期，第29－31页）

做法。如果从处罚效果看，如不考虑可能存在的刑罚减免因素，对“吏部主智（知）而出者”比照同样的“盗”“所出”财物所得之罪加以处罚的结果，应与被纵放的“盗出财物于边徼”者所得刑罚无异，所以在本条中使用“与同罪”并无不可。但如前所述，适用“与同罪”的重要条件是所与同罪者的刑罚已经明确。本条中“盗出财物于边徼”者的实际情形各异，所得之罪必然不同，因此在确定与之相关的“吏部主智（知）而出者”的处罚时，不宜采用“与同罪”的方式。本条因此使用了更具概括性的“与盗同法”以表达上述实质上的“与同罪”。

如果说由于“盗出财物于边徼”行为所受处罚的不确定，致使在表述对相关责任人的处罚时不可能采用“与同罪”这一用语，而这种现象恰好说明，对“吏、卒徒部主者智（知）而出及弗索”之所以采取“与同罪”的方式，是由于法律对“盗出黄金边关徼”这一行为有明确的法定刑罚。再者，从黄金自身的性质而言，其有明显的货币属性。盗金行为虽然涉案金额较大，但其本质与“盗钱”行为无异，以理推知，对盗金的处罚也应按照处理一般“盗”的方式，即按照所获赃值定罪。那么如果对“盗出黄金边关徼”仍按照 74、75 简所见“与盗同法”加以处置，即比照“盗金”加以处罚，结果必然会因涉案金额的大小而有所不同，因此无法适用“与同罪”对其进行处罚。从以上正反两个方面的分析可见，对“盗出黄金边关徼”行为的处罚采用“与同罪”表述，而不适用“与盗同法”，说明对这一行为的处罚应存在明确的法定刑罚。

前文已通过《津关令》492、493 简的规定说明，西汉初年的黄金出入境，在物资出入境管理制度中具有特殊意义。因此可以推想，汉初对“盗出黄金边关徼”这一行为设置了特别的法律规范加以惩处。虽然从现在已知的法律规定中无法找到处罚这一行为的具体规定，① 但将 76 简与 74、75 简的其他规定相对比，对吏“弗智（知）”者的处罚从“罚金四两”变为了“戍边二岁”。“罚金四两”与“戍边二岁”间的轻重大致可从《具律》中的规定推知。96－98 简：

爵戍四岁及系城旦舂六岁以上罪，罚金四两。赎死、赎城旦舂、鬼薪白粲、赎斩宫、赎劓黥、戍不盈四岁，系不盈六岁，及罚金一斤以上罪，罚金二两。毄（系）不盈三岁，赎耐、赎迁、及不盈一斤以下罪，购、没入、负偿、偿日作县官罪，罚金一两。

此处“不盈一斤以下罪”是指罚金“不盈一斤以下罪”。从该规定可知，包括在罚金“不盈一斤以下罪”中的罚金二两，是轻于包括在“戍不盈四岁”中的“戍边二岁”的。从两个条文对同类犯罪主体的处罚轻重变化上可以作出这

---

① 彭浩、陈伟、［日］工藤元男主编的《〈二年律令〉与〈奏谳书〉：张家山二四七号墓出土法律文献释读》认为，现编入《均输律》的 226 简“诸□津关所索得虽未出，皆坐臧（赃）为盗，☑皆索弗得，戍边二岁”（该简文字《张家山汉墓竹简［二四七号墓］》释为，诸（?）行（?）津关门（?）东（?）☑□□，《〈二年律令〉与〈奏谳书〉：张家山二四七号墓出土法律文献释读》认为应上接于 492 简“有犯令”之后。然这种接法是否正确，尚属“疑莫能定”（上海古籍出版社 2010 年版，第 182 页）。

样的推论，即设置76简所见的特别法，将“盗出黄金边关徼”行为区别于一般意义上的“盗出财物于边关徼”，其立法目的在于加重对前者的处罚，以凸显国家对黄金出入境问题的重视。前文已经指出，对“吏部主智（知）而出者”的处罚采用“与盗同法”，其刑罚结果实质上与“与同罪”无异，抽象的“与盗同法”在具体问题上以“与同罪”的形式体现。但如果对“吏、卒徒部主者智（知）而出及弗索”行为的处罚在原则上完全等同于74、75简规定中对相应责任人的处罚，则无法体现前文所说的重处之意。故在这种特殊情况下，对按照“与同罪”原则处罚的行为人，不再给予“不坐”其“同居、典、伍”的优待，以符合本条加重处罚“盗出黄金边关徼”行为的立法意图。

通过以上分析可见，尽管“与盗同法”和“与同罪”在刑罚表述功能上存在交叉的现象，但“与同罪”在适用上有着更为严格的条件。当说“A与B同罪”时，对B的处罚必须是确定的。因此，在某些法律规定中，“与同法”并不能完全涵盖“与同罪”的罪刑表述功能。如《二年律令·盗律》74、75简以及76简为“与盗同法”和“与同罪”在相关条文中同时出现，其中的“与同罪”体现了与“与同法”不同的处罚原则，体现了普通法和特别法之间的关系，并实际加重了对于“特种犯罪”的处罚力度。

秦简中“隶”的身份新探

文 霞

近年来，随着秦汉简牍的不断出土，学界对秦汉史领域某些具体问题的研究也深入开来。与史籍不同，秦汉简牍资料记载的大都是普通民众的生活，如法律文书、判案记录、户口簿籍等，这使我们深入了解秦汉各个阶层和群体成为可能，也可帮助我们重新认识和检讨某些原来单凭文献史料所得出的结论。

“隶”引起学界的关注，主要因为两段史料：一是《左传》的“天有十日，人有十等，下所以事上，上所以共神也。故王臣公，公臣大夫，大夫臣士，士臣皂，皂臣舆，舆臣隶，隶臣僚，僚臣仆，仆臣台，马有圉，牛有牧，以待百事”①。一是睡虎地秦简中的简牍：“坐隶，隶不坐户。”长期以来，由于受五阶段社会形态论及中国古代历史分期问题的影响，不少学者认为先秦时期是奴隶社会，将“隶”等同于奴隶。然而，随着理论研究的深入发展及简牍资料的不断出土，学界开始重新反思先秦历史的诸多认识。我们将以简牍资料为中心，重新检讨秦简中“隶”的身份问题。

一、“隶”的本义

《说文解字》：“隶，及也，从又，从尾省，又持尾者从后及之也。凡隶之属皆从隶。”②“隶”既是“逮”的本字，③ 又是“隸”的简化字。《说文解字注》：“隸，附着也。附当是本作坿，浅人改也。《周礼》注：‘隸，给劳辱之役者。’汉始置司隸，亦使将徒治道沟渠之役，后稍尊之。使主官府及近郊。《左传》：‘人有十等，舆臣隸。’按隸与仆义同，皆训坿者，故从隶。”④ 桂馥在《说文解字义证》中提到：“《急就篇》：‘奴婢私隸枕床杠。’颜注：‘附着之义也，私隸者言属著私家，非给公役者。’”段玉裁在解释篆文“隸”时引用了“奴，男子入于罪隸，女子入于舂稾”⑤，觉察到“隶”与奴关系密切。由于秦“书同文”的改革，汉以后有了“古今字”的区别。“今文”是秦确立的“现代标准字”，

---

① （战国）左丘明撰，（西晋）杜预集解：《左传（春秋经传集解）》，上海古籍出版社 1997 年版，第 1287 页。

② （汉）许慎撰，（宋）徐铉校：《说文解字》，中华书局 2013 年版，第 60 页。

③ 广东、广西、湖南、河南辞源修订组，商务印书馆编辑部编：《辞源》，商务印书馆 1983 年版，第 3601 页。

④ （汉）许慎撰，（清）段玉裁注：《说文解字注》，上海古籍出版社 1988 年版，第 118 页。

⑤ （汉）许慎撰，（清）段玉裁注：《说文解字注》，上海古籍出版社 1988 年版，第 118 页。

“古文”是秦废除的“非规范用字”，主要是以校勘对读的个别佚文保存于注释，其保留的是读法，不是字样。[①] 篆文“隸”即古文之体，汉以后和“逮”一起均用“隶”表示，加上东周秦汉时期“隸”身份的变化，使“隶”之含义显得更为复杂。

《辞源》对“隸”有四种解释，两种释义与《说文解字》类似：一是将其释为“奴隶，供贱役的人”，后世特指衙役；一是释为“附属”。[②]《辞源》强调“隶”身份的复杂性，既有在“古代以罪人或罪人家属执贱役，后来也以非罪人为之”的隶人，也有表示“奴隶徒属”的“隶属”。可见，“隶”与奴隶、罪人关系密切，其身份也有一个漫长而复杂的变迁过程。

二、先秦典籍的“隶”

“隶”常见于先秦典籍。《左传·隐公五年》：“若夫山林川泽之实，器用之资，皂隶之事，官司之守，非君所及也。”[③]《左传·桓公二年》：“故天子建国，诸侯立家，卿置侧室，大夫有贰宗，士有隶子弟，庶人工商各有分亲，皆有等衰。”[④] 这些给《左传·昭公七年》中“皂、舆、隶、僚、仆、台”的身份提供了参照，一般认为他们的身份大致相当，都是执贱役的人。杜预将“士有隶子弟”解释为“士以其子弟为仆隶”，对其中的身份别无说明。最早解释其身份的当属汉人服虔，“隶，隶属于吏也”。唐孔颖达认为：“此皆以意言之，循名求义，不必得本，故杜（指西晋杜预——作者注）皆略而不说。”清人俞正燮却提出了不同的意见：“十等俱就王公言之，为在官者……舆则众也，谓卫士无爵又无员额者。隶则罪人，《周官》所谓入于罪隶，汉之城旦舂输作。僚劳也，入罪隶而任劳者，其分益下，若今充当苦差。仆则三代奴戮，今罪人为奴矣。谓之台者，罪人为奴又逃亡，复获之则为陪台。自皂以下，得相役使，故曰臣曰等也。”[⑤] 学者的意见分歧随时间的推移呈增加之势。汉代及之后相当长的时期，“隶”主要表示附着、附属之义。《史记》记载，宁成担任关都尉时，“关东吏隶郡国出入关者”都怕他，号称“宁见乳虎，无值宁成之怒”。[⑥]《后汉书·冯异传》提到，冯异率军攻破邯郸后，“乃更部分诸将，各有配隶”[⑦]。这些均表示附着的本义。但俞正燮以汉代城旦舂输作、清代的罪人“充当苦差”及“罪人为

---

① 李零：《简帛古书与学术源流》，生活·读书·新知三联书店 2008 年版，第 181 页。

② 广东、广西、湖南、河南辞源修订组，商务印书馆编辑部编：《辞源》，商务印书馆 1983 年版，第 3602 页。

③（战国）左丘明撰，（西晋）杜预集解：《左传（春秋经传集解）》，上海古籍出版社 1997 年版，第 30 页。

④（战国）左丘明撰，（西晋）杜预集解：《左传（春秋经传集解）》，上海古籍出版社 1997 年版，第 74 页。

⑤（清）俞正燮撰，涂小马、蔡建康、陈松泉校点：《癸巳类稿》，辽宁教育出版社 2001 年版，第 62 页。

⑥（汉）司马迁：《史记》卷一二二《酷吏列传》，中华书局 1982 年版，第 3145 页。

⑦（南朝宋）范晔：《后汉书》卷十七《冯岑贾列传》，中华书局 1965 年版，第 642 页。

奴”，推断隶、僚、仆都是罪人，多少有些脱离历史语境的危险。

自20世纪开始讨论中国古代社会的社会性质及历史分期问题后，“隶”的讨论又深入开来。郭德维先生认为，“隶”有三种含义：一是其本意“附着”之义，表示附属、低贱之意。一是表示“罪人”，《仪礼·既夕礼》有“隶人涅厕”，注云：“隶人、罪人，今之徒役作者也。”一是表示“群辈”之义，《列子·仲尼》有“隶人之生，隶人之死”句，而《左传·昭公四年》亦有“舆人纳之，隶人藏之”的记载，因此，“舆臣隶”之隶应是身份和舆接近的“众”，而不是奴隶。[①] 黄伟城先生也指出，“隶即吏即史，是事务小官”，但很容易使人望文生义而误认为是奴隶的省称。奴隶其实在商、周、秦、汉、三国时期的文献典籍中尚未出现，直至秦汉时期才出现与奴隶身份类似的奴婢。[②] 何兹全先生也指出，西周春秋时期的臣、隶、私属、私徒等，都是团聚在大小贵族周围的依附于他们的人口，西周时期被称为人鬲、臣、隶，春秋时期被称为私属、私徒或徒，他们可能同时具有奴隶、农奴等多重属性。[③] 从三位先生的解释看来，他们还是倾向于附着、附属的本义。

三、睡虎地秦简中的“隶”和连坐

秦简有关“隶”的记载，最典型的是睡虎地秦简的“户为同居。坐隶，隶不坐户”。整理小组将“坐隶，隶不坐户”的“隶”释为奴隶或奴婢。[④] 学界对简文有两种理解：一种意见认为，奴婢有罪连坐主人，主人有罪不连坐奴婢。另一种意见恰好相反，主人有罪连坐奴婢，奴婢有罪不连坐主人。[⑤] 学者大多从语言学角度或以例证方式来论证主人与奴婢的连坐关系。奴婢地位卑微，秦汉时期有关主人与奴婢的连坐史料寥寥无几，无论是在秦汉简牍或文献记载中，都很少见到“主人犯罪连坐奴隶（奴婢）”或“奴隶（奴婢）犯罪连坐主人”的案例。学者大多用郭解被其奴婢牵连的案例来说明奴婢与主人的连坐关系。尽管不少学者从语言学的角度深入分析其含义，又以郭解的案例来佐证，但孤例难证，结论难免偏颇。因此，有必要深入分析秦汉连坐的范围。

新出版的《岳麓书院藏秦简（肆）》明确记载：“匿罪人当赀二甲以上到赎

---

① 郭德维：《帛、舆、隶等浅议》，《江汉论坛》1985年第8期。

② 黄伟城：《论“人有十等”并无奴隶》，《广西民族学院学报》1983年第1期。

③ 何兹全：《中国古代社会及其向中世社会的过渡》，商务印书馆2013年版，第83－84页。

④ 睡虎地秦墓竹简整理小组编：《睡虎地秦墓竹简》，文物出版社1978年版，第160页。

⑤ 持第一种意见的代表作有睡虎地秦墓竹简整理小组编：《睡虎地秦墓竹简》，文物出版社1978年版，第160页；高恒：《秦简中的私人奴婢问题》，中华书局编辑部编：《云梦秦简研究》，中华书局1981年版，第145页；［日］松崎常子：《从睡虎地秦简看秦的家族与国家》，《中国古代史研究5》，雄山阁1982年版，第281页，转引自［日］冨谷至著，柴生芳、朱恒晔译：《秦汉刑罚制度研究》，广西师范大学出版社2006年版，第154页。持第二种意见的代表作有刘海年：《秦律刑罚考析》，中华书局编辑部编：《云梦秦简研究》，中华书局1981年版，第184页；彭年：《秦汉“同居”考辨》，《社会科学研究》1990年第6期；张世超：《秦简中的“同居”与有关法律》，《东北师范大学学报》1989年第3期；曹旅宁：《秦律新探》，中国社会科学出版社2002年版，第101页。

死，室人存而年十八岁以上者，赀各一甲，其奴婢弗坐（1966）”，“主匿亡收、隶臣妾，耐为隶臣妾，其室人存而年十八岁以上者，各与其疑同法，其奴婢弗坐（1965）”。[①] 这既说明了奴婢与主人的连坐关系，又很明确地表示隶不是奴婢。学界一般认为，家族连坐主要包括父子连坐、夫妻连坐、兄弟姐妹连坐、祖孙连坐、父母妻子同产连坐、从兄连坐、宗族连坐等，[②] 其基本特征有：第一，连坐人与本犯皆被视为犯罪主体，分别定罪、处刑。第二，连坐之家族成员范围可上及父母，下及妻、子，旁及同产。第三，连坐与否取决于具体的犯罪行为，在具体法律规范中作个别规定。谋反、降敌等严重侵害统治秩序的行为一般都适用连坐。第四，本犯处刑极重，如腰斩、磔等。第五，连坐人罪者可以因主动告奸而除罪。[③] 可见，严格意义的连坐只限于家（宗）族范围，不涉及奴婢。睡虎地秦简对连坐的规定限定在“同居”的范围内，但不同场合的“同居”范围有所伸缩：有时候界定为“户为同居”，有时候界定为“独户母”。[④] 其实，“独户母”包含在“同户”之中。整理小组将“独户母”解释为“一户中同母的人”，这两个条件必须同时具备：一是一户，一是同母。学者对“户”有两种解释：一是法律意义的户，即户籍；一是建筑意义的户，即同居共爨，共处同一屋檐下。无论就户籍还是实际居住情况而言，秦汉时期存在不少同母却析分异户的例子，可能也存在同户却异母的情况。[⑤] 从简牍看来，只有未析分出去且同母的兄弟姐妹才属于“同居”。五一广场东汉简有不少同产兄弟姐妹俱居的案例：“详弟终、终弟护；晨与父宫、同产兄夜、夜弟疑、疑女弟捐；赣与母妾、同产弟强；除与妻委、子女婴俱居自有庐舍伦亭部。尼、晨，除，汉丘；赣，上辱丘，与……”[⑥]，“荣夫荆前与同产兄郎、弟御及知等同居。郎有子男强、女廉，荆有子女令、令弟诸，无男，御无子。郎、御皆前物故，未堊（葬）”[⑦]，“姓名如牒。普，都乡三门亭部。董、旦，桑乡广亭部。董与父老、母何、同产兄辅、弟农俱居。旦父母皆前物故，往不处年，嫁为良妻，与良父平、母真俱□□□庐舍”[⑧]。这些简牍不仅反映了东汉时期大家庭的增多，而且体现了法律实践强调同居对象的连坐义务。三条简牍均以“同产兄”的形式登记，从侧面说明了“同产”与“非同产”的区别，也说明了同居对象只是“一户中同母的人”。但在秦汉连坐的法律实践中，“同居”的范围有所扩大，有时候涉及析分异户的同胞兄弟。究其原因，一方面可能反映了秦汉法律实践较强的随意性，惩罚范围和程度往往会

---

① 陈松长主编：《岳麓书院藏秦简（肆）》，上海辞书出版社2015年版，第39页。

② 张仁玺：《秦汉家族成员连坐考略》，《思想战线》2003年第6期。

③ 吕利：《连坐、收及家父长制家庭的遗迹》，《枣庄学院学报》2014年第4期。

④ 睡虎地秦墓竹简整理小组编：《睡虎地秦墓竹简》，文物出版社1978年版，第238页。

⑤ 秦汉户籍简牍中未详细记录子女与母亲的关系，因此，是否异母并不清楚。但据推理，秦汉时期父亲再娶妻（妾）的案例较多，当时小妻、偏妻、下妻的称谓即可说明问题。因此当时应该存在同户但同父异母的兄弟姐妹。

⑥ 长沙市文物考古研究所等编：《长沙五一广场东汉简牍选释》，中西书局2015年版，第140页。

⑦ 长沙市文物考古研究所等编：《长沙五一广场东汉简牍选释》，中西书局2015年版，第168页。

⑧ 长沙市文物考古研究所等编：《长沙五一广场东汉简牍选释》，中西书局2015年版，第218页。

根据犯罪人身份、地位的不同而有所收缩；另一方面也可能因为时代和地区的不同，法律制度等国家政策及风俗习惯的差异，导致法律实践与法律条文的差异。

如前所述，秦汉同居有时基于建筑意义而言，这在睡虎地秦简对连坐的界定中也有体现："'室人'者，一室，尽当坐罪人之谓殹（也）。"整理小组将其译为"一家，都应因罪人而连坐"①。从前引两条岳麓书院藏秦简的简文可见，年满十八岁的"室人"属于连坐对象。换言之，不论犯罪人是否户主，与其相关的亲属都得连坐。从连坐的实际案例来考察，父子连坐、夫妻连坐、兄弟姐妹连坐、祖孙连坐、父母妻子同产连坐、从兄连坐、宗族连坐的连坐关系都是双向的，即无论犯罪人是否为户主，犯罪都应连坐。因此，在讨论"一室中尽当坐之罪人"时，学界更强调"尽"指代连坐人数，指因犯罪人被牵连的所有人，包括隶和奴婢。但从"坐隶，隶不坐户"可见，"隶"与主人的连坐关系是单向的。其实，这主要是对主人犯罪的连坐对象的规定，同时也补充说明了非户主的家庭成员犯罪时连坐对象的范围。换言之，户主及其他人犯罪，连坐要涉及"隶"；如果"隶"犯罪，户主及其他同居亲人不应连坐。因此，"尽"应是对双向连坐范围的规定，不仅指户主犯罪连坐的所有人，也指同户内其他人犯罪连坐的所有人。他们是双向连坐关系，这才是法律意义上的"室人"。② 而"隶"虽与主人同居，却不是"一室中尽当坐之罪人"，因此不是法律意义上的"室人"。

四、其他秦简中的"隶"

"隶"虽非严格意义上的家庭成员，但与家庭却存在一定的特殊关系。有人根据里耶秦简的"隶大女子华"，认为"隶"是罪隶或监外罪犯，与户主的关系可能是妾、女、母等。③ 这种解释稍显牵强。"隶大女子华"原文如下：④

第一栏：	南阳户人荆不更繺喜	子不更衍
第二栏：	妻大女子媐	隶大女子华
第三栏：	子小上造章	子小上造
第四栏：	子小女子赵	子小女子见

单从简牍看来，很难看出"隶"与户主及家庭其他成员的关系。刘敏先生的观点富有启发意义："这些户籍简并非秦朝正规的户籍原样，而是一种统一该地区后即时性的以户为单位的各类人口（男女丁壮老弱）分类登记表。"⑤ 因此，我们只能推测其属于丁女，但隶也有未成年人："南里小女子苗，卅五年徙为阳

---

① 睡虎地秦墓竹简整理小组编：《睡虎地秦墓竹简》，文物出版社 1978 年版，第 238 页。

② 文霞：《试论秦汉简牍中的"室"和"室人"》，《史学集刊》2013 年第 3 期。

③ 刘欣宁：《里耶户籍简牍与"小上造"再探》，简帛网，http：//www.bsm.org.cn/show_article.php? id =751，2007 年 11 月 6 日。

④ 湖南省文物考古研究所编著：《里耶发掘报告》，岳麓书社 2007 年版，第 205 页。

⑤ 刘敏：《秦汉编户民问题研究：以与吏民、爵制、皇权关系为重点》，中华书局 2014 年版，第 60 页。

里户人大女婴隶。”根据秦汉赋役年龄规定，苗的年龄可能是7岁至14岁间。整理小组引用张家山汉简《奏谳书》的案例，将“隶”解释为一种依附身份。[①]

因为依附身份与奴隶、奴婢相似，不少学者将“隶”直接释为奴隶，睡虎地秦简和岳麓书院藏秦简整理小组都是如此。在岳麓书院藏秦简“识劫娓案”中，“识故为沛隶，同居”[②]。我们推究整个案例后发现，“隶”不能简单等同于奴隶或奴婢：“沛以三岁时为识取（娶）妻；居一岁为识买室，贾（价）五千钱；分马一匹，稻田廿亩，异识。”[③] 据王彦辉先生推测，买室、分马及稻田廿亩可能需要0.5+0.6+4=5.1万钱，约为其涉案家赀的17.63%。[④] 相比之下，“故人大沛妾”的娓，即原本为沛奴婢，为沛产子羛（義）、女妭，后因沛妻危死，沛不取（娶）妻，“沛免为庶人，妻娓”。即使娓后来成为沛的妻子，户籍上却仍为“免妾”的身份，在沛死后连立户权都没有。如果“隶”是奴隶或奴婢，则很难解释沛会为识娶妻、买室、分马及20亩田，与识分家；而对为自己生儿育女、后来成为妻子的女婢娓，却近乎苛刻。因此，隶与奴婢明显不同。

在“识劫娓案”中，娓、识身份的前后变化可能与沛妻危的死亡有关。案件中未提及危生育的子女，只提及了娓为沛产子羛（義）、女妭。可能的情况是，子羛（義）是沛为识分家的主要原因：羛（義）是沛的法定继承人，并且是第一顺序继承人。而识与沛却不存在血缘关系，可能是危没有生育子女，因此过继或领养识，作为其继承人。里耶秦简中“徙为阳里户人大女婴隶”的小女子苗，亦有可能是因为婴缺乏继承人，才过继或领养苗的。结合两简来看，我们推测“隶”的身份应是自由民，因过继、领养等原因，依附于他人门下。但“隶大女子华”，简牍中很难反映其与户人繺喜及其他成员的具体关系，根据简牍上记载的三子二女来看，华可能肩负有繁衍后代的责任，但简牍缺乏详细说明。睡虎地秦简还提到：“士五（伍）甲毋（无）子，其弟子以为后，与同居，而擅杀之，当弃市。”[⑤] 因此，秦代存在着过继或领养关系，且过继或领养的人与户主多为同居关系。而“隶”可能是因为传宗接代等原因，依附于户主的附属人员。

在“识劫娓案”中，娓原是沛的御婢。在沛妻危死后，娓被沛免为庶人，户籍上登记为“免妾”。在沛死后她“与羛（義）同居”，其时已是“庶人”身份。而在沛及其妻危生前，娓与沛不是同居关系，而识却与沛同居。这其实也说明了奴婢与主人不构成同居关系，而“隶”作为依附于主人的自由民，却与主人同居，其与主人的连坐关系是“坐隶，隶不坐户”。相比之下，秦及汉初法律都规定，奴婢犯罪，主人不受牵连，甚至还有一定的惩罚权。张家山汉简规定，

① 陈伟主编：《里耶秦简牍校释》（第一卷），武汉大学出版社2012年版，第238页。

② 朱汉民、陈松长主编：《岳麓书院藏秦简（叁）》，上海辞书出版社2013年版，第155页。

③ 朱汉民、陈松长主编：《岳麓书院藏秦简（叁）》，上海辞书出版社2013年版，第155页。

④ 王彦辉：《秦简“识劫娓案”发微》，《古代文明》2015年第1期。

⑤ 睡虎地秦墓竹简整理小组编：《睡虎地秦墓竹简》，文物出版社1978年版，第181－182页。

“奴婢殴庶人以上，黥頯，畀主”[①]。“畀主”体现了法律维护主人对奴婢的所有权，其中亦有惩罚权。可见，“隶”不是奴隶或奴婢。

五、结语

对“隶”语义认识的分歧，一方面因为学者不可避免地受到自身时代和社会环境的影响，另一方面因为“隶”含义的多样化。《周礼》将“隶”释为“给劳辱之役者”，但东周时期是典型的社会转型时期，其时，承担劳辱之役的人身份非常复杂，包括自由民、罪犯以及身份不自由的奴婢。无论将“隶”释为附属的自由民、罪隶还是奴婢或奴隶，似乎都有自己的理由。但结合秦简内容看来，其本义附属的自由民应是最贴切语境的。

众所皆知，秦始皇建立了大一统的专制主义中央集权国家，也建立了一整套影响深远的秦制。应当承认，以三公九卿制、郡县制、官僚制为主要内容的秦制，是在总结继承关东六国制度的基础上产生的。秦国的政治制度、思想文化、风俗习惯、语言表达等诸多有关上层建筑意识形态的内容，与东周时期保持了相当高的连贯性。正如美国学者柯马丁所指出的，秦代的“石刻铭文还是遵循了政治表征的传统表达，因而证明了帝秦与东周礼仪传统之间原则上的连贯性”[②]。因此，我们去阅读以法律、户籍制度等为主要内容的秦简时，更应该注重其与前代的继承和连贯性。从睡虎地秦简、里耶秦简及岳麓书院藏秦简看来，“隶”应是指那些因为过继、领养或传宗接代等原因而依附于户主的自由民，与先秦时期的“隸”相同，其主要特征是依附，不能将其等同于奴隶或奴婢。

---

① 张家山二四七号汉墓竹简整理小组编：《张家山汉墓竹简［二四七号墓］》（释文修订本），文物出版社2006年版，第13页。

② ［美］柯马丁著，刘倩译：《秦始皇石刻：早期中国的文本与仪式》，上海古籍出版社2015年版，第161页。

从汉代的奸罪看礼、法、俗的关系

翟麦玲

汉代社会重视礼治，即以礼治国。礼是社会意识形态的组成部分，是基本的社会规范。它与宗法制、等级制相结合，是划分人尊卑、贵贱的准则与依据。礼既是道德规范，又是法律规范。它对人们的行为有一定的约束力，但不经国家机关强制执行。为保障礼的实行，离不开法的辅助，所以出现礼法的结合，用法维护礼的实行。俗是因人因地形成的习惯性的行为模式。礼源于俗，礼一旦形成，就定型为一种典章制度。礼可以制约影响俗，即以礼节俗。近代礼学家劳乃宣说："法律生于政体，政体生于礼教，礼教生于风俗，风俗生于生计。"礼、法、俗三者的冲突与融合充分体现在汉代人的日常生活中。两性关系的生活是人们日常生活的重要内容。奸是不合法的两性关系，是古今中外普遍存在的社会现象，它不仅为现代法学工作者所关注，[①] 也为历史学者所重视。[②] 以往的研究多从奸罪的现象与惩处展开，对与之相关的深一层的社会问题未甚研究，故本文拟从礼、法、俗的冲突与融合角度探讨汉代的奸罪。为了论述方便，不妨先从奸罪的类型论起。

《说文解字》曰："奸，犯淫也。从女，从干。"奸是指在婚姻关系以外发生的性关系。众所周知，原始社会时期尚没有如今意义上的性禁忌，周代开始实行以礼治国，把违反礼制的奸行为规定为犯罪，"男女不以义交者，其刑宫"。宫，即人们所熟知的针对男女性别不同而实行的宫刑。春秋时期，为了禁止奸淫罪，魏国李悝在《法经》中规定："夫有二妻则诛，妻有外夫则宫，曰淫禁。"秦始皇时期为禁止奸淫行为，规定："夫为寄豭，杀之无罪。"可见，自周代实行礼制以来，对婚姻以外的性关系都禁之很严。然而，食色人之本也，法律禁虽禁，却是禁而不止。到了汉代，上至皇家贵族，下至平民百姓乃至奴婢，犯禁之事仍是屡见不鲜。奸淫在汉代文献中时也被称为奸非、乱、私乱、通、私通、淫乱、盗等。根据性行为双方是否自愿，奸又分为和奸、强奸两种。

---

① 张贤钰：《通奸罪的历史考察》，《法学》1984 年第 1 期。

② 贾丽英：《秦汉时期奸罪论考》，《河北法学》2006 年第 4 期；王辉：《秦汉奸罪考》，《甘肃理论学刊》2007 年第 3 期；文霞：《从秦汉奴婢奸罪窥探其法律地位》，《首都师范大学学报》2007 年第 2 期；孙闻博：《秦汉简牍中所见特殊类型奸罪研究》，《中国历史文物》2008 年第 3 期；顾丽华、刘举：《秦汉时期的和奸罪——以简牍资料为中心的考察》，《古代文明》2009 年第 2 期。

一、和奸

和奸是非婚姻关系下男女双方自愿的性行为。虽然是自愿的性行为，但是在礼制社会，因为违背礼制，所以为礼法所不容。因为礼制规定：“女有家，男有室，无相渎也。谓之有礼。”对于和奸罪，因和奸的对象身份不同又有区别。

（一）没有亲属关系的和奸

没有亲属关系的和奸分为与已婚女性奸和与未婚女性奸两种。

1. 与已婚女性奸

因为汉代礼制维护家庭秩序，所以与人妻奸要重点惩罚。《二年律令·杂律》简192：“诸与人妻和奸，及其所与皆完为城旦舂。”完，通髡，即剃去其发，是一种附加刑。“城旦者，旦起行治城，舂者，妇人不豫外徭，但舂作米，皆四岁刑。”① 虽然法律严惩和奸，但因人妻身份不同，处罚也有所不同。

（1）与普通人妻奸。见于史书记载的有：

《史记·建元以来王子侯者年表第九》：

（土军）侯郢客坐与人妻奸，弃市。

《史记·高祖功臣侯者年表》：

（土军式侯生），元朔二年，生坐与人妻奸罪，国除。

《汉书·酷吏传》：

岁余，（田广明）以祁连将军将兵击匈奴，出塞至受降城。受降都尉前死，丧柩在堂，广明召其寡妻与奸。既出不至质，引军空还。下太守杜延年簿责，广明自杀阙下，国除。

《后汉书·蔡邕列传》卷六十下：

东郡有盗人妻者亡在孝中，本县追捕，乃伏其辜。

《东观汉记校注》卷十九：

利取侯毕寻玄孙守奸人妻，国除。

这些和奸中的男子若为贵族有封国爵位，则封国爵位是其罪刑的一道挡箭牌。若身份地位低下，则有可能重处。而田广明即遭除国，又畏罪自杀，乃是在

---

① 《汉书·惠帝纪》注引应劭言。

人妻服丧期间与其奸，性质更加恶劣，所以数罪并罚。而对这些和奸中的女子的处罚则未见史料记载。

（2）与宫中女性奸。汉代是封建王朝，皇帝的权威至高无上，皇帝后宫中的女性都属于皇帝所有，但凡与皇帝后宫有染者，就是侵犯了皇帝的尊严，法律绝不留情。如武帝时期郎者顷之与后宫乱，被处死；韩嫣出入永巷不禁，以奸闻皇太后，被赐死；李延年弟季坐奸乱后宫，广利降匈奴，家族灭矣；平阳侯曹宗，坐与中人奸，阑入宫掖门，被处死刑，后以钱赎死罪，完为城旦。以上事例说明与宫中女性通奸都是死罪，曹宗因是汉开国功臣曹参的后代，卫长公主的儿子，法外开恩允许入财赎死，按与普通人妻和奸论处，被完为城旦。这是封建社会法情融合的特例。如果宫女已经出宫，与之和奸，则处罚相对较轻，因为汉代允许宫女出宫自嫁。如东汉明帝时中山简王焉，政诣中山会葬，私取简王姬徐妃，又盗迎掖庭出女，后被诏削一县；和帝时期，掖庭技人哀置，嫁为男子章初为妻，乐成王党召哀置入宫与通，又娶故中山简王傅婢李羽生为小妻，被诏削二县。

（3）夫身份低于妻者与人和奸。《二年律令·杂律》简190：“奴取主、主之母及主妻、子以为妻，若与奸，弃市，而耐其女子以为隶妾。”即奴如果娶主人，或主人的母亲，或主人的妻子，或主人的孩子为妻，也就是奴如果与主人成婚，而与其他女子和奸，则该奴将被弃市，该女子将被耐为隶妾。该律条保护的是身份高贵的妻的权益绝对不能受到伤害，与上文所言皇权绝对不能受到侵犯一样，若违反了，则要比一般的和奸罪重。这是封建等级社会的特点。而该律惩罚男子明显重于女子，一方面是对男子以下犯上的加倍处罚，另一方面也是汉律体恤女性的表现。此类案例，如西汉成帝时，阳邑公主的丈夫侯建，与婢奸于公主旁，并数醉骂主。在汉代，主人与奴婢奸本来一般不会受法律制裁，但侯建受到制裁，主要原因是其妻是公主，公主身份比他高贵，而且他还当着公主的面与婢奸，并骂公主，这分明是对公主高贵身份的挑战，所以他被免去侯爵身份。之所以没被处以弃市，盖因其有侯爵身份，或者公主并没有因此与他离异罢了。这些都说明在汉代婚外性关系是非常普遍的事。

（4）男主与婢通奸。主婢奸可以说是奸罪中处罚最轻的一种。因为在封建私有制社会，婢为主人的私有财产，所以主婢奸是最容易发生的事，故法律对之并不追究。《二年律令·杂律》简188：“主婢奸，若为它家奴妻，有子，子畀婢主，皆为奴婢。”其意是主与婢奸，婢为他家奴妻，若奸而有子，子归婢的主人，且与婢同为奴婢。这说明在吕后时期，法律对奸婢的主人不但没有任何处罚，而且还可能会因此得到另一份财产，即奸生子，但是奸生子的身份随母，同样为奴婢。

（5）男主如果和妻婢奸则情况不同。《说文解字》十二下女部引汉律云：“齐人予妻婢奸曰姘。”《淮南子》高注曰：“齐民，凡人齐于民也。礼，士有妾，庶人不得有妾，故平等之民与妻婢私合，名之曰姘，有罚。此姘取合并之义。”即男主与妻婢奸要交罚金。

（6）女主与男奴奸则为社会所诟病。如《史记·淮南衡山列传》：“太子女弟无采，嫁弃归，与奴奸，又与客奸。太子数让无采，无采怒，不与太子通。”

无采与奴通奸的事被其哥哥指责，说明在礼教社会的汉代，男主奸婢可以，但是女主奸奴受指责。可见汉代社会之等级差异与性别差异。

（7）男奴与女庶人奸。《二年律令·杂律》："奴与庶人奸，有子，子为庶人。"律文中没有提到对二者的惩罚，只是说生的孩子身份随母。这里的庶人应该是未婚良民身份的女子。汉代允许良贱通婚，男性身份高于女性比较常见，而女性身份高于男性则不多见，这属于下嫁行为，为社会习俗所不提倡。如《二年律令·杂律》："民为奴妻而有子，子畀奴主。"这里的子是婚姻关系下的奴产子，奴归主人所有，自然奴产子也归奴主人所有了。由此可见，习俗不鼓励女子下嫁，所以法律也不保护其权益。以此类推，良民女子如果愿意和男奴通奸，即其愿意降低自己的身份，则法律不保护其作为女性的性权利，但由于其奸生子不能确保是奴生子，所以其奸生子身份随母。法律没有规定贱贱相奸的情况，但根据奸生子随母的习俗，贱贱相奸生子应该归婢之主。

（8）女奴与男庶人奸。未见有此类法律，但事实上这类事例比较多。如卫青父郑季，与主家婢卫媪私通生青，青身份与姓都随母。即汉代良贱相奸生子身份随母，原因可能是奸生子生父身份不能确定。如《汉书·王莽传》载，王莽为侯就国时，"幸侍者增秩、怀能、开明。怀能生男兴，增秩生男匡、女晔，开明生女捷，皆留新都国，以其不明故也"。颜师古注曰："言侍者或与外人私通所生子女，不可分明也。"

当然，还有更多与人妻奸者并未因此受到法律的制裁。如文帝时期，袁盎的从史盗盎侍儿；景帝时期，卫青的父亲郑季在平阳侯家做事，与主家婢卫媪通而生青；武帝时期，霍去病的父亲霍仲孺在平阳侯家做事，与侯的侍者卫少儿私通生去病；卫少儿与陈掌通。或许因为这些和奸的女性虽为人妻，但身份卑微，属于侍者或者妾。也有一些奸行未受到处罚，或许因为通奸中的女性身份高贵。如吕太后与辟阳侯；武帝时期，李太后与食官长及郎中尹霸等通乱；昭帝时期，鄂邑盖长公主内行不修，近幸河间丁外人；宣帝时期，广川王海阳女弟已为人妻，王召其使与其幸臣奸；顺帝时期，梁冀妻子孙寿与宫私通。这些未受到制裁的，或许是因为没有充分的事实证据。如《张家山汉简·奏谳书》："夫为吏居官，妻居家，日与它男子奸，吏捕之，弗得，□之，何论？等曰：不当论。"

2. 与未婚女性奸

汉律虽然没有律文强调与未婚女子的和奸情况，但明文强调了与人妻和奸的处罚情况，说明汉律对和奸罪的处罚有已婚与未婚的区别。在现实生活中对于与未婚女子通奸，如果没有犯其他罪行，一般法律很少追究。如武帝时期，南越国太后未为婴齐姬时，尝与霸陵人安国少季通；成帝时期，王商女弟淫乱；安帝时期，刘瑰与安帝乳母王圣女伯荣私通；顺帝时期，阴城公主贵骄淫乱，与嬖人居帷中。这些通奸行为的双方都未受到法律制裁。

如果与未婚女子通奸，还犯有其他罪行，则要受到法律制裁。如武帝时期，安平侯鄂千秋玄孙伯与淮南王女陵通而中绝，又遗淮南王书称臣尽力，后因谋反罪被弃市；岸头侯张次公坐与淮南王女陵奸，且受财物，被免侯；侯朝嗣与城阳王女通，虽是和未婚女通，且未犯其他事，但因身为济南太守，所以按强奸论处，被耐为鬼薪；公孙敬声除与阳石公主奸外，还犯巫蛊之罪，所以被处以族刑。

（二）有亲属关系的和奸

这是汉律重点打击的现象。汉代社会是讲礼制的社会，礼制一方面维护的是社会尊卑等级秩序，另一方面维护的是家庭伦理秩序。所以违背家庭伦理秩序的奸罪在重点制裁范围之内。在汉代和奸罪中违背家庭伦理秩序的行为被称为禽兽行。

我们知道，人类的婚姻史经历了从杂婚也就是乱婚到群婚（包括血缘家庭与普那路亚家庭两个阶段），到对偶婚，再到父权制家庭，最后到一夫一妻制。从人类婚姻史的发展历程来看，人类婚姻是在一步一步地排除血缘婚姻的。经过长期的发展，人类越来越认识到血缘婚姻带来的恶果，对血缘婚姻越来越厌恶。周代时人们认识到“同姓相婚，其生不蕃”。《周礼·夏官大司马》：“外内乱，鸟兽行，则灭之。”周代明令禁止同姓婚姻。汉代以礼治国，更加重视礼制建设，把血亲相奸视为“禽兽行”。《礼记·曲礼》：“夫唯禽兽无礼，故父子聚麀。”意思是讲禽兽无礼，所以才会有父子共牝的现象，以此比喻父子乱伦如同禽兽。

对于禽兽行，按照血缘关系和姻缘关系的远近，处罚也有区别。一般原则是血缘关系和姻缘关系越近，处罚越重。

1. 有血缘关系的和奸

（1）这种现象中最重的莫过于有血缘关系的父与女、母与子之间的乱伦。这种现象较为人所唾弃，在汉代史料里仅见到一例。

《汉书·燕王刘泽传》：

> 定国与父康王姬奸，生子男一人。夺弟妻为姬。与子女三人奸。……下公卿，皆议曰：“定国禽兽行，乱人伦，逆天道，当诛。”上许之，定国自杀。

还有一例与有血缘关系长辈的通奸，《汉书·文三王·梁怀王刘揖传》：

> 荒王女弟圆子为立舅任宝妻……遂与圆子奸。……有司案验，因发淫乱事，奏立禽兽行，请诛。

这是乱辈分的血缘关系之间的通奸，自然为人所不齿。所以立虽然身为贵族，仍以禽兽行被判死刑。

（2）其次是有血缘关系的兄弟姐妹间的乱伦。这种现象在汉代还常有发生，汉律有专门针对此现象的制裁。

《二年律令·杂律》简191：“同产相与奸，若取以为妻，及所取皆弃市。”

律文中的“同产”有人认为是同母所生,[①] 有人认为是同父所生。[②] 笔者认为《二年律令》中的“同产”应该指同母所生，但不否认，随着父权制的加强，西汉后期以后将同父所生者视为同产。因为《二年律令》是西汉吕后时期的法律，汉初法律继承自秦律，而在秦律《睡虎地秦墓竹简法律答问》中有明确记载：“同母异父相与奸，何论？弃市。”而认为指同父所生者所举事例基本都是西汉后期的事例，相距吕后时期已经过去将近200年。在母系遗风尚浓的汉初，同产应该指同母所生。秦及汉初的法律对同产相奸者无论男女都处以弃市。[③] 弃市就是在闹市执行死刑，以对百姓起教化作用。汉律虽然严厉禁止同产相奸，而且男女同刑，但这种现象在汉代仍比比皆是。如《史记·建元以来王子侯者年表》：

(元狩）三年，侯庆坐与姊妹奸，有罪，国除。

《汉书·王子侯表》：

(安城嗣侯寿光)，五凤二年，坐与姊乱，下狱病死。

东平侯庆，元狩三年，坐与姊奸，下狱，瘐死。

《汉书·诸侯王表》：

(代王年，地节四年)，坐与同产妹奸，废迁房陵。

《汉书·景十三王传》：

(赵王）太子丹与其女弟及同产姊奸。江充告丹淫乱，又使人椎埋攻剽，为奸甚众。武帝遣使者发吏卒捕丹，下魏郡诏狱，治罪至死。

初（缪王）齐有幸臣乘距，已而有罪，欲诛距。距亡，齐因禽其宗族。距怨王，乃上书告齐与同产奸。

《史记·平津侯主父列传》：

(元朔二年，主父偃）乃使人以王与姊奸事動王，王以为终不得脱罪，恐效燕王论死，乃自杀。

此外，还有武帝时期，齐厉王与其姊翁主奸，自杀。江都王建尽与其姊弟奸，自杀。宣帝时期，广川王海阳坐画屋为男女裸交接，置酒请诸父姊妹饮，令仰视画，废徙房陵。

---

① 张家山汉简整理小组引《后汉书·明帝纪》注：“同产，同母兄弟也。”

② 孙闻博在其文《秦汉简牍中所见特殊类型奸罪研究》中认为同产为同父所生。王辉在其《秦汉奸罪考》中亦认为同产为同父所生。

③ 以后，随着父权制的强化，同产逐渐由指同母所生转向指同父所生，并且对同父所生者的处罚要重于同母所生者。如唐律对同父子女和奸者处以绞刑，对同母所生和奸者则处徒三年。

以上都是王公贵族子弟犯同产相奸罪的情况。在一夫一妻多妾制的汉代，王公贵族可以有多位女性伴侣，但他们仍然抛礼教于脑后，与同产相奸，可见那时礼教与风俗之间的差距。

2. 无血缘关系的乱伦（即与有血缘关系人的姬妾的乱伦）

（1）与父辈姬妾。上文已言禽兽行中最重的罪是有血缘关系之间的同产通奸处以弃市。在讲究尊尊亲亲的伦理社会，与父祖兄弟的妻妾通奸，被认为是违背尊尊亲亲礼制的，当然也被视为禽兽行。《二年律令》中没有规定奸父的姬妾如何处置。在礼教强调尊父的时代，可能认为奸父之妾婢是不可能发生的吧，所以不用定制。但如果真有发生，法律绝不留情。如《汉书》卷七十六《王尊传》：

美阳女子告假子不孝，曰："儿常以我为妻，妒笞我。"尊闻之，遣吏收捕验问，辞服。尊曰："律无妻母之法，圣人所不忍书，此经所谓造狱者也。"尊于是出坐廷上，取不孝子悬磔著树，使骑吏五人张弓射杀之，吏民惊骇。

这是百姓身份的男子奸后母的事例，因其严重侵犯了父亲的权威，所以为礼法所不容，被处以极刑。

汉代，性关系比较宽松，在贵族中这种奸父辈配偶的事并不罕见。如《汉书·王子侯表》：

（乘丘节侯将夜孙外人），元康四年，坐为子时与后母乱，免。

（成陵节侯充子德），鸿嘉三年，坐弟与后母乱，共杀兄，德知不举，不道，下狱瘐死。

《汉书·济北贞王刘勃传》：

（济北贞王勃义孙宽），十二年，宽坐与父式王后光、姬孝儿奸，悖人伦，又祠祭祝诅上，有司请诛。

《汉书·武五子·广陵厉王刘胥传》：

后胥子南利侯宝坐杀人夺爵，还归广陵，与胥姬左修奸。事发觉，系狱，弃市。

《汉书·夏侯婴传》：

（夏侯婴曾孙颇），尚平阳公主，坐与父御婢奸，自杀，国除。

此外，还有武帝时燕王定国，与父康王姬奸，生子男一人，当诛，自杀；衡山王子孝坐与王御婢奸，弃市。昭帝时期，昌邑王刘贺与孝昭帝宫人蒙等淫乱，被废帝位。成帝时期，成陵侯德弟与后母乱，下狱瘐死。平帝时薛况与后母敬武长公主乱，况被枭首于市，敬武长公主饮药死。王莽时期，莽幸过其妻的侍者原碧，后来其子临也与之通，临自杀。

以上事例都是西汉时期的，而且与父之姬妾御婢奸者基本都被处以死刑。御婢虽身份为婢，但因与父发生过性关系，有可能以后会上升为妾，所以与父御婢奸，是对父尊严的侵犯。因此与父御婢奸同与父妾奸，皆为死刑。以上犯罪贵族自杀者，多为畏罪自杀。

虽然奸父之妾为圣人所不忍书，但在性关系宽松的汉代，还不时有这种现象发生，所以到了东汉，随着礼制的强化，制定律文："立子奸母，见乃得杀之。"[①] 东汉这种现象逐渐减少。见于史书记载的有孝明帝之子刘苌"慢易大姬，不震厥教"[②]，慢易即轻辱之意，大姬即其后母，后来刘苌因有其他风淫事情被安帝因礼经之有八议从宽处罚，贬其王爵为侯。

（2）与同辈兄弟或伯父辈或伯父之子的妻妾奸。《二年律令》在规定同产相奸要弃市之后，紧接着又规定："复兄弟、孝（季）父柏（伯）父之妻、御婢，皆黥为城旦舂。复男弟兄子、孝（季）父柏（伯）父之妻、御婢，皆完为城旦。"复，即报，即淫亲属在妻也。黥为城旦舂，即男子受黥刑后罚作城旦，女子受黥刑后罚作舂米。而完为城旦，即男子保持体肤完好情况下罚作城旦。被淫的兄子之妻，或伯父之妻或御婢则不受处罚。

汉代史料记载中仅见武帝时期燕王定国夺弟妻为姬，但因他还有其他禽兽行为，与父姬奸、与子女奸，所以在当诛之前就畏罪自杀了。

（3）行淫乱。禽兽行中还有一种是行为淫乱。淫，即过度、放纵、沉迷之意。《汉书·诸侯王表》：

（昌邑哀王贺），十二年，征为昭帝后，立二十七日，以行淫乱，废归故国，予邑三千户。

《汉书·高五王传》：

五凤中，青州刺史奏终古使所爱奴与八子及诸御婢奸，终古或参与被席，或白昼使裸伏，犬马交接，终古亲临观。产子，辄曰："乱不可知，使去其子。"事下丞相御史，奏终古位诸侯王，以令置八子，秩比六百石，所以广嗣重祖也。而终古禽兽行，乱君臣夫妇之别，悖逆人伦，请逮捕。有诏削四县。

《汉书·景十三王·广川惠王刘越传》：

子海阳嗣，十五年，坐画屋为男女裸交接，置酒请诸父姊妹饮，令仰视画。又海阳女弟为人妻，而使与幸臣奸。又与从弟调等谋杀一家三人，已杀。甘露四年坐废，徙房陵，国除。

---

① 《春秋公羊传注疏》卷四，桓公六年传汉何休注引。

② 《后汉书·孝明八王传》。

《汉书》卷四十一：

其舍人上书言："荒侯市人病不能为人，令其夫人与其弟乱而生他广，他广实非荒侯子。"下吏，免。

以上这些行淫乱者，毁男女之别，公开男女隐私或乱长幼、君臣辈分，或者纵妻、女弟与人奸。礼制社会当然无法容忍这些行为，所以这些人或被废帝位，或被削封邑、废爵位等。

（4）比之禽兽行。汉代还有一件一妻多夫的案例，《初学纪》卷十二引谢承《后汉书》：

宣帝时，燕赵间有三男共娶一妻，生子，后各求离别，争财分子。郡县不能决，上报廷尉，于是廷尉范延寿决之，"以为悖逆人伦，比之禽兽，生子属其母。以子并付母，尸三男于市，奏免郡太守、令、长等，无师化之道"。

该案例中三男共娶一妻，有可能是家庭贫困的原因，也有可能是女性人口少。人类婚姻史上不乏残留兄弟共妻的民族，诸如近代藏、门巴、珞巴、纳西等民族，甚至还有朋友共妻、父子共妻的现象，属于一妻多夫制。而传统礼教观念可以一夫多妻，不能一妻多夫。所以该案例中的三男共娶一妻被视为杂婚，如同禽兽，所以遭到尸于市的处罚，并且该地地方长官也因教化不力而被免职。这其实算不上奸罪，但在讲礼制的汉代却被视为比奸罪还要重的禽兽行，可见汉代法律对礼制的维护。

3. 居丧奸

和奸罪中无论已婚未婚，也无论有无亲属关系，只要是在服丧期间发生奸淫事件，都以居丧奸罪处罚。因为按照传统的礼教观念，为人子者应当孝敬父母，父母去世，应当悲哀，以尽人子哀思之情，而且居丧期间，未葬应居服舍，既葬则居庐墓，不饮酒食肉，不近妇人，不作乐，不聘妻，不访友。[①] 所以，对于居丧奸者，视为不孝不敬，如同禽兽行。《张家山汉简・奏谳书》："夫、父母死，未葬，奸丧旁者，当不孝，不孝弃市；不孝之次，当黥为城旦舂。"

（1）父丧奸。《史记・五宗世家》：

易王死未葬，建有所说易王宠美人淖姬，夜使人迎与奸服舍中。……遂自杀。

《汉书・诸侯王表》：

元鼎三年，王勃嗣，坐宪王丧服奸，废徙房陵。

---

① 杨树达：《汉代婚丧礼俗考》，第二章"丧葬"之第十六节"居丧之礼"，上海古籍出版社2000年版。

《汉书·霍光传》载《昌邑王罪状奏》云：

（昌邑王刘贺在为昭帝服丧时，鼓吹歌舞，与宫人蒙等淫乱），居道上不素食，使从官略女子载衣车，内所居传舍。（后来被废帝位）

《汉书·元后传》：

案根骨肉至亲，社稷大臣，先帝弃天下，根不悲哀思慕，山陵未成，公聘取故掖庭女乐五官殷严、王飞君等，置酒歌舞，捐忘先帝厚恩，背臣子义。及根兄子成都侯况幸得以外亲继父为列侯侍中，不思报厚恩，亦聘取故掖庭贵人以为妻，皆无人臣礼，大不敬不道。

《后汉书·宗室四王侯·赵孝王良传》：

元初五年，封乾二弟为亭侯。是岁，赵相奏乾居父丧私娉小妻，又白衣出司马门，坐削中丘县。

（2）母丧奸。《汉书·功臣表》：

（望邑嗣侯季须），元鼎元年，坐母公主卒未除服奸，兄弟争财，当死，自杀。

（隆虑侯融），以长公主子侯，万五千户，二十九年，坐母丧未除服奸，自杀。

《史记·惠景间侯者年表》：

元鼎元年，侯蟜坐母长公主薨未除服，奸，禽兽行，当死，自杀。

《后汉书·陈蕃传》：

民有赵宣葬亲而不闭埏隧，因居其中，行服二十余年，乡邑称孝。州郡数礼请之。郡内以荐蕃，蕃与相见，问及妻子，而宣五子皆服中所生。蕃大怒曰："圣人制礼，贤者俯就，不肖企及。且祭不欲数，以其易黩故也。况乃寝宿冢藏，而孕育其中，诳时惑众，诬污鬼神乎？"遂致其罪。

汉代的服丧期限文帝时即葬36日后除服，王莽以后有服三年丧者。未葬期间奸丧旁按律当不孝弃市，葬后服丧期间有奸行当次不孝，黥为城旦舂。以上案例多在葬后服丧期间有奸行，事发后不少畏罪自杀，没有自杀者也都受到了法律的制裁。但完全按律条黥为城旦舂者未见，或削爵削封邑，盖因为礼有八议之故。

（3）从祖母丧奸。如《史记·楚元王世家》：

王戊立二十年，冬，坐为薄太后服私奸，削东海郡。①
楚元王戊坐从祖母薄太后丧奸，有司请诛，景帝诏赦，削东海郡。

（4）夫丧奸。《张家山汉墓竹简 247 号墓》记载："女子甲夫公士丁疾死，丧棺在堂上……甲与男子丙偕之棺后内中和奸。"该女子按律当弃市，但因是以案例说法，所以具体如何处置不详。

以上事例说明居丧奸是严重的违法现象，虽然王公贵族有因八议被宽宥者，但不能因此否认居丧奸在汉代是重罪，因为封建社会的法律有其阶级性。

二、强奸

强奸，即用暴力胁迫等手段强迫与对方发生性关系。由于使用暴力手段，而且违背对方意愿，所以强奸罪比和奸罪要重。《二年律令·捕律》简 138：

□亡人、略妻、略卖人、强奸、伪写印者弃市。

这条律令讲逃亡人犯强奸罪，且有略人妻、略卖人等行为者，因数罪并罚，所以要弃市。

《二年律令·杂律》简 193：

强与人奸者，府（腐）以为宫隶臣。

此条律令讲单犯强奸罪者要被处腐刑，即宫刑，然后没为宫隶臣。在汉代，宫刑在刑等级上等同于斩刑。

《二年律令·收律》简 175：

罪人完城旦舂、鬼薪以上，及坐奸府（腐）者，皆收其妻、子、财、田宅。

这条律令讲坐奸腐罪者，其妻、子也要被收拘。

法律上强奸罪是重罪，但不知是重罚无人敢犯，还是强奸不好判断的原因，汉史资料中记载的强奸罪少之又少。仅见《汉书·王子侯表》载：庸嗣侯端，"永光二年，坐强奸人妻，会赦，免"。如果不是赶上皇帝大赦令，想必也会罪有应得吧。

或许强奸罪不好判断是强奸还是和奸，所以汉律规定官吏与部民奸一律按强奸论处。如《二年律令·杂律》简 192 规定：

---

① 此事在《汉书》卷三十五中也有记载："（景帝）三年冬，楚王来朝，错因言楚王戊往年为薄太后服，私奸服舍，请诛之。诏赦，削东海郡。"

诸与人妻和奸，及其所与皆完为城旦舂。其吏也，以强奸论之。

又《太平御览》卷二五八引《会稽典录》曰：

谢夷吾为荆州刺史，遇孝章帝巡狩幸鲁阳，有诏敕夷吾入，传录见囚。有亭长奸部民者，县言和奸，上意以为吏劫民何得言和？须臾夷吾呵之曰："亭长，朱帻之吏，职在禁奸，今为恶之端，何得言和?"切让长吏治亭长。其所决正一县三百事，与上合。

从这个案例可以看出汉代对官吏奸部民以强奸论处的原因，同时也反映了汉代吏治的严明。如《汉书·功臣表》：

(成嗣侯朝)，元狩三年，坐为济南太守与城阳王女通，耐为鬼薪。

《史记》卷十八：

(成侯朝)，元狩三年，侯朝为济南太守，与城阳王女通，不敬，国除。

在汉代，普通人与未婚女和奸本不是什么大罪，但成侯朝身为济南太守，与城阳王女通，被判国除，耐为鬼薪，则可能以强奸罪论处，但又不同于与人妻奸，所以比强奸罪判得轻。

又，《二年律令·杂律》简190："其强与奸，除所强。"

由此可以看出，尽管和奸罪中男女要受同样的制裁，[①] 强奸罪也判得重，但在强奸罪中女性不受制裁。也就是说与官吏之间发生通奸关系，官吏要受重处，而女性不必受制裁。

《敦煌悬泉汉简释粹》：

强与人奸者及诸有告劾言辞讼治者，与奸皆髡以为城旦。其以故枉法及吏奸驾（加）罪一等。[②]

东汉犯强奸罪，髡以为城旦，若为官吏罪加一等。可见东汉强奸罪的惩罚有所减轻。

综上所述，可以看出：一，汉代的奸淫犯罪很多，尤其是西汉。无论和奸、强奸，还是其中的禽兽行、行淫乱、居丧奸，都多发生在西汉，东汉少之又少。这说明，从西汉到东汉，政府一直在加强礼制教育，到了东汉成效越来越显著。这也说明礼法深入人心是一个长期教化的过程。二，和奸现象远远多于强奸现象。这一方面说明西汉无论男女，性观念都比较开放；另一方面也说明汉代吏治严明，比较容易判断的强奸罪——吏奸部民妻很少发生。三，汉代的和奸罪重点

① 这与古巴比伦、古希伯来、古印度、古罗马不同，他们对奸罪中的女性处罚比男性重。

② 胡平生、张德芳：《敦煌悬泉汉简释粹》，上海古籍出版社2001年版，第11页注释。

制裁的是与人妻和奸，并且双方都要受罚。而对与未婚女的通奸，若未犯其他罪则很少会追究，并且未婚女不受制裁。这说明汉律在保护婚姻家庭秩序不受侵害时，主要保护的是家庭中丈夫的权利不受侵害。同时也说明汉代未婚女子的性贞操不受重视，未婚女有很大的性自由。四，和奸罪中最重的是与宫中女人的淫乱。这是封建社会法律首先保护皇权的反映。五，夫的身份如果低于妻，与人和奸，处罚要重于一般的和奸罪，而且其中的女性不论为人妻还是为人女，也要受到轻于男性的处罚。这体现了汉律对尊卑秩序的保护。六，男主与女婢奸合法，但女主与男奴奸则为社会所诟病。这一方面说明法律在维护主人对奴婢的权利，另一方面也反映出社会习俗对于男女不同性观念的要求。七，男奴与女庶人奸，或男庶人与女奴奸，或男奴与女婢奸，法律只规定奸生子随母，但对其行为并没有制裁。这说明奴婢的性权利不受法律制约，或是奴婢具有更大的性自由呢？但是御婢则不同，因为法律要保护御婢男主人的权利。这充分说明汉代社会礼、法、俗的等级性。八，在汉代与有亲属关系的人和奸的现象——禽兽行大量存在。这反映了当时男女观念、伦理道德等礼教观念还未深入人心，收继婚、班辈婚之原始遗风犹存。而对禽兽行制裁的轻重则根据血缘关系和亲缘关系的远近而不同。这也说明法律在不遗余力地维护家庭伦理秩序。九，汉代和奸罪中还有一种叫居丧奸，因为汉代礼制强调孝行，居丧奸被视为不孝，所以居丧奸比普通和奸罪要重很多。这是汉代法律对礼制维护的体现。十，从汉代对奸罪的制裁上可以看出，对女性的处罚一般要轻于对男性的处罚，这与古代外国有些法律重点制裁女性不同，可见中国法律自古有体恤女性的特点。

通过上述汉代奸淫罪的考察，可以看出：一，汉代社会是礼法互动的时代。孔子在《论语·为政篇》中说："道之以政，齐之以刑，民免而无耻；道之以德，齐之以礼，有耻且格。"由于礼的教化作用更有益于治国安邦，所以，汉代的治国理念是以礼为主，以刑为辅。然而礼的教化是一个漫长的过程，所以礼制也离不开刑法的辅助。正所谓礼是"绝恶于未萌""使人日徙善远恶而不自知""防未然"，而刑法是"禁已然"。汉代社会礼法不仅相互辅助，而且相互融合。引礼入法，引经决狱即其互相交融的表现。二，汉代是礼与俗整合的时代。在汉代，礼与俗有融合，也有冲突，尤以西汉礼俗差距为大，随着礼与法的教化与治理，东汉以后，礼俗的差距逐渐缩小。礼源于俗，却高于俗，礼一旦经社会认可，就具有规范化的功能，对俗有制约作用。中国自古对礼俗很重视，《周礼·天官》："礼俗，以驭其民。"《汉书》卷三十载："故古有采诗之官，王者所以观风俗，知得失。"《新唐书》卷一六四："为政必先究风俗。"俗，"土地所生，习也"。俗乃一地一时之风俗，由于它并非能很快受礼的控制，所以需要长期的教化民风，即以礼化俗，所谓弘长名教，敦励风俗也。《吕氏春秋·仲夏纪》："观其俗而知其政。"所以历代统治者对民风民俗都很重视，但凡礼俗差距过大，都会用法来调节。

岳麓秦简《为狱等状四种》与秦代盗罪探究

朱 潇

一、绪言

以非法占有为目的，攫取公私财物或者故意毁坏公私财物的行为构成侵犯财产的犯罪。在古代中国，针对财产而行的犯罪始终是法律制裁的重中之重。采用盗窃、抢夺或欺诈手段非法获取财产的犯罪历史悠久，早在先秦时期即大量出现，并为官府所重视。本文所针对的就是以“盗”为主要类型的侵犯财产的犯罪。

“盗”罪是古代中国刑法体系中的重要内容，因而备受学者关注。蔡枢衡先生曾运用音韵学、训诂学等方式解读《尚书》，认为“直到秦、汉、魏、晋才出现应有的盗概念”①，但惜并未勾勒盗罪的演变轨迹。日本学者堀毅的《秦汉法制史论考》专设章节对秦汉盗罪种类及其刑罚适用进行详细考证与比较，颇有锐见问世。② 柳正权先生的《先秦盗罪考》一文则依据实物资料和文献资料，对先秦“盗”字进行全面考释，勾勒出先秦盗罪演变的基本线索。③

以睡虎地秦简及张家山汉简为代表的秦汉简牍文献不仅激发了法律史学界研究秦汉法制的热情，也促成了大批研究成果的问世。学者以简牍资料为基础，对“盗”这一犯罪形式的构成要件，处罚盗罪的法律渊源、刑罚原则等几个方面进行了较为全面的研究。闫晓君教授侧重于通过汉“盗律”与唐律的比较，分析秦汉盗罪的特点，“对秦汉时期各种类型的盗罪及立法进行研究，并对《盗律》沿革进行考述”④。曹旅宁以秦汉“群盗”犯罪为主要考察对象，分析了群盗犯罪的构成，并对群盗多发的社会现象进行了论述。⑤ 曾加通过对汉初“盗律”制度内涵的解读，揭示了其中所包含的繁法严刑的法家思想。⑥ 谢全发的《汉初盗罪述论——以张家山汉简为中心》则主要“以张家山汉简为主要考察对象，结合传世文献，剖析了汉初盗罪的构成”⑦。李艳君的《秦简中的盗律》评析了战

---

① 蔡枢衡：《中国刑法史》，中国法制出版社 2005 年版，第 132 – 133 页。

② ［日］堀毅著，萧红燕等译：《秦汉法制史论考》，法律出版社 1988 年版，第 231 – 267 页。

③ 柳正权：《先秦盗罪考》，《法学评论》2002 年第 4 期，第 134 页。

④ 闫晓君：《秦汉盗罪及其立法沿革》，《法学研究》2004 年第 6 期，第 137 页。

⑤ 曹旅宁：《张家山汉简盗律考》，《南都学坛》2003 年第 1 期。

⑥ 曾加：《〈二年律令〉中的〈盗律〉及其法律思想初探》，《西安电子科技大学学报》（社会科学版）2004 年第 4 期。

⑦ 谢全发：《汉初盗罪述论——以张家山汉简为中心》，《重庆师范大学学报》（哲学社会科学版）2006 年第 3 期，第 80 页。

国末至秦统一时期秦代盗律的内容、种类与刑罚原则，并论及秦盗律的特点与影响。① 李广靖的《战国秦时期的〈盗律〉》一文考察了当时盗罪的类型化和刑罚原则、盗律与贼律的综合化问题。② 台湾学者张铭的《〈奏谳书〉中的秦汉财产犯罪案件》围绕张家山汉简《奏谳书》，对案例所反映的财产犯罪进行探讨，系统论述了当时的盗罪立法。③

除上述研究成果外，王忠全、张功、李少凤、孔德福、罗丽、陈光等学者也纷纷撰文，从不同角度对秦汉盗罪的罪名、刑罚及相关法律术语展开研究。④ 2013 年，孙向阳先生的《中国古代盗罪研究》一书对古代盗罪立法进行了全面论述，不仅涉及罪名的发展演变，也对与盗有关的法律概念，如“以盗论”“与盗同法”等进行了分析阐释，并试图对各种与盗有关的犯罪进行法理上的论证。⑤ 这部著作的内容全面、系统，是秦汉盗罪研究中值得关注的重要成果。上述学术著作在看待秦汉“盗”罪方面有较新的视角，极具真知灼见，无疑为进一步研究秦汉“盗”罪打下了坚实的基础。

最新问世的简牍为秦汉盗罪研究补充了基本资料。岳麓秦简《为狱等状四种》共收录秦代犯罪案例文书十五则，其中四则涉及“盗”的情节。若将这些案例与张家山汉简《奏谳书》等相关简牍资料结合研究，则能够为我们大致勾勒出秦汉时期有关“盗”的财产犯罪体系。由于这些记录均源自现实中的真实司法文书，无疑比较客观地反映了秦汉时代对盗罪的处理方式。以之为研究基础，或许能够在某种程度上继续充实关于秦汉盗罪的某些知识。

二、秦汉盗罪的基本规范

睡虎地秦简《法律答问》对“盗”的直接论述多不胜举且形态各异，论及“诬”与“告不审”等法律概念时，亦常以“盗”作为说明的范例。⑥ 足见早在秦统一天下前，“盗”即是司法机关相当熟悉的犯罪类型。张家山汉简《二年律令》有《盗律》一篇，共计收录十八条盗罪律文。若与睡虎地秦简、龙岗秦简中资料相互对照，已可约略勾勒出秦汉时期“盗罪”的立法轮廓。

《二年律令·盗律》第一条就“盗行”设下基本规定，这也是目前所见的秦

---

① 李艳君：《秦简中的盗律》，《辽宁师专学报》（社会科学版）2006 年第 5 期。

② 李广靖：《战国秦时期的〈盗律〉》，《大东亚洲学论集》2009 年第 9 集。

③ 张铭：《〈奏谳书〉中的秦汉财产犯罪案件》，《法制史研究》2013 年第 23 期。

④ 参见王忠全、张睿：《试论〈秦律〉对盗窃犯罪及与其有关刑事犯罪的定性与处罚》，《河南大学学报》（社会科学版）1992 年第 1 期；张功：《秦朝“盗”考论》，《甘肃高师学报》2003 年第 4 期；李少凤：《试论汉代的盗窃罪》，吉林大学硕士学位论文，2006 年；孔德福：《汉唐之际盗罪立法研究》，中国政法大学硕士学位论文，2007 年；罗丽：《秦汉“盗”罪考论》，西南政法大学硕士学位论文，2009 年；陈光：《秦汉律令体系中的“与盗同法”》，东北师范大学硕士学位论文，2010 年。

⑤ 孙向阳：《中国古代盗罪研究》，中国政法大学出版社 2013 年版。

⑥ 如《法律答问》38－39 简：“告人盗百一十，问盗百，告者何论？当赀二甲。盗百，即端盗加十钱，问告者何论？当赀一盾。赀一盾应律，虽然，廷行事以不审论，赀二甲。”又 41 简：“诬人盗千钱，问盗六百七十，诬者可（何）论？毋论。”

汉法律简牍中内容最完整的基本盗罪规定。张家山汉简《奏谳书》与岳麓秦简《为狱等状四种》的盗罪相关案件，定罪论刑多直接或间接以此律文为准：

盗臧（赃）直（值）过六百六十钱，黥为城旦舂。六百六十到二百廿钱，完为城旦舂。不盈二百廿到百一十钱，耐为隶臣妾。不盈百一十钱到廿二钱，罚金四两。不盈廿二钱到一钱，罚金一两。(55 - 56 简)①

律文将“盗罪”的刑责依赃值区分为五等（21 钱以下、22 - 109 钱、110 - 219 钱、220 - 660 钱、661 钱以上）。其规范内容以赃值数量作为论断刑罚等级的依据，与睡虎地秦简、龙岗秦简中所呈现的秦律盗罪有高度的关联性。② “以赃计罪”是《唐律》以下各代律典对盗罪刑责的规定基准。秦汉简牍资料则显示，此原则早在当时即存在于律令之中，非但有明确的刑罚等级，且论罪系统的严密程度亦不在《唐律》及以下各代律典之下。从赃值的区分标准与所对应的刑罚看，简牍所呈现的秦汉“盗罪”处于同一个发展轴线上，如下表所示：③

秦汉简牍中的“盗罪”刑责表

	睡虎地秦简《法律答问》	龙岗秦简	张家山汉简《二年律令·盗律》
661 钱以上	黥城旦（舂）		黥城旦舂
220 - 660 钱	耐隶臣（妾）		完城旦舂
110 - 219 钱		耐隶臣妾	耐隶臣妾
22 - 109 钱		赀二甲④	罚金四两
1 - 21 钱		赀一盾	罚金一两
不盈一钱	赀徭三旬		

① 张家山汉墓竹简整理小组编著：《张家山汉墓竹简［二四七号墓］》（释文修订版），文物出版社 2006 年版，第 16 页。

② 《法律答问》7 简载：“或盗采人桑叶，臧（赃）不盈一钱，可（何）论？赀繇（徭）三旬。”33 - 34 简曰：“士五（伍）甲盗，以得直臧（赃），臧（赃）直过六百六十，吏弗直，其狱鞫乃直臧（赃），臧（赃）直百一十，以论耐，问甲及吏可（何）论？甲当黥为城旦；吏为失刑罪，或端为，或不直。”35 - 36 简曰：“士五（伍）甲盗，以得时直臧（赃），臧（赃）直百一十，吏弗直，狱鞫乃直臧（赃），臧（赃）直过六百六十，黥甲为城旦，问甲及吏可（何）论？甲当耐为隶臣，吏为失刑罪。甲有罪，吏智（知）而端重若轻之，论可（何）殹（也）？为不直。”《龙岗秦简》40 - 41 简载：“二百廿钱到百一十钱，耐为隶臣妾；□☐赀二甲；不盈廿二钱到一钱，赀一盾；不盈一钱□☐。”以上秦简均具备对盗罪按照赃值的数额分等论刑的特征。见睡虎地秦简整理小组编：《睡虎地秦墓竹简》，文物出版社 1990 年版，第 95、101 - 102 页；中国文物研究所、湖北省文物考古研究所编：《龙岗秦简》，中华书局 2001 年版，第 90 页。又可参见林文庆：《关于秦、汉简牍文献所见盗罪的几点探索》，发表于“新发现·新学问：弱水简牍研读会成果研讨会”，台湾中兴大学历史学系、弱水简牍研读会，2008 年 5 月 3 日。

③ 秦至汉初律文钱数常采用十一的倍数，系因“钱十一当一布”，见睡虎地秦简《秦律十八种·金布律》。参见朱红林：《张家山汉简〈二年律令〉集释》，社会科学文献出版社 2005 年版，第 54 页。

④ 此处简文有缺，按前后文逻辑推论，“赀二甲”所对应的当是“不盈百一十钱到廿二钱”。

上表显示秦汉关于“盗罪”的基本规定具有以下特征：其一，“以赃计罪”，根据赃值的数量将刑罚分为五至六个等级。其二，以110钱为界线，分别适用劳役刑与赀罚（汉初为罚金刑）。劳役刑区分为“黥城旦舂”“完城旦舂”及“耐隶臣妾”三等；赀罚为赀一盾至二甲（汉初为罚金，自一两至四两）；最低刑为“赀徭三旬”。其三，秦代“盗罪”的罚则规定与汉初刑罚体系具有关联性，或可推测在秦朝已经形成了比较完备的“盗罪”刑罚体系，只是缺乏相应的记载。

《二年律令·盗律》首先对“盗行”进行了基本规定（55－56简）；而后再处理不同类型的具体盗罪（57－59简），其刑罚则通过“与盗同法”或“坐赃为盗”指向“以赃计罪”（55－56简）之规定。可见汉初律中罪名与罚则的两套体系已经较为明显，既有犯罪概念的区分，亦有法律效果的规定，也就是适用“以赃计罪”的处刑原则。律令在对基本盗行进行规定外，又根据参与犯罪的不同状态细致区分法律概念。在此前提下，律文所赋予的法律效果是一致的——回归《盗律》55－56简的规定。由是可知，在当时的立法思维中，虽然已经意识到各种盗行在概念上有所区别，但在立法者眼中，它们的可罚性是一致的，责任的轻重适用共同的论刑公式——“以赃计罪”。这种“并直（值）其臧（赃）以论之”的原则在《法律答问》中可见，同样也体现在《唐律》中，说明盗罪很可能在一个绵长的历史发展轴线上。

岳麓秦简《为狱等状四种》共收录秦代刑事案例十五则，其中四则直接涉及盗的情节，所占比例达到四分之一。这类案件包括“㱉盗杀安、宜等”“显、同盗杀人”“喜盗杀人”等；“猩、敞知盗分赃遇赦案”涉及“知盗分赃”与“盗埱冢”的情节。下文将选取与盗罪相关的典型案例，逐一进行具体分析。

三、盗杀人

《为狱等状四种》中记载的“盗杀人”案件多出现在推荐文书中。这几例案件均被官府视为“黔首大害”的恶性案件。由于案例情节多有相似，仅以“㱉盗杀安、宜等”案为对象加以探讨。现将案例中有关犯罪事实的简文抄录如下：

廿年十一月己未，私属喜曰：“□【……】㣔（？）□妾宜、士五（伍）安□（□□连起来的）□【……】。”150·即令狱史澎沮、衷往诊：“安、宜及不智（知）可（何）一女子死（尸）皆在内中，头颈有伐刑痏。不智（知）杀者，【□□□□□】151赤帬（裙）襦，类城旦衣。”·喜曰：“尝见死女子与安等作，不智（知）可（何）人。”·㣔曰：“宜、安有布衣，帬（裙）襦、绔、履，皆亡不得152殹（也）。”即各日夜别薄谮（潜）讯都官旁县中、县中城旦及牒书其亡□□【……】153不智（知）盗及死女子可（何）人。毋（无）音（意）殹（也）。·即令狱史触与澎沮、衷求其盗。·触等尽别谮（潜）讯安旁田人，皆曰：“不智（知）【□】154【□□】”即将司寇晦，别居千（阡）佰（陌）、衞（彻）道，徼（邀）迣苛视不狄（状）者。弗得。·触等音（意）以为安□【死

（尸）所】有赤衣，杀安等者□【□□】$_{155}$【……】人，日夜谦（廉）求栎阳及它县，五日闻【……同……】$_{156}$佩新大鞞（鞞）刀。其瞻视不一，如有恶状。即讯，言曰："□【……】"$_{157}$ ·讯同："同，大宫隶臣，可（何）故为寺从公仆？"同言类不雠，且覆诣（?），诣官，同改（改）曰："定名魏。故熊城人，降为隶臣，输寺从。去亡。"$_{158}$讯魏："魏亡，安取钱以补袍及买鞞刀？"魏曰："庸（佣）取钱。"$_{159}$【讯/诘魏:】"【……】"【魏曰:】"【……】$_{缺12}$甚矣！以人莫智（知）。今吏智（知）之，未可奈可（何），请言请（情）：魏欲盗，恐得而□□□不□【……】$_{160}$得者，求城旦赤衣，操，巳（已）杀人，置死（尸）所，令人以为杀人者城旦殹（？也），弗（?）能（?）得（?）魏。魏诚以旬余时，以二钱买不智（知）$_{161}$可（何）官城旦敝赤帬（裙）襦，以縢盛。佗（施）行出高门，视可盗者。莫（暮）食时到安等舍，□寄□其内中。有顷，安等$_{162}$皆卧，出。魏伐刑杀安等，置赤衣死（尸）所，盗取衣器，去买（卖）行道者所。以钱买布补【袍□□□□□□】$_{163}$有母、妻、子，在魏（魏）。即买大刀，欲复以盗杀人，得钱材（财）以为用，亡之魏（魏）。未餘（蚀）而得。辠（罪）。"$_{164}$【诘魏:】"【……】□可（何）解？"魏曰："辠（罪）。毋（无）解。"【……】$_{165}$问如辞。臧（赃）四百一十六钱。巳（已）论磔魏。$_{166}$①

本案摘录自县主管官吏的推荐文书，文书的原意是为破案人员狱史触、澎沮、衷向郡请功，希望能够将其补任为卒史，"以劝它吏"。该案发生于秦王政二十二年（公元前225年）十一月，栎阳一放免奴婢喜报案称发生命案。官府即命令狱史澎沮、衷前往现场勘验，并对证人进行询问。由于在犯罪现场发现类似城旦所穿的赤衣，官吏遂对都官临县以及本县中的城旦进行秘密调查，并详细记录城旦丢失衣服等情况，可惜未得到线索。后官府令狱史触、澎沮、衷一同侦破此案。三人同司寇晦在栎阳及临县的交通要道盘查过往的言行鬼祟之人，终于将嫌疑锁定在同身上。后经反复讯问，终于确定化名为"同"的魏正是杀害安、宜等人的凶手。最终魏被判处磔刑。

不同于奏谳案件存在审判上的难题，本案事实清楚、判决恰当，是真实反映秦代"盗杀人"犯罪的典型案例。"盗"与"杀"原本是两种截然不同的犯罪样态：前者往往被定义为窃取他人财货的行为，而后者显然是非法剥夺他人生命的犯罪。将"盗"与"杀"结合起来组成的"盗杀"罪的意义就十分耐人寻味了。

秦汉已初步形成罪名与刑罚的双重规则体系。就"盗罪"而言，《二年律令》首先对一般盗罪的刑罚以赃值为等级进行罗列，其后将各种与盗有关的犯罪与《盗律》55－56简规定相联，同样采用"以赃定罪"的方式予以惩罚。不过有关"盗杀人"的规定却与此不同，律令将"群盗""殴折人枳（肢），肤体及令彼（跛）蹇（蹇），若缚守将人而强盗之""恐猲人以求钱财""盗杀人""盗发冢"等犯罪行为视为特殊"盗罪"单独予以规定。

① 朱汉民、陈松长主编：《岳麓书院藏秦简（叁）》，上海辞书出版社2013年版，第185－190页。

细察《二年律令·盗律》65－66简，可发现该律文所规定的特殊犯罪与“盗”之间的关系并非想象中的那样密切。构成“盗”须满足两个要件：一是以他人财物为对象；二是不为财物所有人知晓，偷偷窃取。《左传·僖公二十四年》曰“窃人之财犹谓之盗”正是此理。而65－66简所规定的一系列犯罪皆不存在偷偷窃取财物的情况。“群盗”“殴折人枳（肢），胅体及令彼（跛）蹇（蹇），若缚守将人而强盗之”“恐猲人以求钱财”等犯罪乃是光明正大地采用暴力行为威迫他人交出财物；“盗发冢”所取得财物名义上的所有人已是死人，且不论死人是否仍有所有权，对他实在谈不上“不为其所知”这种情况；“盗杀人”成立的前提是犯罪人谋取财物的行为被所有人知悉，因而才会出现杀人的结果。因此上述特别犯罪与“盗”相关者，仅在于其所针对的犯罪对象亦为他人的财物。或许正因如此，对于这些犯罪很难按照一般盗罪的规定，以“以赃定罪”的原则加以处罚。更何况其具有极端恶性，与一般盗罪亦难同日而语，所以才需要在法律中予以特别规定，并处以极严厉的刑罚。

四、盗埱冢与知盗分赃

《为狱等状四种》“猩、敞知盗分赃遇赦案”涉及“知盗分赃”及“盗埱冢”两种犯罪。该奏谳案件主要针对江陵县赦免上造敞、士伍猩的决定提出。江陵丞文的谳书已基本概括了本奏谳的主要内容：

廿（二十）三［二］年九月庚子，令下，劾：“榖（录）江陵狱：上造敞、士五（伍）$_{044}$猩智（知）人盗埱冢，分臧（赃）。得。敞当耐鬼薪，猩黥城旦。遝戊午赦（赦），为庶人。鞫$_{045}$审，潚（谳）。”$_{046}$①

官府对本案重新调查后发现，情况与举劾书的叙述存在不同之处：“达等埱冢，不与猩、敞谋，得衣器告；猩、敞受分，臧（赃）过六百六十钱。”（59简）罪犯达等从事盗墓活动时，猩与敞实不知情。待已盗掘出赃物后，猩、敞才参与分赃，赃值超过六百六十钱。原审官吏已根据律令判处猩黥城旦，敞耐鬼薪之刑；不过遇到了赦免，猩、敞两人即被免为庶人。对于这一判决，上级官府进行举劾，要求县廷重新审理。不过从奏谳文书的结尾来看，江陵县还是认为对猩与敞进行赦免比较妥当：

鞫之：“达等埱冢，不与猩、敞谋，【得】衣器告；猩、敞受分，臧（赃）过六百六十钱。得。猩当黥$_{060}$城旦，敞耐鬼薪。遝戊午赦（赦）。”审。江陵守感、丞暨、史同论赦（赦）猩、敞为庶人。达等令（？）别（？）论。$_{061}$②

① 朱汉民、陈松长主编：《岳麓书院藏秦简（叁）》，上海辞书出版社2013年版，第119页。
② 朱汉民、陈松长主编：《岳麓书院藏秦简（叁）》，上海辞书出版社2013年版，第124页。

《二年律令·盗律》规定："盗臧（赃）直（值）过六百六十钱，黥为城旦舂。"（55简）又规定："谋遣人盗，若教人可（何）盗所，人即以其言□□□□□及智（知）人盗与分，皆与盗同法。"（57简）现在看这起发生在秦代的分赃案件，罪犯猩所受之刑罚恰与《二年律令》规定相同。至于敞所处之"耐鬼薪"，当与其上造的爵位相关。《二年律令·具律》82简云："上造、上造妻以上，及内公孙、外公孙、内公耳玄孙有罪，其当刑及当为城旦舂者，耐以为鬼薪白粲。"从情节上看，上造敞参加受分赃物，所得也少于猩，更兼身具上造爵位，当可适用减刑的相关规定，使原本应判处的"黥城旦"刑减为"耐鬼薪"。

张家山汉简《盗律》57简针对的犯罪包括"谋遣人盗""教人可（何）盗所"以及"智（知）人盗与分"等。虽然这些犯罪均未实际实施盗的行为，但后果均指向《盗律》55－56简规定的"以赃定罪"原则。其原因大概是这些犯罪均出于盗的目的，更确切地说是出于非法占有他人财物的目的，故法律规定其承受与盗罪相同的后果。在"猩、敞知盗分赃遇赦案"中，猩与敞起初并不知晓"盗埱冢"的情况，而是在"盗埱冢"完毕之后才参与分赃的，因而江陵县认为猩与敞仅成立"智（知）人盗与分"罪，应适用一般盗罪"以赃定罪"的原则，按"盗臧（赃）直（值）过六百六十钱"处以刑罚。

不过江陵丞的谳书显示，本案在上报过程中曾被上级官府劾举。参考"癸、琐相移谋购案"中的"劾"，可知本案也曾被上级认为判决不当，具体来说就是认为猩、敞不应被赦，或者猩、敞的原判刑罚不当。认为猩、敞不应被赦似乎说不通，因为这一决定是符合赦免规定的；那么本案遭劾的原因就应该是上级官府认为"敞当耐鬼薪，猩黥城旦"的判决不妥。江陵丞奏谳引用的"劾"书称："猩智（知）人盗埱冢，分臧（赃）。"此句既可以理解为猩获知他人盗埱冢的行为并参与分赃，也可以理解为猩有与他人谋划盗埱冢的情节而参与分赃。若依据前一理解，猩的行为属于"知盗分赃"；若依据后一理解，猩恐怕应被视为"盗埱冢"的共犯。

"盗埱冢"或"盗发冢"因其对财物的非法占有目的而被冠以"盗"名，但是被另外规定了更严厉的刑罚。《二年律令·盗律》规定"盗发冢"与"殴折人枳（肢）""略卖人""盗杀伤人""投书、县（悬）人书恐猲人以求钱财"等同罪，都处以磔刑。刑罚等级显示"盗埱冢"与"知盗分赃"存在天壤之别，适用何种罪名将直接决定猩与敞的生死存亡。

正因对猩与敞罪行的定性可能导致死刑的适用，因此江陵县在复视故狱时尤其谨慎，特别关注猩、敞与"盗埱冢"罪行的关系。经官府讯问，达供述：虽然猩与达早就相识，但"猩独居舍为养，达与仆徒时（莳）等谋埱冢。不告猩，冢巳（已）彻（彻），分器，乃告猩。莳等不分猩，达独分猩"（53－54简）。猩亦供述："达等埱冢，不与猩谋。分器，莳等不分猩，达独私分猩。"（54－55简）对于敞的罪行，其供述称：

……到舍，达巳（已）分钖。达谓敞：巳（已）到前，不得钖。今冢中尚有器，器巳（已）出，买（卖）敞所。时（莳）$_{056}$告达，请与敞出余器，分敞。达曰：发冢一岁矣！今嫳（彻），敞乃来，不可与敞。达等相将之水旁，$_{057}$有顷，来告敞曰：与敞。敞来后，前者为二面，敞为一面。敞曰：若（诺）。皆行，到冢，得钖。敞买及受分。觉，$_{058}$亡。得。$_{059}$[①]

据以上当事人的供述，猩、敞参与分赃时，达等“盗埱冢”的犯罪业已完成，尤其是敞在发冢一年以后才获知消息。猩、敞与达等之间根本不存在事先预谋。江陵县廷也强调：“达等埱冢，不与猩、敞谋，【得】衣器告，猩、敞受分，臧（赃）过六百六十钱。”（060 简）由此可知，猩与敞不存在作为盗埱冢罪共犯的可能，其行为属于获知赃物来源并参与分赃，也就是“知盗分赃”。这种情形更符合“智（知）人盗与分”，应“与盗同法”，适用“以赃定罪”的刑罚原则。由于猩、敞受分赃值超过六百六十钱，据律令当处“黥为城旦”之刑。敞因具有爵位而被减轻刑罚，又由于适逢戊午赦免，猩与敞得以免为庶人。至于达等，则因盗埱冢罪须另加论处。这正是江陵县官吏所坚持的判决结果。

虽经上级官府举劾要求重新审理，江陵县廷在查实案犯罪行的基础上仔细辨明其行为性质，在奏谳中维持了原判决。这一方面说明，秦时县的司法官吏已经具备较高的法律素养，能够熟练推理罪行性质，从而挑选适当的律令加以裁决；另一方面也表明，面对上级官府的怀疑，县官吏敢于坚持自己的论断，这是建立在查明案件情节以及审慎进行法律推理的基础上的。

五、适用盗罪刑罚原则的相关规定

除一般盗罪外，秦汉律令中有关“盗”的罪名还可分为两类：其一，在罪名中出现“盗”字的，如上文分析过的“盗杀人”“盗埱冢”及“智（知）人盗与分”等；其二，通过“与盗同法”或“坐赃为盗”等术语使本罪名的刑罚指向盗罪的刑罚原则的。这样的犯罪虽然在方式上与盗罪有一定差异，但犯罪动机也是为了非法占据公私财物。如此在秦汉律令中便形成了一个以基本盗罪立法为核心，凭借“与盗同法”“坐赃为盗”辐射众多财产犯罪的法律体系。这表明“盗”在秦汉时期不仅仅是单一的罪名，而且是涵盖众多财产犯罪的罪名集合。

（一）坐赃为盗

所谓“坐赃为盗”，就是依据涉案财物的价值，将某种特定犯罪行为的性质确定为盗，并适用盗罪的相关法律进行处罚。无论手段是强取还是窃取，也不论取得的对象或主体是什么，只要法律规定对此犯罪“坐赃为盗”，即可将其视同盗罪，并适用盗罪的刑罚原则。《为狱等状四种》所收录的案例中，颇有通过

① 朱汉民、陈松长主编：《岳麓书院藏秦简（叁）》，上海辞书出版社 2013 年版，第 123－124 页。

“坐赃为盗”而将本罪与盗罪相联系的特殊案件，值得加以注意。

“癸、琐相移谋购案”发生在秦王政二十五年（公元前222年）六月。当年四月，州陵县校长癸、求盗柳、士伍轿、沃等人接到命令追捕群盗。但是这批群盗已经被沙羡县的戍卒在巡逻时捕获。于是上述人员说服沙羡县戍卒将罪犯移交给他们，承诺酬以捕获盗贼的购金，并支付定金2 000钱。本罪行在州陵官吏获得购金前被发现。沙羡县对邻县这些有欺诈行为的低级官吏提出弹劾，并且要求州陵县进行审理。州陵县按照“盗未有取”判处被告“赎黥”。对于此判决，南郡监御史康认为“不当”，命令州陵县重新审理。最终州陵官吏就本案形成两种看法：一是认为判决适当，州陵县负责初审的官吏无罪；二是认为州陵县违法的低级官吏和沙羡县的戍卒应判处更重的刑罚。在廷报中，南郡认为该案没有必要上报，因为本案犯罪官吏与戍卒的行为应按照“受人货财以枉律令”进行判决，“有律，不当谳”。至于“受人货财”，当时法律规定为：“受人货财以枉律令，其所枉当赀以上，受者、货者皆坐臧（赃）为盗。”（29–30简）①

岳麓秦简记载“受人货财以枉律令”对犯罪人“坐赃为盗”，采用“盗”类犯罪的量刑原则。以本案案情分析，郡报是根据罪犯所支付的定金2 000钱，而不是根据官吏未获取奖金的事实作出的。这2 000钱被认为是以枉法为目的的行贿金。因此犯罪官吏和戍卒不能按照“盗未有取”来量刑并获得减刑，他们最终被判处较重的“黥为城旦舂”。这是因为根据秦律，盗赃值超过660钱时，犯罪者要被处以黥城旦舂之刑。州陵县负责初审的相关官吏也被判处“赀一盾”的刑罚，因为他们在审理中出现了失误。“赀一盾”在秦代是最轻的刑罚方式；在汉简《二年律令》中，类似的犯罪行为也被判处较轻的罚金刑，即“罚金二两”。

通过分析“癸、琐相移谋购案”可知，被称为“受人货财以枉律令”的行为据“坐赃为盗”视同盗罪，并采用以赃定罪的刑罚原则进行惩处。不过该条法律对枉法行为的程度进行了规定，即“其所枉当赀以上”。相比较而言，汉初《二年律令》所规定的“受赇枉法”之罪则显得更为严厉。究其原因，显然不会是因为秦代不像汉代那样重视官吏的廉政管理，恐怕还是与秦律更奉行以犯罪后果的严重程度决定刑罚轻重的原则有关。

（二）其他适用盗之刑罚原则的罪名

除“癸、琐相移谋购案”将“受人货财以枉律令”“坐赃为盗”之外，《为狱等状四种》中还有一些犯罪同样适用了盗罪的刑罚原则。由于案例文书未能援引相关律令，因此目前尚不能确定秦代是将这些犯罪行为的性质确定为盗罪，根据涉案财产金额适用盗的刑罚标准（坐赃为盗）；还是将盗罪的刑罚原则直接适用于不具有盗的法律性质的犯罪（如“与盗同法”）。不过就同样适用盗的刑罚原则，“以赃定罪”而言，这些犯罪与盗罪之间似乎存在着某种内在联系。

案例七“识劫娩案”是一起同时涉及“匿赀罪”与“劫罪”的“案中案”：

① 朱汉民、陈松长主编：《岳麓书院藏秦简（叁）》，上海辞书出版社2013年版，第104页。

前者属于瞒报家产逃脱赀税的犯罪，后者就手段而言更加类似于敲诈勒索。这两种犯罪在今天看来性质并不相同，但都合计赃值进行量刑。虽然在案件记录中未引用相关律令，但据官府对“赃各过六百六十钱”的强调，可推知这些犯罪与盗罪同罚。

本案发生在秦王政十八年（公元前229年）。户主沛死后，子羛（義）成为继承人，由于年龄尚小，便由其母婉主持家产申报事宜。为了能够尽可能多地保留财产，婉故意隐瞒了对大夫建、公卒昌、士五（伍）積、喜、遗所持总计六万八千三百钱的债权。此事为识知晓，成为劫婉的重要把柄。婉后免除建等五人的债务，并就自己“匿赀”的行为进行自首。经官府审讯，司法官认为“婉匿訾（赀）税直（值）过六百六十钱”，这是对婉的罪行的最终确认。“匿赀”之罪虽仅见于《为狱等状四种》本案例，但在秦汉简牍中也出现过关于隐匿财物的规定，可与“匿赀”对照研究：

坐其所匿税臧，与灋（法）没入其匿田之稼。☐（《龙岗秦简》147简）[①]

市贩匿不自占租，坐所匿租臧（赃）为盗，没入其所贩卖及贳钱县官，夺之列。（《二年律令·关市律》260简）[②]

对于擅自隐匿财物不予申报，意图逃避法律义务的行为，官府持严厉打击的态度，通常根据其所匿赃值确定刑罚等级。《龙岗秦简》所规定的“匿税”行为，须按所隐瞒租税之赃值定罪，并依法没收其隐瞒的土地上的庄稼；《二年律令·关市律》所规定的“市贩匿不自占租”，则要按照所隐瞒的租税“坐赃为盗”，并且没收其贩卖之货物、所得之钱财，注销其在市场中贩卖货物的摊位。据上述两条律文可知，秦汉对于隐瞒所得财产不予申报的行为惩罚较重，不仅没收所得，有时还要“坐所匿租臧（赃）为盗”。结合“识劫婉案”的相关记载，可以推知当时对于此类隐匿财产的犯罪均按所匿财产数额定罪量刑，根据盗罪的刑罚等级予以惩处。

法律规定对于赃过六百六十钱者，当黥城旦舂；而有罪先自告，则可减刑一等，由“黥为城旦舂”减为“完为城旦舂”。[③] 法律同时也规定了对特定人群减免刑罚的标准，这与本案密切相关。本案中，婉匿赀数额远远超出六百六十钱，依据法律当处“黥为舂”之刑；虽然她先自告其罪，据律令也须判处“完为舂”；但若其大夫妻的身份能得确认，或许能再获减刑。因此，如何认定婉的身份就成为正确判处本案所面临的第一个难题。

婉登记在户籍上的身份为“免妾”，但这种身份是否能够伴随事实婚姻而发生变化则难以定论。本案当事人述称，大夫沛本有妻名危，婉生下羛（義）与

---

① 中国文物研究所、湖北省文物考古研究所编：《龙岗秦简》，中华书局2001年版，第121页。

② 张家山汉墓竹简整理小组编著：《张家山汉墓竹简［二四七号墓］》（释文修订版），文物出版社2006年版，第44页。

③ 《二年律令·具律》127简：“告不审及有罪先自告，各减其罪一等，死罪黥为城旦舂，城旦舂罪完为城旦舂，完为城旦舂罪☐。”

娭时的身份是沛的妾。危在秦王政十年时不幸身死，沛也未续弦，而是在秦王政十二年时放免媛为庶人。当时沛将此事报于乡官唐、更，由其在户籍文书中将媛的身份修改为“免妾”。[①]“免妾”可能是被放免的隶妾所具有的特定身份称谓。《二年律令・亡律》规定，被放免的男女奴婢分别成为“私属”及“庶人”，他们仍需从事一些较为艰苦的工作，但已被免除奴隶身份，属于介于奴隶与平民之间的群体。这两种身份的待遇虽与奴婢相同，却可免除劳役与算赋。私属是被放免的男性奴隶。法律规定：“主死若有罪，以私属为庶人，刑者以为隐官。”显示私属与庶人身份有异，庶人似乎是比私属高一些的身份等级。从《二年律令・亡律》规定看，奴婢被放免时，女性所得之身份相较男性为高。庶人的身份虽然免除了劳役与算赋，但仍然“事之如奴婢”，可见其身份较一般民众似乎低一些。本案当事人媛被放免时也属于这样的身份。

沛将媛免为庶人后，以妻待之。在秦王政十四年时，沛请同宗同里之人快、臣、拳、嘉、颉等作证，将媛计入宗谱。沛表示，自己已经有媛所生之子女四人，就不再娶妻了。令媛入宗，使其承担妻的责任，“出里单赋，与里人通饮食”。“单”或作“僤”，是乡里的居民组织；所谓“出里单赋”，或指同里之人出钱助葬，每人分派一定款额，可称之为赋。“通饮食”则指祭祀等时聚会饮食。[②]沛令媛参与这些活动，正是赋予其类同于妻的身份。宗、里之人的认同，使媛的身份在事实上得到了落实。因此即使媛在户籍中的登记仍是免妾，官府亦不能武断地判定其庶人身份。这恐怕就是司法官吏认为确定媛的身份存在疑难而上谳的重要原因。本案文书缺少郡报内容，难以推知郡府的审判结论。从县官吏的意见看，大夫妻与庶人这两种身份均有人赞同。据推测大夫妻的身份源于媛在宗、里中实际履行的沛妻的义务，以及宗、里之人的证明；庶人的身份则源自官府户籍文书中的相关记录。二者皆有据可证，实难确定孰是孰非。不过考虑到秦代强调律令行事，恐怕官府文书的证明效力更强一些。

“劫”字以威胁为本意，手段却非暴力所能概括。“识劫媛案”中的“劫”同样是逼迫当事人违背自己的意愿行事，却以要挟迫使当事人就范。所谓“要挟”，即指抓住被害人的某些把柄或者制造某种迫使其交付财物的借口加以威胁。案例中媛的证言描述了“劫”的大致情节：

媛曰：“……识故为沛隶，同居。沛$_{115}$以三岁时为识取（娶）妻；居一岁为

---

① “识劫媛案”112－126简记载：“媛曰：与羛（義）同居，故大夫沛妾。沛御媛，媛产羛（義）、女娭。沛妻危以十岁时死，沛不取（娶）妻。居可二岁，沛免媛为庶人，妻媛。媛有（又）产男必、女若。居二岁，沛告宗人、里人大夫快、臣、走马拳、上造嘉、颉曰：‘沛有子媛所四人，不取（娶）妻矣。欲令媛入宗，出里单赋，与里人通歓（饮）食。’快等曰：‘可。’媛即入宗，里人不幸死者出单赋，如它人妻。居六岁，沛死。羛（義）代为户、爵后，有肆、宅。……沛未死，弗欲以肆、舍客室鼠（予）识。不告媛，不智（知）户籍不为妻，为免妾故。……・卿（乡）唐、佐更曰：‘沛免媛为庶人，即书户籍曰：‘免妾。’沛后妻媛，不告唐、更。今籍为免妾。不智（知）它。’”以上材料出自朱汉民、陈松长主编：《岳麓书院藏秦简（叁）》，上海辞书出版社2013年版，第155－159页。

② 朱汉民、陈松长主编：《岳麓书院藏秦简（叁）》，上海辞书出版社2013年版，第164页。

识买室，贾（价）五千钱；分马一匹、稻田廿（二十）亩，异识。识从军，沛死。来归，116谓婉曰：'沛未死时言以肆、舍客室鼠（予）识，识欲得。'婉谓：'沛死时不令鼠（予）识，识弗当得。'识曰：'婉117匿訾（赀），不鼠（予）识，识且告婉。'婉以匿訾（赀）故，即鼠（予）肆、室。沛未死，弗欲以肆、舍客室鼠（予）识。不告婉，不智（知）户118籍不为妻，为免妾故。"119①

公士识本是沛的隶。秦王政三年时，沛为识娶妻，一年后又为其购屋，价值五千钱，并分给识马一匹、稻田二十亩，就此与识分户。后来沛去世，识从军归来后要求婉给予其市布肆、舍客室，称沛未死时曾说将这些赠予自己。此事沛未告知婉，因此婉不同意。识便威胁婉要将其匿赀的罪行向官府告发。对于婉的这些供述，识表示同意，但提出了自己的意见：

识曰："自小为沛隶。沛令上造狗求上造羽子女齡为识妻。119令狗告羽曰：'且以布肆、舍客室鼠（予）识。'羽乃许沛。沛巳（已）为识取（娶）齡，即为识买室，分识马、田，120异识，而不以肆、舍客室鼠（予）识。识亦（?）弗（?）求（?），识巳（?已）受它。军归，沛巳（已）死。识以沛未死言谓121婉：'婉不以肆、室鼠（予）识，识且婉告匿訾（赀）。'婉乃鼠（予）识，识即弗告。识以沛言求肆、室，非劫婉。不智（知）122婉曰劫之故。"123②

识并未否认"劫婉"的行为，但他指出，市布肆与舍客室确实是沛曾许诺给他的，这一点上造狗、羽及女子齡均能作证。但是在识婚后，沛未兑现其承诺。现在沛已去世，识向婉要求获得肆、室，是以沛的承诺为依据的。因此识认为，虽然自己对婉存在恐吓，但其要求有理有据，并不构成"劫"的情形。对于识的辩解之词，官府指出：

沛未死虽告狗、羽，"且以布肆、舍客室鼠（予）识"，而后不鼠（予）识，识弗求，巳（已）为识更买室，分识田、马，127异识；沛死时有（又）不令，羛（義）巳（已）代为户后，有肆、宅，识弗当得。何故尚求肆、室曰："不鼠（予）识，识且告婉128匿訾（赀）?"婉即以其故鼠（予）识，是劫婉，而云非劫，何解?129③

虽然《二年律令》334－335简规定："民欲先令相分田宅、奴婢、财物，乡部啬夫身听其令，皆参辨券书之，辄上如户籍。有争者，以券书从事；毋券书，

① 朱汉民、陈松长主编：《岳麓书院藏秦简（叁）》，上海辞书出版社2013年版，第155－156页。
② 朱汉民、陈松长主编：《岳麓书院藏秦简（叁）》，上海辞书出版社2013年版，第156－158页。
③ 朱汉民、陈松长主编：《岳麓书院藏秦简（叁）》，上海辞书出版社2013年版，第159－160页。

勿听。”而未刊行的岳麓秦简中也有若未制作券书，口约同样有效的令文。[①] 但是司法官认为，识在当时并未索取相约分得的财产，而是接受了替代品，即室、马与田地。现在羛（義）作为沛的继承人已成为户主，享有肆、室的所有权已成定局。识实在没有向媿索要财产的资格，而他以告发媿相威胁要求获得肆、室，属于“劫”的行为。

分析上述推理意见，可以推测出官吏对劫罪的一般认识。犯罪人以谋取他人财物为目的，采用要挟手段使被害人陷入恐惧而向其提供财物；犯罪人不具有对所谋取之财物的请求资格。满足这些要件，犯罪人即构成劫罪。就本案而言，虽然市布肆、舍客室曾被沛许诺给识，但识并未在合理期限内向沛索取；沛也以其他财产给予识，并正式与识进行了资产分割。沛去世时已没有将肆、室赠与识的意愿，羛（義）作为其继承人当然拥有该两处不动产的所有权。而识以告发媿匿赀罪为由要挟其就范，这种行为完全符合“劫”的特征。

至于如何量刑，司法官存在“赀二甲”与“完识为城旦，纍（缬）足输蜀”的意见分歧。根据案例文书中“肆、室直（值）过六百六十钱”的记载，对于“劫”应该也是按照赃值的多少来确定刑罚等级的。不过若依据律令规定，赃值在六百六十钱以上者当“黥为城旦舂”。这一刑罚显然高于本案的两种吏议意见。

“完识为城旦，纍（缬）足输蜀”的吏议较好理解。识作为公士，大概已经具备了减刑的资格。识既犯有当“黥为城旦舂”之罪，而吏议以为当“完识为城旦，纍（缬）足输蜀”，大概说明《二年律令》所规定的减刑原则，或许在秦代便已存在。[②] 而“赀二甲”的吏议大约源自识虽然承认了自己的“劫罪”，但也说“上以识为劫媿，辠（罪）识，识毋（无）以避。毋（无）它解。辠（罪）”。这说明识的认罪有所保留，而非供认不讳。由于识对官府认定的“劫罪”抱有一些不认可的态度，导致此案必须作为疑案向上奏谳。吏议得出“赀二甲”的判决也在一定程度上说明司法官对劫罪的成立抱有谨慎态度，对于识的最终判决还需上级官府进行决断。

《为狱等状四种》“芮盗卖公列地案”发生于秦王政二十二年（公元前225年），江陵县将芮盗卖公家摊位的案件向南郡奏报，郡守要求对芮的盗卖行为查核清楚，尤其要明确盗卖摊位土地的定价是怎样得出的。案件审查清楚后再向郡府上奏。

本案所涉及的公列地，原本是由大夫材向官府申请承租的。当时太守感命亭长贺前往调查，若材申请承租的公列地没有他人主张权利的话，便允许材获取。材私下里偷偷对公列地进行装修，将其修建为店铺。在整修过程中，芮以争讼为

① 此方面的信息得自劳武利教授：“Problems of jurisdiction in the Qin dynasty, as exemplified by two criminal cases from the collection *Wei yu deng zhuang*”，《第三届“出土文献与法律史研究”学术研讨会论文集》，华东政法大学古籍整理研究所，2013年，第144页。可惜的是，劳武利教授在论文中并未具引岳麓秦简的相关令文。

② 《二年律令·具律》83简规定：“公士、公士妻及□□行年七十以上，若年不盈十七岁，有罪当刑者，皆完之。”

要挟要求与材合伙，不料对此公列地早有走马喜主张权利，且与材就经营权达成私下和解。喜了解到材与芮私自合伙，便向贺申诉。贺向太守报告说材、喜、芮三人均已有承租摊位，实不当得公列地。最终太守未将公列地给予材等。芮既没能与材合伙经营，又想与人合伙捕鱼却没有本钱，就打起他与材非法装修的公列地的主意。芮供述称：

> 朵子士（五）伍方贩棺其列下，芮利买（卖）所共盖公地，卒（?）又（?）盖□□□□与材共□□□$_{074}$芮分方曰："欲即并买（卖）地、盖千四百。"方前顾（雇）芮千，巳（已）尽用钱买渔具。后念悔，恐发$_{075}$觉有辠（罪）。欲益贾（价）令方勿取，即枉（诳）谓方："贱!"令二千。二千弗取环（还）方钱。方曰："贵!"弗取。芮$_{076}$毋（无）钱环（还）。居三日，朵责，与期："五日备赏（偿）钱；不赏（偿），朵以故贾（价）取肆。"朵曰："若（诺）。"即弗环（还）钱，去往$_{077}$［·］渔。得。$_{078}$①

由于原来的公列地上已有材与芮搭建的店铺，看上去很像归其所有。芮得以顺利地将地与店铺合并以 1 400 钱的价格转卖给士伍方，并先行获得 1 000 钱。虽然后来由于担心案发，芮以抬高价格的方式促使方放弃购买，却又不还钱。芮的这种行为被官府定义为"盗给人买（卖）公列地，非令"，"且以盗论芮"，即认为对该行为应比照"盗罪"进行处罚。

"盗给人买（卖）公列地"与盗罪在犯罪人对赃物的占有上存在差别：前者谎称对公产有权利，而实际上并未真正掌控该财产；后者的基本特征是暗中取人财物，即标的物曾完全掌控在犯罪人手中。该罪行与盗罪的另一个不同之处在于犯罪的客观对象：前者针对的乃是受骗之人的财物，对公产实际没有影响。即使受害人主张对公产的权利，亦不会得到官府的认可。"盗"针对的对象则直指公产，会给公家直接造成损害。从这几点来看，本案所谓"盗给人买（卖）公列地"的犯罪更类似于唐律所谓的"诈伪"犯罪。不过毕竟秦汉时代尚未形成明确的罪名概念，将大多数非法占有公私财物的犯罪比照盗罪论刑，也是较易掌握的审判原则。

"癸、琐相移谋购案""识劫娩案""芮盗卖公列地案"三则案例均为适用盗罪刑罚原则量刑的犯罪实例，其中"癸、琐相移谋购案"将"受人货财以枉律令""坐赃为盗"；"芮盗卖公列地案"对"盗给人买（卖）公列地"者"且以盗论"；"识劫娩案"虽未显示所依据的律令条文，但对"劫罪"及"匿赀"也是按照赃值数额"以赃定罪"的。从总体上看，秦代对于这些涉及侵犯公私财产的犯罪具有比较统一的审判原则，就是根据盗罪刑罚原则"以赃定罪"。

综观上文所述涉及盗罪的案件，除完全符合盗罪构成要件的犯罪外，通过

① 朱汉民、陈松长主编：《岳麓书院藏秦简（叁）》，上海辞书出版社 2013 年版，第 133－134 页。

“坐赃为盗”等法律术语，许多本与盗罪颇有差距的犯罪最终也通过“以赃定罪”的原则确定刑罚。也就是说，尽管犯罪主体、犯罪手段有所差异，但所有犯罪客体与犯罪动机均指向非法谋取各种形式的公私财物，使用“坐赃为盗”等术语能够将对这些具体犯罪的处刑原则引向盗罪。盗罪所能涵盖的领域通过法律术语得到了拓展。

六、结论

岳麓秦简《为狱等状四种》中涉及财产犯罪的有八例，占据案例总数的53.3%。这些案例的犯罪人均以非法获取公私财物为目的，又以涉及盗罪者居多。除法律所规定的暗中取人财物的“盗”外，“盗杀人”“盗埱冢”也是非法获取财物的重要方式；“智（知）人盗与分”与“受人货财以枉律令”通过“坐臧（赃）为盗”的术语纳入“盗”的范畴；而对于“劫”“匿赀”“盗给人买（卖）公列地”等罪行，由于在相关案件中未见引用之律令，因此不能肯定这些罪名是否也会“坐臧（赃）为盗”，但从它们均适用计赃论罪的刑罚原则来看，其刑罚等级的设定同样指向盗的犯罪。可见在秦代“盗”的刑罚设计能够适用于大多数有关财产的犯罪。

本文所讨论案例的共同特点是均与侵占公私财产有关，这当然牵涉到秦汉关于“赃”的定义。“赃”字之本意为“赃物”，即非法获得的财物。《列子·天瑞》曰：“以赃获罪，没其先居之财。”其言意在强调因非法占有财物而犯罪，须收缴其所占赃物。在古代中国，“赃”大概包含两层含义：一是通过非法手段占有的各种公私财物；二是通过非法手段占有公私财物的犯罪的总称，即“赃罪”。“赃罪”概念出现的时间较晚，目前所见最早出自《晋书·刑法志》引《魏律序》：“盗律有还赃畀主，金布律有罚赎入责，以呈黄金为价，科有平庸坐赃事，以为偿赃律。”《唐律·名例律》正式对“六赃”加以规定后，“赃罪”的内涵逐渐深入人心。而秦汉法律文书中出现的“赃”绝大多数表示本意“赃物”，相关规定多容纳在《盗律》中，其他游离于《盗律》之外的内容也往往通过“与盗同法”“坐赃为盗”之言与盗罪律文相联系。因此在关于财产犯罪方面，秦汉与后世的显著不同点在于，后世以“赃”作为各种非法侵占公私财产犯罪的总称，并制定相应法律进行治理；而秦汉则以“盗”加以概括，并比照适用盗罪的相关规定对侵犯公私财物的犯罪进行制裁。

盗罪相关律文广泛适用于其他财产犯罪的重要原因，大概与“盗”的基本目的——谋取他人财物的犯罪动机有关。秦汉时代对盗罪的理解重在犯罪动机，也就是对他人财物的谋夺之心。可以推测，盗罪是一个罪名集合，在某种程度上可视为与非法获取公私财产有关的犯罪的通称；凡是存在利用非法手段谋取不属于自己的财产之情节，均与盗罪有关。通过“坐赃为盗”“与盗同法”等术语，凡能以统计赃值确定刑罚等级的财产犯罪皆指向了同一刑罚原则。

这样来看，“盗”字的概念范围在秦汉时极尽广泛，或许直到晋代重新修订律令之时才得以限缩。“盗”的概念发生限缩的原因或许在于经过两汉律学的发展，人们对法律概念、法律术语的认识和研究达到了新的高度。立法者逐渐认识到盗罪与其他财产犯罪在行为性质上存在巨大差异。从前那种依据犯罪动机或犯罪客体采用相似罪名的律文比附论罪量刑的裁判方式已经不能适应社会现状，也不再符合人们的法律知识。立法者需要选用新的法律概念对其他并非通过盗的手段侵占财产的犯罪加以规定。在这一前提下，“诈伪”“六赃”等新的法律概念便应运而生了。

试析长沙五一广场东汉简牍所见“斗伤”案

陈 鸣

自长沙市文物考古研究所于《文物》2013年第6期发表《湖南长沙五一广场东汉简牍发掘简报》以来，[①] 有关学者对此作出了研究。[②] 2015年《长沙五一广场东汉简牍选释》出版，[③] 又披露了数量更多的简牍文书，包含一定的与汉代法制相关的内容，对于我们深入细化地了解汉代法制，诸如犯罪、刑罚、司法程序、行政程序、立法变迁具有重要的史料价值，尤其是在与法律制度相关的秦汉史料传世较为欠缺的情况下，这些新出的史料对了解汉代法律制度显得尤为重要。本文拟对这批出土材料中出现的有关“斗伤”犯罪的内容进行考释，以期进一步探明该罪名的概念、刑罚适用等问题。

一、长沙五一广场东汉简牍中所见“斗伤”案件略析

目前披露的长沙五一广场东汉简牍中与斗伤有关的案件，所载案情较清楚的有J1③：264－294、CWJ1③：143、CWJ1②：124三枚木牍，从中反映出诸多有关斗伤的犯罪形态、定罪量刑、刑罚执行、官吏职务责任的具体信息。其中第一个案例可见于木牍简J1③：264－294：

元兴元年六月癸未朔六日戊子，沮乡别治掾伦叩头死罪敢言之：伦以令举度民田。今月四日，伦将力田陈祖、长爵番仲、小史陈冯、黄虑及蔡力度男子郑尤、越夔、张昆等流栎田；力别度周本、伍设昭田。其日昏时，力与男子伍纯争言闘（斗），力为纯所伤，凡创四所。辄将祖、仲等诣发所，逐捕纯，不得。尽力与亭长李道并力逐捕纯，必得为故。伦职事无状，惶恐叩头死罪死罪敢言之。

·檄即日起贼廷 A

---

① 长沙市文物考古研究所：《湖南长沙五一广场东汉简牍发掘简报》，《文物》2013年第6期。

② 对已有成果的整理可以参见吴雪飞：《长沙五一广场东汉木牍相关法律用语探析》，徐世虹主编：《中国古代法律文献研究》（第九辑），社会科学文献出版社2015年版，第187－199页。其中吴文对五一广场东汉简牍出现的部分法律术语进行了考释。

③ 除特别指明外，本文五一广场东汉简牍文书释文主要来自长沙市文物考古研究所等编：《长沙五一广场东汉简牍选释》，中西书局2015年版。

邮行 B[①]

侯旭东先生认为，“文书涉及汉和帝元兴元年（105 年）六月沮乡进行的一次度田行动所引发的吏民冲突，对了解度田的具体细节提供了鲜活的资料……”[②]笔者并无异议，但与此同时，如果从法制史的视角来看，这不仅是由于度田而产生的官民冲突，如果以秦汉律相关规定来衡量的话，还涉及汉代贼律中的斗伤犯罪问题，以及犯罪发生后法律所规定的官吏逐捕罪人的职务责任问题，接下来将围绕以上前期研究未加注意的问题进行探讨。

从全文内容可以看出这是沮乡别治掾伦向上级上报案情经过的上行文书，本段材料的情形正符合“斗”的情况。在伦带领众官吏度田的过程中，小史蔡力与男子伍纯发生“争言”，即口头争执，最后发展为斗殴行为，因此此处断为“与男子伍纯争言，鬪（斗）”似乎更为妥当，关于“斗”作为特殊的法律术语这一问题，下文还会具体讨论，在此先不赘述。最终伍纯造成负责度田的蔡力受伤。所谓“凡创四所”，即共有四处地方受伤，“创”是汉代官文书记录受伤数量常见的习语，如《史记》卷五三《萧相国世家》：“列侯毕已受封，及奏位次，皆曰：‘平阳侯曹参身被七十创，攻城略地，功最多，宜第一。’”案发之后，伦立即带领相关官吏追捕伍纯，但是未能捕获，说明伍纯案发后逃亡，伦带领官吏追捕未得。因此，接下来伦向上级表明一定和亭长一道追捕伍纯，必定将其抓捕。“职事”在此应指任职之意，如据《后汉书》卷五六《张皓传》：“五迁尚书仆射，职事八年，出为彭城相。”“无状”即没有功绩，行为失当，如《史记》卷二《夏本纪》：“行视鲧之治水无状，乃殛鲧于羽山以死。”又如居延汉简释文合校所见 33·5A“头死罪死罪职事毋状当坐罪当☐”[③]，与本段材料内容类似。在伦称自己任职没有功绩、行为失当后，所言“惶恐叩头死罪死罪敢言之”则是通常上行文书常见的习语，这里的贼廷按发掘简报所言“或指贼曹的治所”，[④]侯旭东则进一步指明“此处‘贼廷’或指的是‘贼捕掾’办公地点，也是伦的文书发送地点，应该就是他当时办公所在地”，[⑤]对此笔者颇为赞同，因为从另一条材料 CWJ1③：143 看，似乎此类案件通常由负责抓捕盗贼的捕掾负责：

君|教|诺 右贼史牧、兼史蒙、胜白：右部贼捕掾敬等椟言，男子张度与黄叔争言，斗，瘦（度）拔刀欲斫叔，不中，无状。适（谪）度作下津横屋。

---

① 释文依据长沙市文物考古研究所：《湖南长沙五一广场东汉简牍发掘简报》，《文物》2013 年第 6 期，不同之处依据侯旭东《湖南长沙五一广场东汉简 J1③：264－294 考释》（载北京大学中国古代史研究中心编：《田余庆先生九十华诞颂寿论文集》，中华书局 2014 年版），同时侯文对文书的文意、制度、历史背景进行了有益考证。

② 参见上引侯文。

③ 谢桂华、李均明、朱国炤：《居延汉简释文合校》，文物出版社 1987 年版，第 51 页。

④ 长沙市文物考古研究所：《湖南长沙五一广场东汉简牍发掘简报》，《文物》2013 年第 6 期。

⑤ 参见侯旭东：《湖南长沙五一广场东汉简 J1③：264－294 考释》，北京大学中国古代史研究中心编：《田余庆先生九十华诞颂寿论文集》，中华书局 2014 年版。

二月以付将吏嵩，守丞护、掾英议如敬等言，教□属□……①

这里转述的是贼捕掾敬等人上书报告的一起与斗相关的事件，与上举案件情况类似，男子张度与黄叔发生争吵，最后出现斗殴，张度拔刀想要砍黄叔，但最终没有击中，此处的“无状”似指张度行为失检，如《史记》卷八四《屈原贾生列传》：“贾生自伤为傅无状，哭泣岁馀，亦死。”无状又作“毋状”，如《居延汉简释文合校》185·23、185·24：

课毋状者行法毋忽如律令②

关于持刀的斗伤案件，类似情况可参见《居延汉简释文合校》133·15：

第十候史殷省伐慈其第十三燧卒高凤未作亡归中部田舍斗伤男徐武毋状诣官自关十一月辛巳食坐入③

戍卒高凤斗伤男徐武，行为不当。再回到上述CWJ1③：143，文中的“适”，整理者认为“适”通“谪”，为责罚之意，④笔者以为可从，大概是指责罚张度去下津横屋劳作，于二月交付管理劳作人员的官吏嵩，这一处置方法得到了守丞和掾的认可。至于首栏所见“君教诺”三字，陈松长、周海峰认为“‘君教’也就是‘请君教示’，即就相关事件请求上司指示批复”⑤，而古代官员批示表示同意时则签署“诺”字，⑥从此简看来，在斗殴中即使未造成伤害，但在现实的司法判决中仍会受到惩处。汉初《二年律令·贼律》28简“其毋伤也，下爵殴上爵，罚金四两。殴同死〈列〉以下，罚金二两”的规定可以作为参照，在斗伤人的情形下，依据当事人双方的身份在处罚金额上有所区分。还可以参考唐律不伤的情形，其中《斗讼律》斗殴伤人条规定“若以手足殴人者，笞四十”，又“及以他物殴而不伤者：各杖六十”，判断是否受伤的标准按前文的注解释为“见血为伤”。⑦唐律中斗殴不伤的情形按犯罪手段量刑有所区分。CWJ1③：143可以说是目前极为少见的关于斗伤未造成伤害的实际案例。

案例一中犯罪者在事后逃亡，负责官员上级深刻自责，在CWJ1②：124中可见县廷要求下级逐捕犯有斗伤之罪的逃亡者的内容：

---

① 长沙市文物考古研究所等编：《长沙五一广场东汉简牍选释》，中西书局2015年版，第124页。

② 谢桂华、李均明、朱国炤：《居延汉简释文合校》，文物出版社1987年版，第297页。

③ 谢桂华、李均明、朱国炤：《居延汉简释文合校》，文物出版社1987年版，第223页。

④ 长沙市文物考古研究所等编：《长沙五一广场东汉简牍选释》，中西书局2015年版，第214页。

⑤ 陈松长、周海峰：《“君教诺”考论》，长沙市文物考古研究所等编：《长沙五一广场东汉简牍选释》，中西书局2015年版，第328页。

⑥ 陈松长、周海峰：《“君教诺”考论》，长沙市文物考古研究所等编：《长沙五一广场东汉简牍选释》，中西书局2015年版，第329页。

⑦ 刘俊文撰：《唐律疏议笺解》，中华书局1996年版，第1468页。

A 面

永初元年正月癸酉朔廿日壬辰，东部劝农贼捕掾迁、游徼尚、驷望亭长范叩头死罪敢言之。

廷书曰：言男子吴辅斗伤弟妻縻，亡。逐捕有书。辅以微辦（辩）贼伤縻，所犯无

B 面

东部劝农贼捕掾黄迁名印。

正月　日　邮人以来　　　　史 白开。①

这一文书应该是县廷要求下级官吏逐捕斗伤逃亡者的廷书下达后，东部劝农贼捕掾迁、游徼尚、亭长范等人就县廷所下命令的执行情况作出的回复，从 B 面看此文书应该是由东部劝农贼捕掾黄迁发出的，在文书到达后由史白开启。由于文字残缺，我们无法了解文书的全部，但可以对此斗伤案件的案情有所了解，男子吴辅因为“微辩”，即微小的争辩与縻发生言语口角，进而斗殴造成縻受伤，文中所说“贼伤”似乎是语误，贼伤与斗伤是秦汉贼律中两种性质不同的罪名，关于此点下文还将提及，兹不赘述。吴辅在事发后逃亡，县廷下令追捕。以上出土文书为我们提供了十分珍贵的关于斗伤犯罪的真实案例，为我们理解“斗”的法律概念、刑罚判定、官吏的职务责任提供了非常宝贵的细节性内容，接下来我们将就以上文书中与斗伤有关的信息，结合既有的传世史料与出土文献，围绕上述三点内容作进一步的讨论。

二、“斗”的法律概念、刑罚判定与官吏责任

（一）再论斗、斗伤的含义

“斗”在秦汉律中是与贼、戏、过失相对的概念，从法律概念进行解释，目前较早的材料可见于晋书卷三〇《刑法志》所录张斐晋律注略：“两讼相趣谓之斗，两和相害谓之戏，无变斩击谓之贼，不意误犯谓之过失。”这里的“讼”应指争论，“趣”应该是逼死、促使之意，如《管子·四称》：“不弥人争，唯趣人诏。”王念孙《读书杂志·管子六》：“趣读为促，诏当为讼字之误也。”即双方相互争斗，在此处主要是指斗殴等争斗的情形，即所谓“两讼相趣”，就是双方因为发生争执进而产生的相互争斗、斗殴。斗与贼存在着区别，贼按上述张斐的说法是“无变斩击”，这里的变应通“辩”，为争之意，如前引 CWJ1②：124 有因“微辩”而引起斗的事例，按《汉书》卷八三《薛宣传》：“本争私变。”又《后汉书》卷七一《朱俊传》：“未有奋击之功，而互争私变，更相疑惑。”因此贼指的是不因争执而直接发生的斩击行为。

由此，我们可以看出“贼”与“斗”在法律概念上的区别，按照今天的刑

① 长沙市文物考古研究所等编：《长沙五一广场东汉简牍选释》，中西书局 2015 年版，第 137 页。

法定义，虽然两者都是故意对他人造成人身伤害，但是斗杀伤往往是因争执而起，而贼则无此诱因。因此上引 CWJ1②：124 中将“斗伤”作“贼伤”似乎是一种语误。张斐虽然是晋人，他所作的关于“斗”的法律定义，用于解释秦汉律似乎也并无问题，上述东汉木牍中所见三例案件的起因都是争言或微辩，类似情形亦可见于传世文献，如《史记》卷八五《吕不韦列传》中，集解引《说苑》“毐与侍中左右贵臣博弈饮酒，醉，争言而斗，嗔目大叱曰：‘吾乃皇帝假父也，窭人子何敢乃与我亢！’所与斗者走，行白始皇。”嫪毐醉酒后与侍中大臣争言而斗。又《汉书》卷九二《原涉传》：

涉单车驱上茂陵，投暮，入其里宅，因自匿不见人。遣奴至市买肉，奴乘涉气与屠争言，斫伤屠者，亡。是时，茂陵守令尹公新视事，涉未谒也，闻之大怒。知涉名豪，欲以示众厉俗，遣两吏胁守涉。至日中，奴不出，吏欲便杀涉去。涉迫窘不知所为。会涉所与期上冢者车数十乘到，皆诸豪也，共说尹公。尹公不听，诸豪则曰：“原巨先奴犯法不得，使肉袒自缚，箭贯耳，诣廷门谢罪，于君威亦足矣。”尹公许之。涉如言谢，复服遣去。

西汉末年茂陵豪强原涉派自己的奴去市场买肉，该奴仗着原涉的气焰与屠夫争言，最后砍伤屠夫，然后逃亡，藏匿在原涉府中。茂陵代理县令尹公带领官吏前去捉拿，最后其他豪强纷纷赶到，与尹公交涉，达成了妥协。又《居延汉简释文合校》13·6 也可以说明“争言”往往是造成斗殴，并产生斗伤情节的原因之一：

戍卒东郡畔戍里靳龟
坐乃四月中不审日行道到屋兰界中与戍卒函何阳争言斗以剑击
伤右手指二所●地节三年八月己酉械系①

此条材料对案件经过与处理记载较为详细，西汉宣帝地节三年（公元前 67 年），戍卒靳龟与戍卒函何阳争言，靳龟用剑砍伤对方右手指，伤处一共两处。值得注意的是，从另一条材料看，此一斗伤事件受伤的并不只是函何阳，参见《居延汉简释文合校》118·18：

戍卒东郡□里函何阳
坐斗以剑击伤戍卒同郡县戍里靳龟右脾一所
地节三年八月辛卯械系②

从此条材料的时间和人物来看，与上一条材料记录之事应为一事，即此事为双方在发生争言后，都拔剑击伤对方，函何阳也击伤了里靳龟右脾，所以这是一

① 谢桂华、李均明、朱国炤：《居延汉简释文合校》，文物出版社 1987 年版，第 20－21 页。
② 谢桂华、李均明、朱国炤：《居延汉简释文合校》，文物出版社 1987 年版，第 192 页。

件持刀互相造成伤害的斗殴事件，也就是说双方都将承担斗伤所造成的法律责任。如果与上引东汉时期的文书比较的话，形式、内容上颇为一致，都是记载案件当事人及起因、经过，尤其是记明犯罪工具、受伤部位、数量。从上述记明犯罪原因的材料来看，口头争执进而斗殴是一般斗伤案件产生的通常原因，正可以与张斐的定义相吻合。因此综上所述，与贼不同，斗伤者一开始并无伤害他人的恶意，只是在争执的过程中才逐渐产生伤人的主观故意，而且从目前所见的案例看，其具体诱因往往是被描述为争言、辩的口角上的争执，这是需要指出的地方。

（二）斗伤的量刑标准

秦汉律的《贼律》中主要将斗分为斗杀、斗伤两大罪名。斗杀可见于《二年律令·贼律》21简：“贼杀人、斗而杀人，弃市。其过失及戏而杀人，赎死；伤人，除。”① 似乎按照此简，在秦及汉初斗殴造成他人死亡，一旦这一危害结果产生，不区分其他情节，一律处以死刑。与斗杀相比，斗伤的情形似乎有所不同，目前汉律中对斗比较系统的规定可见《二年律令·贼律》27－28简：

斗而以釰及金铁锐、锤、椎伤人，皆完为城旦舂。其非用此物而眇人，折枳、齿、指，胅体，断决鼻、耳者，27耐。其毋伤也，下爵殴上爵，罚金四两。殴同死〈列〉以下，罚金二两；其有疻痏及□，罚金四两。28②

从此条西汉初年的《贼律》律文来看，首先，在造成伤害时，斗伤主要按照是否持刀等金铁利器这一犯罪情节来区别定罪，只要是持有刀刃以及法律规定的利器斗伤者，一律处完城旦舂。到了西汉中期，此种情形的处罚可以参考《汉书》卷八三《薛宣传》“斗以刀伤人，完为城旦”。至于徒手斗伤人的情形，则依据造成的伤势轻重来量刑。其次，在没有造成诸如折齿、指等法律规定的伤害情形时，如前所述，则要考虑当事人双方的身份，下爵殴打上爵，罚金四两；殴打同等爵位及比自己爵位低者，则只罚金二两。因此汉律中对斗伤的刑罚判定要充分考虑有无凶器或者凶器种类、伤害情节等情形，《睡虎地秦墓竹简》中也可见相关规定。③ 据此，我们可以理解为什么上引文书往往会记明是否持有凶器、受伤的部位与伤口数量，因为这些都是量刑的重要标准，又如《居延汉简释文合校》148·45：

都拔刀剑斗都以所持剑格伤不知何一男子□④

---

① 张家山二四七号墓竹简整理小组编著：《张家山汉墓竹简［二四七号墓］》（释文修订本），文物出版社2006年版，第11页。

② 张家山二四七号墓竹简整理小组编著：《张家山汉墓竹简［二四七号墓］》（释文修订本），文物出版社2006年版，第12页。

③ 冯申对秦汉律、唐律中的凶器种类、伤情轻重与量刑的情形已作系统的分类，可以参考，本文不再作进一步的讨论。参见冯申：《汉唐律杀伤人罪之比较研究》，中国政法大学硕士学位论文，2005年。

④ 谢桂华、李均明、朱国炤：《居延汉简释文合校》，文物出版社1987年版，第248页。

这里指出拔剑斗就是为了说明犯罪工具，但是由于下文残缺，不知是否有进一步的描述。值得注意的是在未伤的情况下，除非下爵殴打上爵，一般只罚金二两，但在CWJ1②：124中则是处以劳役，如前所述，这似乎是刑罚适用的变通，秦汉时代在斗的情形下，即使没有造成伤害，加害者仍然应承担法律责任，至于从西汉初年到东汉法律规定发生了怎样的变化，在目前材料有限的情况下，还不能作更多的解释，但此条材料提供的信息值得重视。

另外，在斗殴中造成他人流产的，按照《二年律令》31简："斗殴变人，耐为隶臣妾。怀子而敢与人争斗，人虽殴变之，罚为人变者金四两。"① 应该被处耐隶臣妾，但若是怀子而敢与他人争斗的，即使被人殴打流产，仍然处怀子者罚金四两。如果争斗中在法定期间受伤的被害人死亡的，则发生罪名转化的问题，《二年律令·贼律》24简：

斗伤人，而以伤辜二旬中死，为杀人。②

在斗伤人的情形下，伤者因为受伤的缘故在二十天内死亡的，则转化为斗杀人，按照21简应处以死刑。另外在官吏追捕犯罪时，犯罪者与官吏发生争斗，造成官吏死亡的，按照秦汉时代的法律规定，也视为斗杀，《睡虎地秦墓竹简·法律答问》66简：

求盗追捕罪人，罪人挌（格）杀求盗，问杀人者为贼杀人，且斲（鬭）杀？斲（鬭）杀人，廷行事为贼。③

这里举了求盗追捕罪人时，发生格斗，求盗被杀的例子，从回答上看此种情形被视为斗杀，但在廷行事这一习惯性的判决中被视为贼杀，再次说明贼与斗在秦汉律中性质的不同，也反映出一般成文法的规定与现实中的习惯判决存在着某种出入。

（三）官吏的职务责任

上文已经讨论了斗的法律概念、刑罚判定标准两个问题，现在需要说明的是文中负责管理逐捕者逐捕不利时可能需要承担的责任，可以参考《二年律令·捕律》145简：

一岁中盗贼发而令、丞、尉所（？）不觉智（知）三发以上，皆为不胜任，

① 张家山二四七号墓竹简整理小组编著：《张家山汉墓竹简［二四七号墓］》（释文修订本），文物出版社2006年版，第13页。

② 张家山二四七号墓竹简整理小组编著：《张家山汉墓竹简［二四七号墓］》（释文修订本），文物出版社2006年版，第11页。

③ 睡虎地秦墓竹简整理小组编：《睡虎地秦墓竹简》，文物出版社1990年版，第109页。

免之。[1]

盗贼案件发生后，一县县令、县丞、县尉应及时发觉，三次未发觉就会受到惩罚，还可参见《二年律令·捕律》146－148简：

群盗、盗贼发，告吏，吏匿弗言其县廷，言之而留盈一日，以其故不得，皆以鞫狱故纵论之。□□□□发及斗杀人而不得，官啬夫、士吏、吏部主者，罚金各二两，尉、尉史各一两；而斩、捕、得、不得、所杀伤及臧物数属所二千石官，二千石官上丞相、御史。

从以上律文可知，有关官员除了为及时发现贼盗案发需要负法律责任，同时不得隐匿相关信息，隐而不告。其中最值得注意的是，在逐捕斗杀者而不得时，相关官吏都要受到处罚，而且无论得与不得，都要上报上级官吏。虽然未提及斗伤的情况，但是可以推测汉律中应该有类似的规定，因此才会出现向上级报告逐捕未得情况的文书，从上报官员诚惶诚恐的态度来看，结合上述律条可知，其主要是怕受上级依律处罚，而只有在此后的逐捕中及时捕得罪人，才能免于法定的职务责任。

三、再论出土法律文献的史料意义

综上所述，通过梳理相关的立法规定，结合对具体案例进行的考察，我们可以对斗伤这项罪名有进一步的了解。在传世史料中，斗伤的案例材料极少，上引嫪毐、原涉的例子都不是完全意义上的刑事案件，目前传世史料中所见主要为斗杀的材料，且数量不多，如《汉书》卷二三《刑罚志》：

至成帝鸿嘉元年，定令：“年未满七岁，贼斗杀人及犯殊死者，上请廷尉以闻，得减死。”

按照此条材料记载的令文，年未满七岁者贼、斗杀人的，上报廷尉可以获得“减死”的处分。所谓减死，即免除死刑后减等量刑，如《汉书》卷六《武帝纪》：“秋九月，令死罪入赎钱五十万减死一等。”其他关于斗杀的材料可见于《后汉书》卷一七《冯异传》：

彰卒，子普嗣；有罪，国除。

据章怀太子注引《东观记》：“坐斗杀游徼，会赦，国除。”虽未明言应处何种刑罚，但会赦后国除，可见斗杀人在东汉时仍是重罪。相对而言传世史料中关于斗伤的案例较为少见，因此单凭有限的传世史料我们很难对斗伤的立法规定、

---

① 张家山二四七号墓竹简整理小组编著：《张家山汉墓竹简［二四七号墓］》（释文修订本），文物出版社2006年版，第28页。

具体的法律适用、犯罪形态有进一步的了解。正因为如此，长沙五一广场东汉简牍有着重要的史料价值。

首先，由于居延汉简、睡虎地秦墓竹简、张家山 247 号汉墓竹简等出土文献的公布，披露了大量不存于传世文献的信息，加之结合唐律中的相关规定，我们可以对斗伤的立法规定、具体犯罪形态有初步的认识。但是这些材料仍然有一定的局限性，即主要体现为较为抽象的立法规定，虽然结合居延汉简中记载的一些实例，我们可以了解到一些斗伤的具体情形，但是有关斗伤案件的实际案例仍然较少，而长沙五一广场东汉简牍中所见“斗伤”案件，则更多地披露关于斗伤犯罪的具体细节，使得我们对汉律中斗伤这一罪名有了进一步的认识，尤其是其中争言造成斗殴的诸种情况，使得我们对斗、斗伤等法律概念的认识更为明晰。

其次，木牍文书中关于受伤部位、伤口数的记录以及对于逐捕斗伤犯罪者的重视，正可以与立法中对于斗伤刑罚适用的标准、官吏责任的规定相印证。这些文书所体现的信息，使得抽象的法律规定具体化，为考察抽象的立法在现实行政、执法过程中如何执行提供了宝贵的资料，对我们了解犯罪的具体形态、法律执行的细节具有重要的史料价值，极大地拓展了秦汉法制史研究的空间，这些都不是单纯钩沉、考证有限的传世史料所能做到的。

最后需要指出的是，由于目前汉代关于斗伤的立法规定主要见于西汉初年的出土史料，而有关案例主要见于西汉中后期至东汉时期，即两类史料之间存在着一定的时间跨度，在这期间立法的具体规定发生了何种变化，又有哪些得以延续，这些问题的进一步厘清，则有待新史料的发现、公布。

浅析中国古代共同犯罪的历史演变

马 聪

共同犯罪因犯罪人数多和社会危害大，历来都受到特别关注。从刑事立法的角度讲，对共同犯罪的规定是否科学、完备，在某种程度上决定着一部刑法法典的水平与价值。中国古代共同犯罪的发展，从具体的、列举式的规定到抽象的、概括性的规定，从粗疏的规定到详尽而完备的立法，共经历了以下四个阶段。

一、萌芽时期（原始社会末期至秦）

就现有的资料来看，这一时期对共同犯罪的规定多是具体的，是针对某一具体事件而作出的，尚未出现关于技术上的抽象概括。中国古代的典籍中很早就有关于共同犯罪的记载，表明共同犯罪的观念在中国很早就出现了。《尚书》中记载“蛮夷华夏，寇贼奸宄”①，《说文解字》：“宄，奸也。外为盗，内为奸。”奸、宄大约相当于现代所说的内奸、外贼。这表明，在虞舜时期，就已有共同犯罪现象存在。由此可知，至迟在氏族社会末期，就已有了共同犯罪的概念。而对这种行为如何处罚，则没有详细记载。《尚书·胤征》中也有“歼厥渠魁，胁从罔问”的说法。“渠”同“巨”，“渠魁”即首犯；“胁从”即参加叛乱的胁从犯。这句话的意思是对首犯予以歼灭，对因胁迫而随从犯罪的人则不予处罚。说明当时已出现了对首犯和从犯的划分，且实行了对共同犯罪中的胁从犯从轻处理、对共犯分化瓦解的政策。②

西周时期，共同犯罪也受到普遍关注，成为刑法打击的重点。《尚书·酒诰》中有：“…… 群饮，汝勿佚，尽执拘以归于周，予其杀。”这是周公代表周武王对其九弟卫康叔姬封发布的诰令。从对违犯酒令的处理来看，“群饮”是首要的惩罚对象。显然，立法者的注意点不在“饮”，而在“群”，也就是说，法律要制裁的是以聚众饮酒的形式进行集会，因为这里往往会潜伏着叛乱、谋反的危险。退一步说，即使只是酒后闹事，聚众饮酒也比单饮独斟要严重得多。③《周礼·礼记·月令》也记载：“是察阿党，则罪无有掩蔽。”郑注：“阿党，谓治狱吏以私恩曲挠相为也。”西周对阿党罪的处罚是相当严厉的。臣下倘若朋比

---

① 《尚书·舜典》。

② 宁汉林、魏克家：《中国刑法简史》，中国检察出版社1997年版，第155页。

③ 张紫葛、高绍先：《〈尚书〉法学内容译注》，四川人民出版社1988年版，第102页。

为奸，结党营私，危及王室安全，则一律处以斩刑。[①]

战国时期，受法家重刑主义思想的影响，法律上出现了对共同犯罪加重处罚的规定。《法经》中就有“越城，一人则诛，自十人以上夷其乡及族，曰城禁”[②]的规定。战国时期，多国纷争，一个国家的领土、臣民十分有限，人口的增多就是国力的加强，逃亡到别国，便是弱己而强人，所以统治者非常重视。一人越城，即处死刑；若十人越城，则是成批逃亡，其危害性更为严重，要处以“夷其乡及族”的严刑。[③] 可见，到战国时期，已有对共同犯罪和单独犯罪区别对待的规定，对共同犯罪的处罚要比单独犯罪重得多。

这一时期，共同犯罪作为一种特别的犯罪类型，仅以一种犯罪现象记录在文献典籍中，尚缺乏一般性的学理说明，在技术上没有抽象、概括的规定，也未能提出共同犯罪的一般概念。

二、形成时期（秦至三国）

这一时期是共同犯罪制度发展的一个重要时期，已出现了对共同犯罪人的划分，在处罚上也有所区别。

秦律《法律答问》对共同盗窃的既遂与未遂的处罚已有所区别。对既遂处以“流放”以上的刑罚，对未遂则处以较轻的“赎黥”。可见，到战国时代，秦国法律中已出现对具体的共同犯罪形态的划分。秦律已重视考察共同犯罪人的主观心理，对只有共同意图而无共同犯罪行为的共同犯罪人也要给予处罚。如《法律答问》：“甲谋遣乙盗，一日，乙且往盗，未到，得，皆赎黥。”[④] 所谓“谋遣”，指主谋指使。甲为主谋指使者，即首犯。所谓“往盗”，指乙按主谋指使者的意图去盗窃，因此乙为从犯。二者在共同犯罪中的实际作用显然不同。甲虽没有参与实行行为，但仍须处罚。由此可知，秦律以事先是否有通谋作为共同犯罪成立的要件之一，强调共同犯罪的成立不仅应具有共同的犯罪行为，还要有共同的犯罪意图，从而确定了共同犯罪构成以主客观相一致为原则的立法例。在对共同犯罪进行处罚时，共犯重于单独犯罪，集团犯罪重于一般共犯，群盗重于一般集团犯，教唆未成年人犯罪最重。[⑤]

共犯重于单独犯罪。如《法律答问》有：“甲乙雅（素）不相知，甲往盗丙，才到，乙亦往盗丙，与甲言，即各盗，其赃值各四百，已去而偕得。其前谋，当并赃以论；不谋，各坐赃。”[⑥] 并且，在共同犯罪中，因共犯人数的不同以及犯赃数额的不同，又分别处以不同的刑罚。如《法律答问》中有：“五人

---

① 冯卓慧、胡留元：《西周法制史》，陕西人民出版社 1988 年版，第 366 页。

② 《七国考》引西汉桓谭《新论》。

③ 高绍先：《中国刑法史精要》，法律出版社 2001 年版，第 176 页。

④ 睡虎地秦墓竹简小组编：《睡虎地秦墓竹简》，文物出版社 1978 年版，第 150 页。

⑤ 栗劲：《秦律通论》，山东人民出版社 1985 年版，第 219 页。

⑥ 睡虎地秦墓竹简小组编：《睡虎地秦墓竹简》，文物出版社 1978 年版，第 156 页。

盗，赃一钱以上，斩左趾，又黥以为城旦；不盈五人，盗过六百六十钱，黥劓以为城旦；不盈六百六十到二百二十钱，黥为城旦；不盈二百二十以下到一钱，迁之。”① 共同犯罪不仅量刑比一般犯罪重，而且不论其赃物的多少，只要实施了共同犯罪的行为就可处罚。

在共犯当中，集团犯罪又重于一般共同犯罪。在集团犯罪中，对“群盗”的处罚又重于一般盗窃集团犯罪。《封诊式》中有份关于“群盗”的“爰书”②，记载破获了由五个人组成的持有箭、弩等武器的抢劫集团，前后有四人被捕获，一人被杀死。对于群盗的刑罚是极重的，即使“群盗赦为庶人”，如果又犯了罪，就会“以故罪论”，其处罚之重与重人的谋反罪同等。

在共犯中，教唆未成年人盗窃杀人，罪最重。《法律答问》：“甲谋遣乙盗杀人，受分十钱，问乙高未盈六尺，甲何论？当磔。”③ 按秦律规定，身高不足六尺，不负刑事责任。甲教唆未成年人实施“盗杀人”的犯罪行为，虽然只分十钱，也得负教唆犯全部的刑事责任，处以“磔”刑，即车裂的刑罚。

汉承秦制，对共犯的规定基本与秦律精神一致，但汉律较秦律更为细致和科学。至汉律，已从刑法上对共同犯罪者的地位和责任进行划分，把共同犯罪者分为“首恶”“造意”“非本造意”及随从犯等几类，并对一般的共同犯罪与群盗等犯罪团伙采取不同的处罚原则。《汉书·孙宝传》云：“《春秋》之义，诛首恶而已。”汉律特别注重追究共同犯罪中首恶犯的刑事责任。在一般的共同犯罪中，采取区分首从的处罚原则，严惩首恶与造意犯。西汉时，主父偃为齐王相时，因劝协齐王自杀，被论罪，审理认定：“偃本首恶，非诛偃无以谢天下，乃遂族偃。”对“首恶”及“造意”者，不仅要从重处罚，而且不得适用自首减免刑罚的处分原则。汉律规定，对“群盗”杀之无罪，知情不报者，处罚之。就群盗，汉律中有“首匿”“通行饮食”“阿党”等罪名。东汉对结党这种共同犯罪处罚极重，即使是皇亲贵族也不可免。如《后汉书·安帝纪》：“（延光四年夏四月）辛卯，大将军耿宝，中常侍樊丰，侍中谢恽、周广，乳母野王君王圣，坐相阿党，丰、恽、广下狱死，宝自杀，圣徙雁门。”汉律中对教唆犯的规定更加完备。“取蛊人及教令者，弃市。”“教令者”即教唆犯。《汉书》中有大量关于王侯教唆人的记载：“嗣侯勿害，本始二年，坐使人杀兄，弃市。”“嗣侯萧获，永使元年，坐使奴杀人，减死完为城旦。”“巨鹿太守朱寿为廷尉，元凤五年，坐侍中邢元下狱，风吏杀元，弃市。”“风”为“授意”，同“教令”。这里的教令犯，相当于现代刑法中的教唆犯。汉律中有关教令犯及其刑事责任的规定，为唐律中较为完备的教令犯制度的形成奠定了基础。

另外，在汉代惩治共同犯罪的规定中，已有儒家思想对法律影响的痕迹。如《后汉书·郭躬传》记载东汉明帝永平时，“有兄弟共杀人者，而罪未有所归。

---

① 睡虎地秦墓竹简小组编：《睡虎地秦墓竹简》，文物出版社 1978 年版，第 150 页。
② 睡虎地秦墓竹简小组编：《睡虎地秦墓竹简》，文物出版社 1978 年版，第 255 页。
③ 睡虎地秦墓竹简小组编：《睡虎地秦墓竹简》，文物出版社 1978 年版，第 180 页。

帝以兄不训弟，故报兄重而减弟死……”处罚中重兄而轻弟是家族伦常在汉代刑法中的体现。可见，唐代家族犯罪惩罚尊长的规定，在汉代已见端倪。

《魏律》至隋代时全文已失传，只在《晋书·刑法志》中保存有《魏律·序略》。曹魏对阿党的危害性非常清楚，因此给予了极重的处罚。《三国志》中有这样的记载：“阿党比周，先圣所疾也。”“田银苏伯反河间，银等既破，后有余党，皆应伏法。渊以为非首恶，请不行刑。太祖从之。”① 可见在处罚中，首从区别对待的原则也被运用了。

从上述史料可以看到，战国时期的《云梦秦简》已意识到共同犯罪是一种区别于单独犯罪的犯罪形态，对共同犯罪作了细致的分类，但仍然没有提出共同犯罪这一概念。

三、发展时期（两晋南北朝至隋）

晋朝在刑法理论方面的贡献是比较突出的。自晋代开始，随着律学的发达，从法理上对于共同犯罪的形式、责任等作了区分。《晋书·刑法志》引张斐《律解》：“唱首先言谓之‘造意’，二人对议谓之‘谋’，制众建计谓之‘率’，不和谓之‘强’，攻恶谓之‘略’，三人谓之‘群’……”指出了共同犯罪的特点——两人以上的通谋（对议），主犯的形式——“唱首先言”，“制众建计”，以及受威力强制实施犯罪的胁从犯——“不和”而“强”。张斐在《律解》中将共同犯罪区分为具有一般意义的共同犯罪、三人以上的“群”共同犯罪、作为特例的“谋反之同伍”三种。而各共同犯罪人则根据其在共同犯罪中的地位和作用，被区分为“唱首先言”的造意犯，“制众建计”的“率”，以及“二人对议”的“谋”，还有“实不知情”的胁从犯。这种法理上的划分，有助于认识共同犯罪的特点，正确区别共同犯罪者所应承担的刑事责任。

到南北朝时期，社会动荡，统治阶级采用重典治世，对共同犯罪的处罚也加重了。共同犯罪作为一种普遍存在的犯罪形式，其理论和实践都有了较大的发展，从法律上明确划分了主、从犯的地位及其所应承担的刑事责任。《魏书·刑罚志》引律：“诸共犯罪，皆以发意为首。”“知人略盗之物，而故买者，以随从论。”“谋杀人而发觉者流，从者五岁刑，已伤及杀而还苏者死，从者流，已杀者斩，从而加功者死，不加功者流。”② 从这些规定来看，首先，在北朝时就已提出了共同犯罪的概念，但对概念的界定还不够全面，表述也不够完整，未作具体详细的解释，并且对从犯也未作出鉴定；其次，在量刑上，已完全确立了从犯比照主犯减轻处罚的原则；再次，将从犯又分为“从而加功”及“不加功”等形式，在责任区分上更加明确。《魏书·刑罚志》：“诸强盗杀人者，首从皆斩，妻子同籍，配为乐户；其不杀人及赃不满五匹，魁首斩，从者死，妻子亦为乐

---

① 《三国志·魏志·武帝纪》。

② 《魏书·刑罚志》，第一一一卷。

户；小盗赃满十匹以上，魁首死，妻子配驿，老者流。”① 从中可以看出，强盗罪中对杀人或不杀人的处罚不同，盗窃数额不同处罚也不同。这表明此时的立法技术较前朝已有所进步，对共同犯罪在科刑上的分类更加细致，可操作性更强。《历代刑法志》：“盗贼群攻乡邑及入人家者，杀之无罪。……其大抵持杖群盗一匹以上，不持杖群盗五匹以上，监临主掌自盗二十匹以上，盗及诈请官物三十匹以上……皆死。”对群盗的处罚也确定了具体的量化标准，比前朝有所进步。

隋朝实行暴政，二世而亡，留下的史料很少。《开皇律》原文已失传，《隋书·刑法志》有这样的记载：“四人共盗一榱桶，三人共窃一瓜，事发即时行决。”从中可见刑罚之残酷，不言自明。

这一时期，刑法理论取得了巨大的成就。《张杜律》中对共同犯罪的理论阐述在中国刑法史上具有划时代的意义。张杜对共同犯罪中的形态从理论上作了区分，提出了“造意”“谋”“率”“强”“群”等概念，进一步丰富了共同犯罪理论。但由于资料的散失，这一时期表现出来的对共同犯罪概念的界定不够全面，表述也不够完整。

四、成熟时期（唐代至清代）

唐代，法律对共同犯罪的规定趋于成熟和完备，古代共同犯罪制度基本上稳定下来。从结构上看，唐律中的共同犯罪制度不仅见于《名例》篇中，还散见于其他各篇中，形成总则性规定与分则性规定相结合的立法模式；从内容上看，唐律中共同犯罪制度的规定相当全面、细致，体现了极高的立法水准，成为古代共同犯罪制度的立法典范。

《唐律疏议》中明确提出共同犯罪的概念：“诸共犯罪者，以造意为首，随从者减一等。”② 在对于共同犯罪的划分和责任的认定等问题上，《唐律疏议》继承了前代的传统和经验，在内容上作了具体规定。原则上，《唐律疏议》规定共同犯罪为“二人以上共犯，以先造意者为首，余并为从”③。《唐律疏议》中关于共同犯罪适用“共犯”或“共犯罪”的术语表述，其含义系指“二人以上共犯”，并不以共同故意为共犯的构成要件，因而也包括了二人以上的共同过失犯及结果加重犯。在此基础上，《唐律疏议》对各种不同形态的共同犯罪作了更为具体的划分，并根据其社会危害性的大小，科以不同的刑罚。《唐律疏议》将共同犯罪分为一般共犯与特殊共犯两类。一般共犯按照在共犯中的罪责不同又被分为不分首从与分开首从两种。特殊的共犯指“同职犯公坐”及“同职有私”。

宋、元、明、清各朝刑法关于共同犯罪的规定基本上承袭了唐律的原则，只是根据社会治安形势的严峻与缓和，在处罚上宽严有所不同。

---

① 《魏书·刑罚志》，第一一一卷。

② 刘俊文点校：《唐律疏议》，法律出版社 1999 年版，第 125 页。

③ 刘俊文点校：《唐律疏议》，法律出版社 1999 年版，第 125 页。

《宋刑统》的主旨仍是在儒家“攻心为上”的思想指导下，在严刑惩处罪犯的同时，着重对罪犯思想瓦解和对共同犯罪的分化。

元代立法基本上借鉴了唐律，创新之处甚少。元代法律中的男女不平等现象在共同犯罪中也有所表现。如“诸妻与人奸，同谋药死其夫，偶获生免者，罪与已死同，依例结案。……诸与奸妇同谋药死其正妻者，皆处死”①。前一条中妻犯罪即便未死也是“与已死同”定罪量刑，而后者是夫犯罪必须是正妻已死才处死刑。

明清刑法基本上继承了唐律对共同犯罪处罚的原则和规定。明朝最高统治者有鉴于唐、宋两朝因为官僚结党和宦官同官吏交结为害，致使皇权旁落的历史教训，严禁内官与外官结交朋党，有敢犯者，严惩不贷。《大明律》中特别增设了汉唐宋元刑法中所未有的“奸党”罪。对这类共同犯罪，不仅罪及本人，还要株连家属。

清代的法制建设，以“详译明律，参与国制”为立法原则，力图保持法律制度的连续性。但清朝处于封建社会末期，出于加强君主专制主义的需要，其刑罚的适用较前朝要重一些。清律“凡谋反、谋大逆，但共谋者，不分首从，皆凌迟处死”②，并株连其父子、祖孙、兄弟及同居之人，比唐律的规定要重。此外，为了防止汉族人民利用宗教或结拜兄弟等形式聚众反抗朝廷，乾隆定例：“凡异姓人歃血定盟结拜兄弟者，照谋叛未行律，为首者拟绞监候，为从减一等。”“抗粮聚众，或罢考、罢市至四五十人，为首者斩立决，从者绞监候，被胁同行者各杖一百。”③

五、中国古代法典中共同犯罪的特点

（一）与我国现行刑法共同犯罪概念及构成要件不同

古代的共同犯罪不仅包括共同故意，而且包括共同过失及结果加重犯，其外延要比我国现行刑法中的共同犯罪概念的外延大。相应地，其构成要件也就不同。我国刑法第二十五条规定：“共同犯罪是指二人以上共同故意犯罪。二人以上共同过失犯罪，不以共同犯罪论处；应当负刑事责任的，按照他们所犯的罪分别处罚。”

（二）家族本位的特点贯彻其中

自汉代以来，中国法律的儒家化进程不断加深。儒家思想所倡导的“三纲五常”成为立法的重要指导思想。“夫为妻纲”“父为子纲”思想的贯彻使男性家长在家族中享有诸多特权的同时，也要为家庭成员的犯罪行为承担相应的责任。

---

① 《元史·刑法志·大恶》，卷一〇四，志第五十二，刑法三。

② 《大清律例·刑律·贼盗》。

③ 《大清律例·刑律·贼盗》。

在家庭成员组成的一些共同犯罪中，往往只处罚家长，或是对家长的处罚重于其他家庭成员。

（三）对共同犯罪的处罚较单独犯罪为重，并且不适用或是少适用赎刑

因为共同犯罪是多个人共同实行一项或几项犯罪，其危害性较之一人犯罪要大，因此对它的处罚也较单独犯罪为重。我国古代自从周穆王时期制定《吕刑》时起，法律就规定了赎刑，但在流传下来的古代律典及《历代刑法志》等古籍文献中，很少见到对共同犯罪适用赎刑的记载。

中国古代刑法对共同犯罪的规定，根据不同的情况，给予不同的处罚，体现了古代刑法关于共同犯罪理论和实践的发展与完善。

夏商至周代婚姻观念、习俗的继承、发展与变化

陈秀平

所谓婚姻观念，是一种用以支配人们处理婚姻关系的准则，它是一种社会意识形态。所谓婚姻习俗，是在一定的婚姻观念支配下，形成的关于婚姻的习惯与风俗。婚姻观念、习俗会随着社会经济、政治、文化的发展变化而发展变化，夏商至周代婚姻观念、习俗的继承发展与变化对中国古代婚姻制度的形成和发展产生了深远的影响。

一、夏商时期的婚姻观念、习俗

我们通过学者们对出土的甲骨文的考证和后世文献的记载，了解到夏商时期的婚姻观念、习俗，其主要内容如下：

（一）一夫一妻制的主导婚姻形态

夏商时期的一夫一妻制是在原始社会后期父权制下的族外婚基础上发展而来的。商朝建立以后，社会普遍实行一夫一妻制。据胡厚宣、陈梦家、郭沫若等学者们的考证，商朝的诸先公世系为契—昭明—相土—昌若—曹圉—冥—王亥—上甲—匚乙—匚丙—匚丁—示壬—示癸，自示壬、示癸开始，甲骨文都有明确记载一夫一妻，都是一个女子属于一个男子，并且夫妻关系明确。比如，示癸之子大乙妻为妣丙，大丁妻为妣戊，大甲妻为妣辛，外丙妻为妣甲，大庚妻为妣壬，大戊妻为妣壬等，都是一夫一妻制。除甲骨文的相关记载之外，商代的一夫一妻制在许多商代遗迹中也得到不同程度的印证。1997 年在河南郑州商城宫室区发现了一座一家三口的合葬墓；在河南安阳殷墟墓地，发现许多男女“异穴并葬”的现象。[①] 据有人粗略统计，这种墓葬数量约占殷墟总墓数量的三分之一。这些墓葬都再次证明，商代的一夫一妻制已经普遍存在于社会各个阶层。

在一夫一妻制的主导婚姻形态之下，商代出现了一个男子娶多个女人的现象，这种现象在王公贵族等社会上层人物中尤为突出。“郑注《檀弓》云：‘舜不告而娶，不立正妃，但三夫人。夏则因而广之，增九女则十二人。所增九女者，则九嫔也。’故郑云：‘《春秋》说云：“天子娶十二人”，夏制。’郑又云：‘殷增三九二十七人，总三十九人，所谓二十七世妇也。周又三二十七人，因为

① 安阳市博物馆：《殷墟梅园庄几座殉人墓葬的发掘》，《中原文物》1986 年第 3 期。

八十一人，则女御也。'"①

如何看待一夫一妻制度下，以天子为首的王公贵族们娶多个女人的现象呢？这有悖于一夫一妻制吗？客观地讲，这种现象我们通常情况下称其为一夫一妻多妾制。夏商时期的天子及王公贵族们可以娶包括正妻在内的多个女人，其主要目的是广生子嗣，继承家业，祭祀祖先。《白虎通》说："天子诸侯，一娶九女何？重国广继嗣也。"在这众多妻妾当中，只有一个是正妻，其他的只能称为妾，地位都在正妻之下。所以可以说，夏商时期主导的婚姻形态仍是一夫一妻制。

（二）同姓通婚与近亲不婚的婚俗

台湾学者赵林指出，整体看来，商代女名并未制度化呈现出"女子系姓"的现象。② 但是他依据商王武丁娶妇好（妇好又作妇子，商人为子姓）一例推断，同姓通婚在商代确是存在的。据其他学者考察，在商王的诸妻里面，有与商王异姓的，也有与商王同姓的，"同姓不婚之俗在商代还没有占据完全的统治地位"③。

殷商的同姓通婚有没有限定一定的范围呢？赵林根据商汤时期的子姓两大兄弟宗族构图得出一个结论：商人实行"平辈旁系亲属通婚制"，即己或己之四级内旁系兄弟与己之第六级旁系的男女兄弟通婚。④ 这就说明，商人同姓不同宗的男女兄弟允许通婚。王国维也说："然则商人六世以后，或可通婚。"⑤

《礼记·大传》曰："四世而缌，服之穷也。五世袒免，杀同姓也。六世亲属竭矣。"根据这一衡量标准，商人同姓通婚并非近亲通婚。李衡眉在论及殷商昭穆制度时也谈到，殷商昭穆制度的产生，本来旨在严格区分父子两代人的氏族界限，其目的是杜绝近亲婚姻关系。⑥ 可见，殷商时期就不允许不同辈分或直系亲属两代之间的婚姻，认为那些都是乱伦行为，是必须被禁止的行为。

二、周代的婚姻观念、习俗

通过《诗经》《周易》《左传》等文献典籍，我们发现周代（西周至春秋战国）的婚姻观念、习俗主要包括以下内容：

（一）"父母之命，媒妁之言"

自西周以降，"父母之命，媒妁之言"成为婚姻成立的根本条件。《礼记·文王世子》："五庙之孙，祖庙未毁，虽为庶人，冠、娶妻必告。"父母之命是婚

---

① （元）马端临：《文献通考》卷二百五十三《帝系考四》，中华书局1986年版，第1993页。

② 赵林：《论商代的母与女》，台北《"中国文化大学"中文学报》2005年第10期。

③ 钟敬文：《中国民俗史　先秦卷》，人民出版社2008年版，第276页。

④ 赵林：《商代的亲称"兄、弟"及其相关的旁系亲属问题》，《中国史研究》2009年第1期。

⑤ 王国维：《观堂集林·殷周制度论》，河北教育出版社2003年版，第241页。

⑥ 李衡眉：《昭穆制度研究》，齐鲁书社1996年版，第248－249页。

姻缔结的前提，否则会被视为悖礼行为。在婚姻的成立条件中，与“父母之命”具有同等重要地位的就是“媒妁之言”。《礼记·曲礼》云：“男女非有行媒，不相知名。”何为媒妁？《说文解字》云：“媒，谋也，谋合二姓者也，从女某声。”“妁，酌也，斟酌二姓者也，从女勺声。”①《训蒙字会》曰：“媒妁者，男媒为媒，女媒为妁。”后世将撮合男女婚姻之事统称为“媒”。

根据礼制要求，男子无媒不娶，女子无媒不嫁。不遵循“父母之命，媒妁之言”的婚姻不为家人和社会所认可，甚至会遭到唾骂。《孟子·滕文公下》：“丈夫生而愿为之有室，女子生而愿为之有家，父母之心，人皆有之，不待父母之命、媒妁之言，钻穴隙相窥，逾墙相从，则父母国人皆贱之。”《管子·形势解》：“妇人之求夫家也，必用媒而后家事成。求夫家而不用媒，则丑耻而人不信也。故曰：自媒之女、丑而不信。”

凡是未经“父母之命，媒妁之言”缔结的“异常”婚姻，都被称为“奔”。韦昭注：“奔，不由媒氏也。”《左传·昭公十一年》：“泉丘人有女，梦以其帷幕孟氏之庙，遂奔僖子，其僚从之。盟于清丘之社，曰：‘有子，无相弃也。’”②孟僖子接纳了主动“奔”来的泉丘女，后来泉丘女为孟僖子生了儿子。另，《国语·周语上》载：“恭王游于泾上，密康公从，有三女奔之。”

（二）维护一夫一妻制

殷商时期确立了一夫一妻制，周代则极力维护一夫一妻制，违反和破坏这一原则，即使是国君或者王公贵族，都会受到严厉的谴责。比如，齐襄公与文姜是同父异母的兄妹，文姜本来嫁给鲁桓公为妻，但是她又返回齐国，与齐襄公私通。《齐风·载驱》对文姜急于回到齐国的心情予以辛辣讽刺：“鲁道有荡，齐子发夕。”这是说在鲁国那平坦的大道上，文姜天没亮就出发了。“鲁道有荡，齐子翱翔”，“鲁道有荡，齐子游敖”。这是说在鲁国那平坦的大道上，文姜自由得像鸟儿一样飞翔，像鱼儿一样游荡。又如，《陈风·株林》对陈灵公与夏姬私通也进行了绝妙的讽刺，夏姬本是夏御叔的妻子，有个儿子叫夏南。陈灵公为了掩饰与夏姬私通的事实，经常以“从夏南”为借口。“胡为乎株林？从夏南！匪适株林，从夏南！”实际上陈灵公去株林只是为了与夏姬私通。

上述讽刺诗表明，当时社会中人们已经形成了极力维护一夫一妻制和极力反对破坏一夫一妻制的婚姻观念。

（三）同姓不婚

王国维先生依据相关史料推断，女子称姓自周人始，同姓不婚之制亦自周人始。“上古女无称姓者，有之，惟一姜嫄。姜嫄者，周之妣，而其名出于周人之口者也。”“虽不敢谓殷以前无女姓之制，然女子不以姓称，固事实也。而周则

① （汉）许慎撰，（清）段玉裁注：《说文解字注》，上海古籍出版社1981年版，第613页。
② 杨伯峻编著：《春秋左传注》（修订本），中华书局1990年版，第1324页。

大姜、大任、大姒、邑姜，皆以姓著。自是迄于春秋之末，无不称姓之女子。”①《礼记·大传》：“四世而缌，服之穷也。五世袒免，杀同姓也。六世亲属竭矣。其庶姓别于上而戚单于下。婚姻可以通乎。系之以姓而弗别，缀之以食而弗殊。虽百世而婚姻不通者，周道然也。”由此可见，殷代同姓者在六世以后或可通婚，而在周代，同姓者虽经百世也不得通婚。《孔丛子》《孔子家语》等文献资料中也有许多证实这一原则的事例。

如《孔丛子》载：昔者季孙（季康子）问于夫子，曰：“百世之宗，有绝道乎？”子曰：“继之以姓，义无绝也。故同姓为宗，合族为属，虽国子之尊，不废其亲，所以崇爱也。是以缀之食序，列之昭穆。万世婚姻不通，忠笃之道然也。”②

又如，《孔子家语》载：卫公使其大夫求婚于季氏，桓子问礼于孔子。子曰：“同姓为宗，有合族之义，故系之以姓而弗别，缀之以食而弗殊……虽百世，婚姻不得通，周道然也。”桓子曰：“鲁卫之先，虽寡兄弟，今已绝远矣，可乎？”孔子曰：“固非礼也，夫上治祖祢以尊尊之；下治子孙以亲亲之；旁治昆弟，所以教睦也。此先王不易之教也。”③

（四）媵嫁婚

所谓“媵嫁”，就是陪嫁、随嫁。周天子和诸侯实行媵嫁婚，诸侯娶一国的女子为妻（嫡妻），女方则以侄（侄女）娣（妹）陪嫁，同时还有两个跟女方同姓的国家送女儿陪嫁，又各以侄娣陪嫁。这些陪嫁随嫁的女子就统称为“媵”，其地位远远低于嫡妻，但比卑贱的妾的地位要高些。《诗经·召南·鹊巢》描写女子出嫁，送亲及陪嫁的人很多：“维鹊有巢，维鸠盈之。之子于归，百两成之。”《卫风·硕人》描写庄姜出嫁到卫国，陪嫁的女子之多：“河水洋洋，北流活活。施罛涉涉，鳣鲔发发，葭菼揭揭。庶姜孽孽，庶士有朅。”《齐风·敝笱》用“如云”“如雨”“如水”形容陪嫁人数之多。这些诗都反映了在周代王公贵族中盛行的媵嫁婚现象。

《周易》有多处关于媵嫁婚的记载。如，《易经下·归妹第五十四》：“初九：归妹以娣。跛能履。贞吉。”④ 妹妹陪送出嫁的姐姐，即使跛着脚也要陪同前行。“六三：归妹以须，反归以娣。”⑤ 本来是姐姐出嫁，结果是妹妹也出嫁了（陪嫁）。“六五：帝乙归妹。其君之袂，不如其娣之袂良。”⑥《仪礼·士昏礼》“媵御馂”郑玄注：“古者嫁女必娣侄从之，谓之媵，侄，兄之子，娣，女弟也，娣尊侄卑，若或无娣，犹先媵客之也。”古时以侄、娣（妹）陪嫁，以妾的身份与

① 王国维：《观堂集林·殷周制度论》，河北教育出版社2003年版，第241页。
② 王钧林、周海生译注：《孔丛子》卷二《杂训第六》，中华书局2009年版，第81页。
③ 《孔子家语》卷十《曲礼子贡问第四十二》。
④ 郭彧译注：《周易》，中华书局2006年版，第285页。
⑤ 郭彧译注：《周易》，中华书局2006年版，第286页。
⑥ 郭彧译注：《周易》，中华书局2006年版，第287页。

姑、姊共夫谓之媵。

（五）门第观念

周代的婚姻已经开始有了门第观念，这在《诗经》中得以充分体现。如，《周南·关雎》中反复提到“窈窕淑女，君子好逑”。其中的“君子”不是指一般的男子，而是指贵族男子；“淑女”也不是指一般女子，而是指贵族女子。“君子”理想的配偶是“淑女”，意为门当户对。正是注重门第，《诗经》中提到婚姻之事往往首先介绍婚姻当事人的出身，如，《大雅·韩奕》：“韩侯取妻，汾王之甥，蹶父之子。”可谓门当户对。又如，《卫风·硕人》开篇就介绍贵人——齐姜的身世，“齐侯之子，卫侯之妻。东宫之妹，邢侯之姨，谭公维私”，一方面说明她的高贵，另一方面也说明她的出身与卫侯很相配。

婚姻门第观念在《左传》中也有体现。如，《左传·桓公六年》载：“公之未昏于齐也，齐侯欲以文姜妻郑大子忽。大子忽辞，人问其故，大子曰：‘人各有耦，齐大，非吾耦也。’”① 大子忽推辞这桩婚姻的理由是门第不相称，说明时人已经接受婚姻的门第观念。又如，《左传·哀公二十四年》载：“公子荆之母嬖，将以为夫人，使宗人衅夏献其礼。对曰：‘无之。’公怒曰：‘女为宗司，立夫人，国之大礼也，何故无之？’对曰：‘周公及武公娶于薛，孝、惠娶于商，自桓以下娶于齐，此礼也则有。若以妾为夫人，则固无其礼也。’公卒立之，而以荆为大子。国人始恶之。”② 宗人衅夏不向公子荆之母献礼的原因是嬖的出身卑贱，由此可见，婚姻之门第观念已经深入人心。

（六）烝报婚

烝报婚是存在于春秋时期的一种贵族婚姻习俗，是指不同辈分的贵族男女结合的情形。顾颉刚先生说过，“烝”和“报”的婚姻制度是东周时代的正常现象，它“盛行于春秋前期，而消失于春秋后期”③。所谓“烝”，主要是指直系亲属间的男女发生的超越辈分的婚姻关系，一般是在奴隶主贵族死了以后，嫡子与庶母结合或庶子与嫡母结合；所谓“报”，主要是指旁系亲属间的男女发生的超越辈分的婚姻关系，比如侄子与叔母的结合。

据学者统计，《左传》中烝婚的例子共有五例。例一，《左传·桓公十六年》：“卫宣公烝于夷姜，生急子，属诸右公子。”④ 夷姜，宣公庶母。例二，《左传·庄公二十八年》：“晋献公娶于贾，无子。烝于齐姜，生秦穆夫人及太子申生。”⑤ 据杜预注，齐姜是献公父晋武公之妾，也就是献公的庶母。例三，《左

① 杨伯峻编著：《春秋左传注》（修订本），中华书局 1990 年版，第 113 页。

② 杨伯峻编著：《春秋左传注》（修订本），中华书局 1990 年版，第 1723 页。

③ 顾颉刚：《由“烝”、“报”等婚姻方式看社会制度的变迁》，《文史》（第十四辑），中华书局 1982 年版。

④ 杨伯峻编著：《春秋左传注》（修订本），中华书局 1990 年版，第 145 页。

⑤ 杨伯峻编著：《春秋左传注》（修订本），中华书局 1990 年版，第 238 页。

传·闵公二年》："惠公之即位也少，齐人使昭伯烝于宣姜。不可，强之。生齐子、戴公、文公、宋桓夫人、许穆夫人。"① 惠公是卫宣公和宣姜所生的次子。昭伯，是惠公庶兄，卫宣公庶子。例四，《左传·僖公十五年》："晋侯之入也，秦穆姬属贾君焉，且曰：'尽纳群公子。'晋侯烝于贾君，又不纳群公子，是以穆姬怨之。"② 晋侯即晋惠公，秦穆姬的庶母弟，贾君是晋惠公的嫡嫂。太子申生被骊姬馋杀，晋惠公与异母兄重耳分别出逃，后回国嗣位。例五，《左传·宣公九年》和《左传·成公二年》记载了这样一个实例：夏姬是郑穆公之女，陈国大夫御叔的寡妻，多次嫁人被认为是淫荡女子。丈夫死时，她的儿子夏征舒已经十五六岁，但因为夏姬长得漂亮，陈灵公、大夫孔宁和仪行父都与她通奸，夏征舒杀死陈灵公，另外两人逃往国外。楚庄王杀夏征舒，楚国君臣都要娶夏姬，因为大夫申公巫臣说她不吉乃止，楚庄王把她赐给了连尹襄老。此老死后，其子又烝夏姬，而一再说夏姬不吉的申公巫臣却娶了她。以上的例一、例二、例三、例五是发生在"母子"之间的"烝"，例四则是发生在叔嫂之间的"烝"，即后世"转房婚"中的"叔接嫂"婚。

《左传》中关于"报"的记载，《左传·宣公三年》："（郑）文公报郑子之妃，曰陈妫，生子华、子臧。"③ 郑子是文公的叔父。这就是发生在侄子与叔母之间的"报"。

（七）不娶强女

《易经下·姤卦第四十四》："姤，女壮，勿用取女。"④ 姤卦，强壮的女子，不能娶她。"《彖》曰，姤，遇也，柔遇刚也。'勿用取女'，不可与长也。天地相遇，品物咸章也。刚遇中正，天下大行也。姤之时义大矣哉！"⑤《彖传》说，姤是邂逅之义，是阴柔遇阳刚。"勿用取女"说明与这种女子（强女）不能长久。天地相遇，万物各显其能。阳刚者遇到居中守正的阴柔者，则能抱负大行于天下。这一姤卦主要是讲男子不能娶身体等条件强于自己的女子，否则婚姻不能长久。

在天地万物间，男子有阳刚之气，处于尊贵地位，女子有阴柔之德，处于从属地位。《周易·说卦》："乾，天也，故称乎父；坤，地也，故称乎母。"⑥《周易·文言》："乾元者，始而亨者也……刚健中正，纯粹精也。"⑦"地道也，妻道也，臣道也。地道无成，而代有终也。"⑧ 所以，男子阳刚主于外，女子阴柔主于内，《易经下·家人卦第三十七》："《彖》曰：家人，女正位乎内，男正位乎

① 杨伯峻编著：《春秋左传注》（修订本），中华书局 1990 年版，第 266 页。
② 杨伯峻编著：《春秋左传注》（修订本），中华书局 1990 年版，第 351 页。
③ 杨伯峻编著：《春秋左传注》（修订本），中华书局 1990 年版，第 674 页。
④ 郭彧译注：《周易》，中华书局 2006 年版，第 231 页。
⑤ 郭彧译注：《周易》，中华书局 2006 年版，第 232 页。
⑥ 郭彧译注：《周易》，中华书局 2006 年版，第 407 页。
⑦ 郭彧译注：《周易》，中华书局 2006 年版，第 358 页。
⑧ 郭彧译注：《周易》，中华书局 2006 年版，第 352 页。

外。男女正，天地之大义也。”[①] 男主外、女主内的思想成为中国传统婚姻家庭观念的定式。

三、周代婚姻观念、习俗相对夏商时期的继承、发展与变化

相对夏商时期而言，周代的婚姻观念、习俗在夏商的基础上，既有继承和发展之处，又有变化之处。

（一）继承和发展之处

1. 一夫一妻制

一夫一妻制自商代确立以后，周代一直继承并有所发展。所谓一夫一妻，在古代中国是指一个男子只能娶一个女子作为正妻、嫡妻。一夫一妻制确立的理论依据，一方面是天人契合说，《隋书·后妃传》曰：“阴阳肇分，乾坤定位……夫妇之义存焉。”夫妇犹如日与月，阴与阳，是一一对应的关系。另一方面，一夫一妻制的确立是宗法制度本身的要求，宗法制要求严格区分嫡庶，男子只能娶一个正妻、嫡妻，其他女子只能处在妾的位置。

2. “父母之命，媒妁之言”

实际上，“父母之命，媒妁之言”并非周代首创，这一原则早在《诗经》中就已经得到了反映。《齐风·南山》载：“艺麻如之何？衡从其亩。取妻如之何？必告父母。”“析薪如之何？匪斧不克。取妻如之何？匪媒不得。”[②] 可见，婚姻的缔结必须由媒妁撮合、父母决定，子女对自己的婚姻没有决定权。符合这一原则的婚姻才能得到认可，违背这一原则的婚姻则不被社会和家人认可。《卫风·氓》记载了一个叫氓的男子自己拿着厚礼“布”，陪着笑脸，上门跟女方商量结婚的事情，结果因为缺少媒妁，婚期被推迟的事情，“氓之蚩蚩，抱布贸丝。匪来贸丝，来即我谋。送子涉淇，至于顿丘。匪我愆期，子无良媒”[③]。

中国古代婚姻的缔结，主要是关注家族之间的利益，对婚姻双方当事人的个人权利几乎忽略不计，所以，主婚权完全掌握在一家之长手中。当时的男女婚姻恋爱都要遵从“父母之命，媒妁之言”。《墉风·蝃蝀》就强烈指责了一个未经“父母之命，媒妁之言”而出嫁远方的女子：“女子有行，远父母兄弟。”“乃如之人也，怀昏姻也。大无信也，不知命也。”[④] 总之，无“父母之命，媒妁之言”的婚姻为世人所不齿，男女“私相授受”，不仅违背“男女有别”的礼义，而且有违“家长制”下的孝道。

---

① 郭彧译注：《周易》，中华书局2006年版，第195页。

② 《诗经·齐风·南山》。

③ 《诗经·卫风·氓》。

④ 《诗经·墉风·蝃蝀》。

（二）变化之处

1. 基于人伦观及政治需求的“同姓不婚”

周代为什么会推行“同姓不婚”原则呢？国内有学者认为，周代的“同姓不婚”与“族外婚”都是人们认识到近亲结婚危害的产物。也有学者否认这种看法，吕思勉先生说：“同姓不昏之故，昔人言之者曰：‘男女同姓，其生不蕃。’曰：‘美先尽矣，则相生疾。’以今遗传学及昔时事实按之，皆无根据，盖非事实。”①

综观各家学说，结合所见文献材料，笔者认为“同姓不婚”原则的依据主要来自人们的“畏惧”感以及道德人伦观等方面的原因。

“同姓不婚”原则的依据首先来自人们的一种“畏惧”感。《左传·昭公元年》：“内官不及同姓，其生不殖，美生尽矣，则相生疾，君子是以恶之。故志曰：‘买妾不知其姓则卜之。’违此二者，古之所慎也。”《左传·僖公二十三年》：“男女同姓，其生不蕃。”《国语·晋语》：“同姓不婚，恶不殖也。”日本学者滋贺秀三先生在《中国家族法原理》一书中论及“同姓不婚”得以产生并维持的原因时，借用戴炎辉先生的说法，提出“恐惧”论。他认为，“同姓不婚”得以产生并维持的根本原因是古语中的“不蕃”“不殖”等词语所含有的断子绝孙的意味让人们产生恐惧感，人们都自觉地遵守“同姓不婚”原则，避免同姓婚。② 他补充说，同姓婚被禁止的原因，还在于这种婚姻所包含的同姓男女的肉体交合本身是应该禁忌的事，并以《左传·昭公元年》中记载的子产问候生病的晋平公为例，进一步说明男子不能近同姓之女的理由。③

“同姓不婚”原则的依据还来自人们的道德人伦观。《白虎通·姓名》说道：“人所以有姓者何？所以崇恩爱、厚亲亲、远禽兽、别婚姻也。故纪世别类，使生相爱，死相哀，同姓不得相娶，为重人伦也。”④ 这就透彻地表达了“重人伦”的思想观念。《白虎通·嫁娶》又说道：“不娶同姓者，重人伦，防淫佚，耻与禽兽同也。”⑤ 这就是强烈的道德人伦意识的直接表达。

周代确立“同姓不婚”原则的一个重要目的在于通过缔结婚姻，促进异姓诸侯国之间的政治联系和经济交往，巩固周代的姬姓统治。《礼记·坊记》：“取妻不取同姓，以厚别也。”《礼记·郊特牲》：“取于异姓，所以附远厚别也。”孔颖达疏曰：“所以附远厚别也者，取异姓者，所以依附相疏远之道。”正如王国维先生所描述的周代“有同姓不婚之制，而男女之别严。且异姓之国，非宗法之所能统者，以婚媾甥舅之谊通之。于是天下之国，大都王之兄弟甥舅，而诸国之

---

① 吕思勉：《先秦史》，中国友谊出版公司 2009 年版，第 206 页。

② ［日］滋贺秀三著，张建国、李力译：《中国家族法原理》，法律出版社 2003 年版，第 25 页。

③ ［日］滋贺秀三著，张建国、李力译：《中国家族法原理》，法律出版社 2003 年版，第 26 页。

④ 《白虎通·姓名》。

⑤ 《白虎通·嫁娶》。

间，亦皆有兄弟甥舅之亲。周人一统之策，实存于是”①。

2. 基于家族主义的门第观念

中国古代社会以家族主义为中心，体现在婚姻上就是重视家族门第的尊卑与高低。婚姻是两个家族间的法律行为，婚姻的缔结直接涉及两个家族之间的利益，所以缔结婚姻的两家必须“本色相当”，门第高下相差甚远的家族之间不允许缔结婚姻。

3. 基于男尊女卑的“不娶强女”

《周易》中关于“不娶强女”的卦辞是见证当时男尊女卑观念的又一有力证据。据《仪礼·丧服》传：“夫者，妻之天也。”在当时的婚姻关系中，男女是不平等的，女子从属于男子，“夫主妇从”，当然不可能允许女子强于男子的婚姻出现。

4. 基于早期婚姻遗俗的媵嫁婚、烝报婚

媵嫁婚是原始群婚制在阶级社会中的残余，这一制度实际上成为男子尤其是贵族男子霸占多个女子，实践一夫一妻多妾的工具。一般来讲，随媵从嫁的侄、娣的地位低于媵的地位，这一制度也成为男子践踏女子的工具。

烝报婚，是父系大家庭家长制下的产物，其目的是避免家族内能够传宗接代的妇女流入其他家族，所以允许儿子娶长辈女子，父辈能娶幼辈女子，兄弟间的妻妾可以互相继承。这些都表明原始家族权、家长权为了维护家族内部继承权，对女性的任意奴役和歧视。

总之，周代的婚姻观念、习俗，在夏商以来婚姻观念、习俗的基础上有所继承和发展，同时又顺应周代社会的变化而发生系列变化，这些与当时的国家政治制度有着密切的关系。同时，夏商至周代的系列婚姻观念、习俗，譬如，“父母之命，媒妁之言”，一夫一妻制，同姓不婚等，对后世的婚姻观念、习俗乃至近现代婚姻观念、习俗的形成和发展，都产生了重要的影响。

① 王国维：《观堂集林·殷周制度论》，河北教育出版社2003年版，第241页。

敦煌、吐鲁番契约要件的形成及其动因①

陈敬涛

一、问题与概念

在敦煌具注历日中有各类日常生活事项的吉凶注,② 小到洗头、剪指甲，大到婚丧嫁娶，人们均十分重视其在时间上的行止选择，其中市买、市易、内（纳）财、入财、出财、开仓、典庄田等各类民商事活动占据着相当重要的地位。因为这些内容事关家庭和个人的重要利益，不由得人们不重视，而承载这些活动具体内容的契约文书更没有理由不被重视。各类契约文书成为大众日常生活有序运转不可或缺的纽带与载体,③ 它们和敦煌、吐鲁番出土的其他各类文书一同构成百姓们日常生活的画卷。布罗代尔指出，和历史事件的重要性、独一无二性相比，日常生活是琐碎的，在时空范围内显得微不足道，但日常琐事反复发生，经过重复而成一般，进而可能成为结构，它侵入社会的每个层次，在世代相传的生存方式和行为方式上刻上印记。有时候，几桩传闻逸事足以使某盏信号灯点亮，为我们展示某些生活方式。④ 这一认识适足成为我们研究敦煌、吐鲁番契约结构及其内容的理由和旨趣，因为本文所要探究的敦煌、吐鲁番契约文书的构件正是日常生活中的“琐事”向“结构”转变的反映。

敦煌、吐鲁番所出契约文书主要有经济性和非经济性两大类型，经济性契约主要包括租佃、买卖、雇佣和借贷等，非经济性契约有家庭或社会伦理契约，也有少量冥契。经济性契约文书的结构及其内容事实上成为伦理性契约和冥契等书写时模仿和借鉴的对象,⑤ 只不过会依需变动、因事裁量，故究明经济性契约结构及其内容的生发机理对探究古代民间交易或交往中的规则十分重要。规则体系背后内含着社会秩序的结构，通过考察契约文书中的重要构造及其内容，还可以观察到政治权力和社会生活的互动、经济规则和伦理秩序的关系等内容。对敦煌、吐鲁番所出契约的构件及其内容用何特定术语来概括让人颇费思量，有研究

---

① 本文受 2014 年河南师范大学博士启动课题资助（qd14103）。

② 邓文宽录校：《敦煌天文历法文献辑校》，江苏古籍出版社 1996 年版。

③ 俞江：《是“身份到契约”还是“身份契约”》，《读书》2002 年第 5 期，第 57 页。

④ ［法］费尔南·布罗代尔著，顾良、施康强译：《十五至十八世纪的物质文明、经济和资本主义：日常生活的结构——可能和不可能》（第一卷），生活·读书·新知三联书店 1992 年版，第 27 页。

⑤ 例如，张传玺先生就指出买地券文脱胎于人间的土地买卖契约。张传玺：《契约史买地券研究》，中华书局 2008 年版，第 174 页。

者用“契式”概括,[①] 该词语境更倾向于结构的指称。张传玺先生在买地券中指称“契约项目”[②] 为则例、事例、书例或广例，即标题、券额书例、立券时间书例、钱主姓名书例、业主姓名书例、确定标的书例、券价与交割书例、业主担保与违约罚则书例、中保人署名与酒礼银书例、设神道以护法券书例。[③] 法国学者童丕将借贷契约的诸项要素称为“栏目”。[④] 上述称谓和契约成立所需“要件”[⑤] 不同,“要件”既符合当代学人的习惯，又可涵盖各类契约的要素及内容，具有随时代不同而灵活变通之便宜，故本文以“要件”统一称之。在理论上本文受到其规则及习俗生发机理研究成果的启示。

二、契约要件的形成及基本动因

在契约的萌芽时期，其要素不齐、规模未具，甚至连名称亦繁复不一,[⑥] 人们曾长期委诸绳木“传达信息，处理事件”[⑦]，依《周易》所记即“上古结绳而治，后世圣人易之以书契。百官以治，万民以察”。无论“结绳”还是制作“书契”，其目的均在于“决断万事”。[⑧] 在清至现代的一些文献中，我国一些少数民

---

① “所谓契式，即契约格式，也就是传统中国人写契约时依据的范本，这些范本里除了双方当事人的姓名、标的物形态、数量、相关中介人的签字画押等，其余内容均已完备，进行交易后，把相关当事人的名字一套用……契式的形成与发展……经历了敦煌文书中的雏形、南宋杂写文约、宋元类书、明清独立契式、民国现代转型五个阶段……”详见冯学伟:《中国传统契式初探》，《清华法治论衡》2015 年第 2 期，第 2 页。

② 张传玺:《秦汉问题研究》(增订本)，北京大学出版社 1995 年版，第 187 页。

③ 张传玺:《契约史买地券研究》，中华书局 2008 年版，第 173 – 229 页。又见张传玺主编:《中国历代契约粹编》(上册)，北京大学出版社 2014 年版，第 25 – 56 页。

④［法］童丕著，余欣、陈建伟译:《敦煌的借贷：中国中古时代的物质生活与社会》，中华书局 2003 年版，第 4 – 5 页。

⑤ 李祝环:《中国传统民事契约成立的要件》,《政法论坛》1997 年第 6 期。“契约要件”包括：立契当事人的确认、成契理由的认定、标的物的界定、立约双方权利与义务的保障、第三方“中人”的参与、承诺与交割的认证、立契时间与时效的标注。

⑥《周礼》记有“小宰职曰：……四曰听称责以傅别，……六曰听取予以书契，七曰听买卖以质剂，八曰听出入以要会”(《十三经注疏》整理委员会整理:《周易正义》，北京大学出版社 2000 年版，第 68 页)，不同性质的文书分别予以命名。汉至魏晋南北朝时期，契和约还没有合称“契约”，这类经济文书一般称“券”，吐鲁番高昌王国时期的契约仍称为“券”，入唐后，“券”改称为“契”，敦煌契约中直接出现“立契”一词。张传玺先生对西周到两汉期间契约的称谓、形制及源流等有详细考证，参见张传玺:《契约史买地券研究》，中华书局 2008 年版，第 39 – 60 页。

⑦ 何星亮:《中华文明·中国少数民族文明》(上)，福建教育出版社 2010 年版，第 170 页。

⑧《十三经注疏》整理委员会整理:《周易正义》，北京大学出版社 2000 年版，第 356 页。又见徐中舒:《结绳遗俗考》,《徐中舒历史论文选辑》，中华书局 1998 年版，第 705 – 712 页。

族地区仍有刻木记事的记载。[①] 故上古时期的“书契”内涵实较后世“契约”为广。[②] 从“结绳记事”到“书契……决断万事”，不仅是书写材料的进步，契约内容亦随时代变迁而丰富，这种变化源于社会生产生活的渐次多样，涉及重要的交易、交往内容须予以记载、固化、备示，大众间的民商事习惯因此而得以确定和深化，社会秩序也稳定可期。书写材料并非限制契约内容发展的主要原因，因为青铜器、砖石并不比竹简更易刻画，但前者也能大量镌刻文字，而竹简上的契约内容通常要简单得多。

周代时期契约还没有成型，处于混沌状态。[③] 汉时契约一般只有必备要件，如当事人、立契时间、标的物、中见人等，[④] 但买地砖券、铅券或石券内容却显冗长。魏晋南北朝时期的契约仍保留有汉时遗风，但已有明显的变化。吐鲁番出土的高昌契约堪称过渡时期的“活化石”，如《前凉升平十一年（367 年）王念卖驼券》，有立券时间、当事人、标的物、违约罚则、书券人和时人（即见人），较之汉简契约已稍显丰富，而到了《北凉承平八年（450 年）翟绍远买婢券》中，[⑤] 要件虽未增加，但契约套语较之以前复杂了。当然，契券的演进并非单以文字长短为标识，而是看其要件是否齐备。自高昌王国时期至唐治高昌时期，契券文书已有些许不同，其中用语习惯（如立券时间的干支）有细微变化，中保人数量有所增加，称谓也不相同。这些变化并非遽然发生的，而且要件也没有大的变动。到了 8—10 世纪的敦煌契约中，契约的变化已经较为显著，如标的物的书写位置有时会置于契首，这和后来的徽州契约书写方式相同。而立契时间则从契首移到契中，最后稳定到契尾。敦煌时期契约的要件已基本稳定，要件的增加和丰富一方面显示出人们认识水平的提高，对权利义务关系记载的明晰化有了更高的要求，表明人们对契约完备和效力的追求；另一方面也揭示出正是交易、交往[⑥]的渐次增加推动了人们相关认识能力的深化，契约中交易、交往类型和内容的增加实质上是生产生活方式的变迁所致。[⑦] 经济学者华生认为，从狩猎、采集到种植、养殖，既是生产方式的巨大革命，同时也是文化、法律、意识形态、产

① 木刻图片及其所代表内涵参见谢沫华等编著：《人类的记忆：云南民族古籍文化遗产》，云南美术出版社 2005 年版，第 11 页。清人屈大均也记有黎人刻木记录借贷之事［（清）屈大均：《广东新语》，中华书局 1985 年版，第 242 页］，清人刘毓珂等所纂云南《永昌府志》（台湾成文出版社 1967 年版）亦云：“夷俗凡借贷赊佣通财期约诸事，不知文字，以木刻为符，各执其半。”

② 如“黄帝之史仓颉，见鸟兽蹄迒之迹，知分理之可相别异也，初造书契”。（汉）许慎撰：《说文解字》，中华书局 1963 年版，第 314 页。又郑玄注曰：书契，谓出予受人之凡要。凡薄书之最目，狱讼之要辞，皆曰契。（《十三经注疏》整理委员会整理：《周易正义》，北京大学出版社 2000 年版，第 69 页）

③ 张传玺主编：《中国历代契约粹编》（上册），北京大学出版社 2014 年版，第 7－26 页。

④ 李均明：《秦汉简牍文书分类辑解》，文物出版社 2009 年版，第 436 页。

⑤ 国家文物局古文献研究室等编：《吐鲁番出土文书》（第一册），文物出版社 1981 年版，第 5、187 页。

⑥ David Charny 的原话是“民间规则源于人们的往来和交易”，转引自［美］欧中坦著，杨力译：《遗落的隐喻——西方法律学术视野中的中国近代早期契约与产权问题研究》，《交大法学》2013 年第 2 期，第 116 页。

⑦ 较详细的叙述可见张传玺主编：《中国历代契约粹编》（上册），“导言”第 3 页“中国古代契约的萌芽”。

权保护的革命性变化。[①] 诚如此言，生产方式支配生活方式，当然也会引起社会制度、文化和观念的变迁。

三、政治权力对私契的介入与干预

敦煌、吐鲁番契约文书要件的演进和稳定主要是自发生成的产物，其基本动力来自生产生活方式的变迁，但这一过程也是多种因素的合力所致。契约要件形成的趋势和多种因素的介入之间是相辅相成或者相反的样态，不同时期或地区的契约在共性中会显示出或大或小的差异，这也是该样态的正常体现。

（一）政治权力的选择性介入

唐朝政权和其他地方民族政权在敦煌、吐鲁番契约文书中的影响力是很明显的，这些影响力的力度和广度并不相同，体现方式也有差别。但可以肯定，私契中政治权力的影响力如同统治利益的函数，呈现出多样变化，围绕统治利益这一中心，可以发现官方要实现两大目标：一是征收赋税（役），二是维持稳定的社会秩序。

基于第一点说明官府干预私契的史料，研究者常以此为标志："晋自过江，凡货卖奴婢马牛田宅，有文券，率钱一万，输估四百入官，卖者三百，买者一百。无文券者，随物所堪，亦百分收四，名为散估。历宋齐梁陈，如此以为常。以人竞商贩，不为田业，故使均输，欲为惩励，虽以此为辞，其实利在侵削。"[②] 事实也确实如此，官府在契约中的表现如同一个任性的个人，具有相当明显的利益偏好，这种偏好影响和支配着敦煌、吐鲁番民事契约中某些要件的内容。如成契理由，在《未年（827年）安环清卖地契》第3行有"为突田债负，不办输纳"；《唐大中六年（852年）僧张月光、吕智通易地契》第15行有"入官措案"，[③] 田宅交易是官府税赋的重要来源，私契中出现官府因素十分自然。对民间买卖奴婢、马牛驼骡驴的交易行为，官府则要求必须依规立市券。[④] 体现官府利益偏好而非关心百姓权利的例子，最明显的是《后晋开运二年（945年）十二月河西归义军左马步押衙王文通牒及有关文书》（P. 3257），[⑤] 寡妇阿龙的儿子因犯罪被流放瓜州，只剩下她和孙子幸通"无路存济"，便和夫兄索怀义订立租佃

---

① 华生：《民主化是城市化的副产品》，http://news.ifeng.com/exclusive/lecture/dxwsalon/xingaige/shilu2/detail_2013_12/17/32197356_0.shtml，2016年10月19日。

② （唐）魏征、令狐德棻等撰：《隋书》卷二十四，志第十九《食货》，中华书局1973年版，第689页。

③ 唐耕耦、陆宏基编：《敦煌社会经济文献真迹释录》（第二辑），全国图书馆文献缩微复制中心1990年版，第1－2页。

④ 如《唐开元十九年（731年）唐荣买婢市券》［国家文物局古文献研究室等编：《吐鲁番出土文书》（第九册），文物出版社1990年版，第27页］。律令规定见刘俊文点校：《唐律疏议》卷二六"卖奴婢牛马不立券"条，法律出版社1999年版，第538页。

⑤ 唐耕耦、陆宏基编：《敦煌社会经济文献真迹释录》（第二辑），全国图书馆文献缩微复制中心1990年版，第295－298页。

契，将父祖口分地叁拾贰亩（实应为贰拾贰亩，有拾亩卖给了索流住）租与他佃种，待儿子返家再收回田地。由于“经得一秋，怀义着防马群不在。比至到来，此地被索进君射将”[①]，而最终“承受”该口分地的索佛奴却说该地是“亲叔索进君……又请得索义成口分地贰拾贰亩，进君作户生（主）名”，索进君因“不乐苦地（指沙州），却向南山为活。其地佛奴承受，今经一十余年，更无别人论说”，阿龙辩称因为儿子义成“犯格”被遣至瓜州，故不敢主张权利。阿龙和索佛奴争议的焦点集中在“射将”和“请得”上，两字之差，性质大变，前为无理侵占，后为依法定程序向官府请授荒地。但无论如何，索进君占有该地时，官府应是知晓的，若是口分地的买卖须在官府备案登记，若是“请射”也要官府批准，乡司也会知情，[②] 即使是租佃也会有地子（即地税）征收的变动，[③] 佛奴不可能无缘无故占有该地。依上所论，我们能推知官府对这“贰拾贰亩口分地”的权利变动并不关心，它关心的是土地不能撂荒，必须有人耕种，有人承担赋税。

另一例是敦煌契约中，官方在借贷利息方面的限制和减免活动常有所见，此对债务人确属利好，但也必然遭到债权人反对，所谓“官有政法，民有私契”和“如有恩敕行下，不在论理之限”两类套语，表达方式虽不尽一致，却几乎成为立契之必备要件。其目的在于防范官府强制干预私契约定。这种情况美国学者欧中坦在研究清代契约时也曾遇到过，解决的办法可能是“审判机构努力在裁决中不断发现和唤起潜在的关系维持规则”[④]，意即只要不导致双方关系恶化，民事习惯乃至执两用中规则都可以用到裁判中。官府权力不仅能影响契约的要件内容，对契约结构的渐趋稳定亦有影响，宋后官版契纸的推行即是例证。

（二）政治权力的履约保障

基于第二点“维持稳定的社会秩序”之目的而对契约履行予以保障是官府之“天职”。契约依约履行是各类交往和交易顺利展开的体现，是社会秩序正常运行的基础。私契订立后，若无外力强制性履约保障，即会形同虚文，民间秩序也会紊乱，故不由得统治者不重视。在《唐律疏议》中就有一些条款是专门针对该方面规定的，最典型的有“负债违契不偿”条、“负债强牵财物”条、“受

---

① 用“射将”时其意为侵占，而索佛奴说是“请得”，“请”和“射”是两个程序，“请”有请受、请授之意，而“射”本义为射物而后取之。“请”和“射”常连用为“请射”，又称侵射、占射，请射土地即“请田”“请地”之意。请射的土地往往是无主荒地，或官荒地，是唐代处理官荒地的程序之一，绝户、绝嗣地也是请射对象。参见彭丽华：《请射与五代都城制度的演变》，《史学月刊》2012 年第 9 期。

② 《唐咸通六年（865 年）前后僧张智灯状（稿）》（P. 2222 号 B）第 2 – 4 行有：“令将鲍壁渠地回入玉关乡赵黑子绝户地永为口分，承料役次。先请之时，亦令乡司寻问实虚，两重判明。”唐耕耦、陆宏基编：《敦煌社会经济文献真迹释录》（第二辑），全国图书馆文献缩微复制中心 1990 年版，第 289 页。

③ 这一点可为《唐阿麴辞稿为除出租佃名事》（73TAM518：2/4 – 1）［国家文物局古文献研究室等编：《吐鲁番出土文书》（第七册），文物出版社 1986 年版，第 358 页］所证明。

④ ［美］欧中坦著，杨力译：《遗落的隐喻——西方法律学术视野中的中国近代早期契约与产权问题研究》，《交大法学》2013 年第 2 期，第 117 页。

寄财物辄费用”条。[①] 伦理文书方面也有保障履行的规定，如“许嫁女辄悔”条。[②] 还有一些保障履行的规定附含于其他律条中。律令保障契约履行的内容在契约套语中也有所反映，如《唐天复九年（909年）安力子卖地契》第12行有“准法不许休悔”，《宋开宝八年（975年）三月一日郑丑挞出卖宅舍地基与沈都和契》第13行有“准格不许休悔”。[③] 在一些文牒中还有官府监督或强制履行的记录，如《相辞为共公乘芰与杜庆毯事》[④]《唐乾元二年（759年）赵小相立限纳负浆钱牒》等。[⑤] 在该方面，官民达成了观念上的一致——老百姓有权利要求官府帮助追欠债务，官府一般也会积极支持。这不仅是因为律令有明文规定，关键是双方形成的默契——官府有义务为民做主，但不能过度干预私契订立。

（三）政权变动对契约要件的影响

西北地区是中外经济文化沟通的前沿和枢纽，该地区民族政权杂错，军事角力频繁，这对敦煌、高昌一带民众的生活影响巨大，经济贫困、生活动荡这些现象在民间契约中都有充分体现。其中，唐灭高昌、蕃占沙州是契约要件内容发生变化的标志性拐点。政权的更迭迅速体现在契约中的年号记载、行政建制、赋税制度和度量衡制度等方面。前三项变化最迅速，由于蕃汉民族文化差异大，汉文契约中的相关内容变化要迟缓一些，特别是度量衡制度的改变，在吐鲁番和敦煌契约中需要一个比较长的过程。例如，唐时高昌地区履行契约是依高昌旧斛斗，后来则变成依“平斗取”，其过渡时间长约20年。蕃占敦煌期间的度量衡变化要较吐鲁番契约中快一些。政治因素在契约结构方面的变化所起的作用有限，因为政治力量无意也无法强制改变当地的经济结构，生产生活方式不变，契约结构自然不会发生大的变动。但契约成立或效力方面的要件则不同，政权变动带来的影响还是不小的，如高昌王国时期的保人称谓、人数和署押方式都有自己的特点，到了唐治时期，保人的称谓变了，保人人数也普遍增加，而且变化的节点和政权更迭非常契合。细究起来，官方似乎没有必要靠政治强力积极推行唐朝地区的私契样式，很可能是随之而来的商人将内地的契约文书带到了高昌地区，由于内地经济文化相对发达，高昌地区人民主动接受变化的可能性更大。

（四）寺院因素在契约中的显势存在

敦煌和高昌一带都是佛教信仰占主导地位的地区，其中吐鲁番契约文书中的佛寺和民众之间更多的是一种经济上的平等交易，高昌佛寺在政治势力上无法和敦煌佛寺相提并论。敦煌佛教的兴盛体现在许多方面，大量和寺院相关的经济社

---

① 刘俊文点校：《唐律疏议》，法律出版社1999年版，第521－523页。

② 刘俊文点校：《唐律疏议》，法律出版社1999年版，第276页。

③ 唐耕耦、陆宏基编：《敦煌社会经济文献真迹释录》（第二辑），全国图书馆文献缩微复制中心1990年版，第8、12页。

④ 国家文物局古文献研究室等编：《吐鲁番出土文书》（第一册），文物出版社1981年版，第208页。

⑤ 国家文物局古文献研究室等编：《吐鲁番出土文书》（第十册），文物出版社1991年版，第243页。

会文书之存在即是明证。政治势力的强大带来寺院经济的繁荣，敦煌契约文书中最多的当为寺院与百姓或寺户之间的借贷往来。粮食借贷的频繁发生使借贷契约省去了，寺院在放贷时只是在“便物历”上予以记录，并要求借贷人提供保人，保人的称谓也有着寺院经济的特色——口承人。但个人之间的借贷私契仍然存在。寺户和寺院之间因有隶属关系，请求借贷时要仿照公文书书写请贷牒，并由僧官批准。寺院借贷的利息往往比较低，带有慈善救济的性质，这也体现在相应条款中。和世俗政权一样，寺院也不能根本改变民事契约的结构，世俗契约和涉及寺院的契约也可以共享结构知识，只是在成契条件或契约效力及保障的具体内容方面会有些差别。当寺院经济衰落时，世俗契约的书写方式则重新主导民间。

四、契约要件形成中的“习惯法”

契约要件在不同时代、地域和民族中表现出一些共同之处，这种共性源自人们自觉或不自觉的集体行为选择。契约要件中如走马灯式变换的、具有政治和民族特色的内容忽然出现又很快相继退场，只有那些历经岁月沧桑沉淀下来、具有超常稳定性的内容才是特定生产生活方式支配下大众理性选择的结果。这些要件的形成最初源自民事习惯，进而演变为惯例，最后稳定为契约文书中不可或缺的结构性内容。[①]“事实说明，对人类生活具有长久决定性影响的生产方式、技术发明、制度创建、规则制定、习俗形成都是集体理性选择所致。”依研究者所说，“那些俗成之事都是人们一致选择所生成的‘聚点’（focal point）”[②]。集体理性选择并不意味着个体理性的丧失，虽然它常是基于“直觉而非逻辑思维推理”[③]，比如当事人签订契约文书前参考或模仿邻居的旧契或请书手帮忙代写，但个体的理性在契约文书中有时表现得还是比较充分的。个性化的契约书写在格式上尽管难挡契约要件逐步定型的大趋势，但仍如洪流涌进中不时泛起的浪花，其绚丽令研究者神往，而附丽于骨架上的个体诉求更是经济或社会史学者研究的对象。

（一）个体需求形成契约权—义结构

强调契约要件形成的趋势，固然要看到张传玺先生所说的“社会分工”“私

---

① 此处参考了习惯和习俗的联系、区别及其生发机制。韦森：《习俗的本质与生发机制探源》，《中国社会科学》2000 年第 5 期，第 40－43 页。

② 赵汀阳：《惠此中国：作为一个神性概念的中国》，中信出版社 2016 年版，“引言”第 5 页。“聚点”一词在赵汀阳语境中有特殊含义，在原作者谢林（［美］托马斯·谢林著，赵华等译：《冲突的战略》，华夏出版社 2011 年版，第 51 页）那里译者译为“关键点”。

③ 比如，“依靠来自双方对相似事物之间的类比经验、先例、偶然巧遇、对称性、审美观……推理，以及当事人自身条件和对彼此情况的了解”（［美］托马斯·谢林著，赵华等译：《冲突的战略》，华夏出版社 2011 年版，第 51 页）。当然，情感或情绪和理性（推理）并不总是矛盾的，例如，“类比有助于推理，而情绪往往可以帮助我们寻找类比”（费多益：《认知视野中的情感依赖与理性、推理》，《中国社会科学》2012 年第 8 期，第 34 页）。一个人的某种习惯也可能是经由模仿他人的行为模式而形成，而并不是有意识地理性选择的结果（韦森：《习俗的本质与生发机制探源》，《中国社会科学》2000 年第 5 期，第 41 页）。

有制发展”“交易关系发生”这些支配性因素，[①] 但也不能忽视作为主体的个人的具体需求促生的创造性。在格式尚未完全定型的敦煌、吐鲁番契约中，这种个体需求以权利—义务结构形式表现得还是比较多样的。因此，契约要件形成的趋势应是以个体需求（通过权—义形式）为“表”、支配因素为“里”，两者结合运行的结果。以敦煌契约中的雇工契[②]为例，它们的主要构件大略相同，但内容常随需而变，当事人会在文书中作出相应的安排，体现为双方权利义务的消长。如《龙德四年（924 年）雇工契（样式）》（S. 1897）就比《戊戌年（878 年）令狐安定雇工契（抄）》（S. 3877－4V）要详细。[③] 后件文书中，先写明立契时间、雇主姓名、立契原因、雇工姓名、雇佣期限，之后将雇价作为文书的关键重点表述，有粮食有衣鞋，然后再写上“更无交加”，意即除此之外，别无他价。最后是雇主站在债权人立场上对雇工义务作详尽要求——先是总括性强调契约已经订立，雇工“便任入作，不得抛工”。接着是违约罚：在佣作期间，若有疾病也只给假三日，算是雇工的权利；对于雇主的农具牛畜，若有损伤，雇工须赔偿。结尾是确定契约效力、保障履行的套语。在前件文书中，雇主对雇工义务规定得更加详细，对农具牛畜损伤，佣作期间的抛工偷懒、偷窃他人田苗的注意及赔偿等内容是后件所没有的。契约中当事人的权利义务成为立契要件中的内容，但这些内容的详略不一，体现出了个性化的色彩。汉代雇工契约要件未备，内容只有雇主、雇工姓名（含籍贯、年龄）和雇价（有的缺失）。[④] 在敦煌卖人契和典身契中，前者是参照买卖契约样式写的，后者是参照雇佣契约写的，典身契中典身者的义务自然较雇工的义务为重。而被卖为奴婢者要比典身者的义务更重，因为买卖契约格式限制，奴婢的义务写得并不详细，倒是西汉的一件非真实契约《西汉神爵三年（公元前 59 年）资中县王褒僮约》将奴“便了”的义务写得更为全面，[⑤] 反映出奴的真实法律地位。这些内容未必都要写到契约中，因为契约要件及内容的书写习惯限制了个体理性的无限发挥，双方对相关言犹未尽之处多能在协商时或语境中形成一种“共有知识”[⑥]，一旦双方产生认识上的偏差或故意回避契约本旨，则会对契约履行造成障碍。

通过对上述内容的分析可知，今之所谓权利义务，实际上就是大众日常生活中的需求，这种需求在生活中的体现和作为“法律文件”的契约中的书写并不

---

① 张传玺主编：《中国历代契约粹编》（上册），北京大学出版社 2014 年版，“中国契约史导论”第 3 页。

② 这些雇工契大多是抄件或样式，但也应源自真实契约。

③ 唐耕耦、陆宏基编：《敦煌社会经济文献真迹释录》（第二辑），全国图书馆文献缩微复制中心 1990 年版，第 55、59 页。

④ 张传玺主编：《中国历代契约粹编》（上册），北京大学出版社 2014 年版，第 72－73 页。

⑤ 张传玺主编：《中国历代契约粹编》（上册），北京大学出版社 2014 年版，第 29－30 页。该契选自《古文苑》，极尽文字华美之能事，应是对现实情况的文学性书写。“便了”的义务包括洒扫、洗涤、居住、穿着、手工制作、园艺、交通方式、捕猎、值夜、种植、治畜、待客、邻里关系、选偶、贸易、厨工、樵伐、木工、农作、编织、舂米、浣衣等，可以说涵盖了生活的方方面面。“便了”的义务越多，其主人的权利就越多，奴的地位就越低下，低到几乎没有人身自由。

⑥ “共有知识”即大家都了解的背景性信息或知识。张维迎：《博弈论与信息经济学》，上海三联书店、上海人民出版社 1996 年版，第 49 页。

等同，此即集体理性对个体理性的限制。但即使这样，人们依然会尽量将自己的诉求写清楚，否则也不会形成相同格式下多样化的表达。

（二）经济、伦理诸规则的若即若离

敦煌、吐鲁番契约所处时期在公元4—11世纪之间（8—10世纪最多），正处于民间契约由自然生发到“官民共建”阶段，类似于雷德菲尔德所云之大传统（A Great Tradition）和小传统（A Little Tradition）的关系，他强调民间社会的自为性（Autonomy，Self-Sustaining），认为民间社会由一种亚机制（A Second System）支配着，里面形成一种亚文化（Subculture）。[①] 在私契要件的形成过程中，民间习惯、惯例或习俗这种亚文化的作用清晰可见。雷德菲尔德所说的亚文化在中国传统社会中主要包括人情、面子、报等内容，[②] 关于人情，在契约中体现在保人方面，人们选择的保人通常是邻居、亲友和其他利益相关者。例如，在敦煌便物历中，很多人都是由邻居、亲友互相作保；在敦煌借贷契约中还有利益相关者；在敦煌买卖契约中有些是由合伙人或同行商人作保。人情因素主要体现为伦理关系，但互相作保中还有“报”的因素，其实这也是一种经济规则的体现，有即时还报的，也有延后还报的。这种经济上的计算和伦理亲情、友情交织在一起，人们在交易交往中又小心翼翼地予以界分——亲是亲，财清分。伦理规则一旦模糊了，经济规则就可能出现纠纷或问题，同样是寡妇阿龙，其在《甲午年（934年）二月十九日索义成分付与兄怀义佃种凭》（P. 3257）[③] 中就出现了这种问题，因为索怀义是阿龙的夫兄，他们在该契约中说得很明白，阿龙的田地由怀义佃种，怀义无疑负有种植权利和维护阿龙土地所有权的义务。但因其“着防马群”一秋，导致此地被“索进君射将”，显然，怀义没有很好地保有阿龙的土地权利。依契约原理，阿龙本应追究怀义的违约之责，但在《后晋开运二年（945年）十二月河西归义军左马步押衙王文通牒及有关文书》（P. 3257）中没有发现她这样做，而是直接请求索进君归还土地。很可能是因为阿龙和索怀义的亲属关系模糊了契约严守原则。一般情况下，经济、法律、宗教和伦理等规则是各行其道的，人们有意无意地遵行着各领域自有的规则。例如佛教宣扬宽免他人的借贷利息，敦煌寺院放贷时可以做到，但个人之间却做不到，而且要强调“官有政法，人有私契”，依敦煌民众对佛教的笃信程度和对律令的遵守信念，宽免且不说，依照法定的六分贷与应该是不难做到的，但事实上由于粮食在市场上并

---

① ROBERT REDFIELD. Peasant society and culture: anthropological approach to civilization. Chicago: The University of Chicago press, 1956: pp. 67－70. 习俗也是人们长期沿袭积久而成的社会文化的持有，是社会文化的一个支流，不同社会文化和亚文化构造着不同的市场习俗和行为者的文化心理模式，它在一定程度上影响并制约着市场行为者的动机。张雄：《习俗与市场——从康芒斯等人对市场习俗的分析谈起》，《中国社会科学》1996年第5期，第40－41页。

② 梁治平先生在《再论习惯与习惯法》（梁治平：《清代习惯法：社会与国家》，中国政法大学出版社1996年版，第154－166页）一章中有讨论。

③ 唐耕耦、陆宏基编：《敦煌社会经济文献真迹释录》（第二辑），全国图书馆文献缩微复制中心1990年版，第29页。

不富余甚至紧缺，以至于贷与者更倾向于抬高利率。

（三）个体理性和集体理性的合力

自周洎唐之间，契约要件的形成基本上是一个由简而丰的过程，并在唐宋之际趋于稳定。两个时期之间的过渡期是观察变动的最好样本，吐鲁番所出4—6世纪之间的契约文书、前文提到的高昌和敦煌政权变动期间的契约文书即是。6—9世纪之间的契约中，政治力量可以改变和政治符号相关的内容，影响要件中的某些内容，但一般无法使要件产生结构性变化。相比之下，4—6世纪之间明显出现了契约要件的结构性变化。如果从更长时段进行观察比较，会发现4世纪的吐鲁番契约和8世纪的敦煌、吐鲁番契约相比，要件显然简单得多。那么，我们感兴趣的是——究竟是谁使契约要件由三个增加到四个或更多的？是哪一件契约最先改变的？这恐怕永远无法确证，但可以肯定，一定是个别人在个别契约中先改变的，而后新的契约样式经由他人模仿和借鉴才逐渐扩大了使用范围，这是笔者长时段反复考察敦煌、吐鲁番契约文书的变迁历程的感受，从敦煌文书大量存在的契约样文和抄件这一现象也可倒推出来。即使在宋代以后，民间力量恐怕仍是“标准契式”传播的主流，[①] 故可说契约要件项目和内容的变化是集体理性和个体理性合力的结果。个体理性体现在当事人依据既有契约样式填写内容，同时又要维护自己的权利需求，会做出或多或少的变动，有些契约很简单，显然只是将姓名、×价等改变一下；有些则变动较大，除了内容具有个性外，要件项数也不拘于普通格式；[②] 有的契约融合了两个以上契约样文的格式，反倒模糊了当事人的真实意思。[③] 集体理性主要表现为契约中的“聚点”[④] 或地方惯例（习俗的一种），它“产生于诸多并未明确意识到其所作所为会有如此结果的人们的各自行动，因而它是无意识的人类行为的积累的结果，是通过学习和模仿而传播沿袭下来的整个文化的遗产”。它作为“人们社会活动与交往中的一种演进稳定性、一种博弈均衡，大致是通过自生自发的路径构成的”[⑤]。从本质上讲，它们的产生都是源自“人类生存的基本需要”，是人类心智对人们生活的自然环境的挑战或问题的回答，一段时期内的习俗（或惯例）“是由于权威、百姓所适应的

---

① 梁治平先生指出，唐宋之后，民间日用杂书等传播途径，对习惯法的总结、创新和传布仍较国家行政力量大，而且在一定程度上说明了作为地方产物的习惯法之所以具有广泛统一性的奥秘。梁治平：《清代习惯法：社会与国家》，中国政法大学出版社1996年版，第66页。

② 如《吐鲁番出土文书》第六册中涉及左憧憙的系列契约，美国学者韩森就曾专门研究过他，参见［美］韩森著，鲁西奇译：《传统中国日常生活中的协商：中古契约研究》，江苏人民出版社2008年版，第31－37页。

③ 如《唐广德三年（765年）王岩等便衫契》（Дx. 02157V）就让人颇费猜思。参见乜小红：《俄藏敦煌契约文书研究》，上海古籍出版社2009年版，第121页。

④ 在拜尔等人眼中，“聚点”是参与博弈者最可能选取的一个“战略组合”，因为在参与人所处的条件和文化中，该战略组合最为突出。［美］道格拉斯·G. 拜尔等著，严旭阳译：《法律的博弈分析》，法律出版社1999年版，第347页。

⑤ 韦森：《习俗的本质与生发机制探源》，《中国社会科学》2000年第5期，第47－48页。

环境和他们的趣味及愿望恒定不变的结果”①。敦煌、吐鲁番契约文书中沿袭既久且广的习俗、惯例相当于梁治平先生所说的习惯法，是乡民在长期生活和劳作中形成的未必形诸文字的地方性规范，它用来分配人们的权利和义务，可以调整和解决相关利益冲突。② 上述认识在令狐大娘看来就是这样的表达：

18 右件人，从上已（以）来，无赖有名，欺尊严老弊妇人，无处识
19 故；又不识公衙道理，纵有言语，亦陈说不得。向里换舍子
20 细，外人不知，并舍老人委知。南壁上将舍换庑舍□，张
21 寓所有见人，共他兄弟相似，及是亲情，皆总为他说道理。
22 又云，你是女人，不合占得堂舍，气（岂）有此事。丝绵部落
23 人论事，还问本部落见人为定。自裁自割，道理自取。③

所谓“自裁自割，道理自取”即遵守本地习惯，不能按其他地方习惯或官方宣扬的社会伦理观念来行事。又如吐鲁番租佃契约中的“大匕列”（不可抗力条款）、借贷契约中关于利息规定的“乡原例”都是地方习惯法或惯例的体现。这种乡原例在当事人中甚至可以抵抗官方律令关于利息的规定。在敦煌契约中，有大量契约习书，它们是学童和书手模仿、练习书写契约的习作，这不仅有利于提高书法水平，还有助于掌握契约文书等的书写格式。从敦煌、吐鲁番及和田等地出土文书的趋同性特点来看，人们可能在交往中相互传抄着契约样本或旧契，吐鲁番阿斯塔那206号墓所出唐都城长安的质库账历④虽不是契约文书，但可以肯定，高昌地区与中原内地有着紧密的联系，两地民众应共享着契约文书书写的知识。或许往来于各地的兴胡商米禄山、石染典等人就充当了各地契约文书交换与学习的桥梁。社会上广泛传播的不同类型的契约样本，储存着人们所需要的信息和规则，这些信息和规则替代了个人思维的必要性，⑤ 人们模仿着他人经历过的同类事物，也被身边的人再次模仿和重复。⑥ 在人们的潜意识中，这不是蹈常袭故而是简便实用。跟着被身边人经过实践证明并无错误的经验前进，实际上强化了同一共同体中既定的经济交往方式，忽略了私利动机中的个性，就像马凌诺斯基研究的库拉土著一样，这些土著人也喜欢拥有，不愿意放弃，但是，社会限

---

① 张雄：《习俗与市场——从康芒斯等人对市场习俗的分析谈起》，《中国社会科学》1996年第5期，第40页。

② 梁治平：《清代习惯法：社会与国家》，中国政法大学出版社1996年版，第166页。

③ 《吐蕃丑年八月女妇令狐大娘牒》（S.5812），唐耕耦、陆宏基编：《敦煌社会经济文献真迹释录》（第二辑），全国图书馆文献缩微复制中心1990年版，第288页。

④ 国家文物局古文献研究室等编：《吐鲁番出土文书》（第五册），文物出版社1983年版，第314－340页。

⑤ 周雪光：《制度是如何思维的》，《读书》2001年第4期，第15页。

⑥ 此处可部分运用路径依赖理论来解释，契约要件的形成也是一个过程和状态，其中的“锁定”概念有一定参考意义。参见尹贻梅等：《路径依赖理论研究进展评析》，《外国经济与管理》2011年第8期，第3－4页。

定的得失观念远远凌驾于个人好恶得失的自然取向之上。[①] 而这些社会性的、共同接受的习惯性规则形塑并维护着既存的社会秩序。

五、余论

敦煌、吐鲁番契约文书中包含着丰富的社会信息，从不同领域、不同角度可以作不同的观察，其中，契约要件和内容是形塑和体现民间经济社会秩序的重要媒介，探讨其变迁史和动因对于研究当时的社会史和法制史有重要意义，得出的结论既是我们深入研究出土契约文书细节的起点，也是一个阶段性判断。单件契约文书可能并不能说明什么，但将长时段内的契约文书联系起来考察，就会发现很多有趣的东西。民间契约文书是“包括权力在内的诸要素纠缠交结的混生”的结果，这种自治性的民间规则有其不可忽视的缺陷，如“粘滞性、非帕累托效率性以及浓厚的‘地方性知识’色彩导致其无法证成自身的充分合理性”[②]。该研究的现实意义或许在于能为当下的治理理论和实践提供些许经验。农耕时代及这一条件下的社会生活和秩序逐渐退场，但其制度结构形成的文化基因却有相当大的稳定性，可能就深植于我们思维方式的深处，将其剥离和提炼出来，可以作多侧面的反思。当现代化的列车载着人类驶向联系和合作更加紧密的共同体之时，新规则或新秩序的形成要靠什么动力？我们如何认识其中的问题，是顺应、重建、累积还是其他？是靠自发生成还是由权力主导，抑或是双方有机合作？权力的确可以“发挥‘产出’规则的比较优势”[③]，但对于一个较小的治理单元而言，可能权力提供规则的格局促生的负效应也不容忽视，而对于一个大的治理单位而言，这种情况则要复杂得多。

---

① ［英］马凌诺斯基著，梁永佳、李绍明译：《西太平洋的航海者》，华夏出版社2001年版，第87页。

② 吴元元：《规则是如何形成的——从哈耶克的“自发演化”论开始》，《西南政法大学学报》2006年第4期，第3页。

③ 吴元元：《规则是如何形成的——从哈耶克的“自发演化”论开始》，《西南政法大学学报》2006年第4期，第3页。

唐代借贷契约研究

梁凤荣

借贷行为在我国古代民事关系中占据着重要地位，因而借贷契约也是中国古代社会最重要的契约种类之一，其历史源远流长。由于借贷契约订立的完善程度如何直接关系着债权能否实现，进而关系着社会经济秩序的稳定，所以古代官府对其管理都给予高度重视，唐代也如是。唐代借贷分计息借贷与不计息借贷两类，从出土的《吐鲁番出土文书》和《敦煌资料》并结合文献资料看，唐律令确立了不同种类的借贷之债，并采取不完全相同的保护原则。

一、计息借贷契约

唐代借贷关系的成立须双方当事人“合意”，并在“合意”的基础上订立契约。据《旧唐书·孝友·崔衍传》记载，崔衍在其父卒后，谨事后母李氏，“李氏所生子邻，每多取子母钱，使其主以契书征负于衍。衍岁为偿之”。母子之间尚以契书征负，偿还须依契约所载之数，表明借贷关系立契在唐时不仅已成惯例，而且为借贷关系成立之必须。

唐代称计息借贷为“出举”，对“出举”之债的债权，唐律令确立了不完全保护原则。这种法律上对计息借贷债权能否实现的不完全保护，首先表现在对计息借贷行为的认可采用“任依私契”态度上，即官府对民间计息借贷契约的订立不予干涉。计息借贷契约的订立，从内容到形式，完全依民间习惯。与唐律令对借贷契约订立取放任态度形成对比的是，民间在进行计息借贷时，为确保计息债权的实现，当事人双方对契约的订立，从形式到内容都关注到了其严谨性。借贷双方当事人的权利义务，尤其是债务人应尽的履约期日义务、还本纳息义务、借贷担保、风险分担等，均在契约中有明确约定，这从吐鲁番和敦煌地区出土的文物资料中可窥其一斑。如载于《敦煌资料》中的《辛丑年贾彦昌贷生绢契》：“辛丑年十月二十五日，贾彦昌缘往西州充使，遂于龙兴寺上座心善面上贷生绢壹匹，长叁拾柒尺贰寸，幅壹尺捌寸。又贷帛花绵绫壹匹，长贰丈叁尺陆寸，幅壹尺玖寸半。自贷后，西州回日还，利头好立机两匹，各长贰丈伍尺。若路上般次不善者，仰口承人弟彦祐于尺数还本绫本绵绫便休。若真善到，利头当日还纳，本物限入后壹月还纳。恐后无凭，故立此契。”① 这是一件“自贷后”立即计算利息的借贷契约，它的约定事项几乎涵盖了现代社会借贷之债成立的所有要

① 中国科学院历史研究所资料室编：《敦煌资料》（第一辑），中华书局1961年版，第371页。

件：它有明确的借贷双方当事人，即债务人为贾彦昌、债权人为龙兴寺上座心善；明确的起息日期是“辛丑年十月二十五日”；明确的借贷标的“生绢”和“帛花绵绫”，且都有长宽规格的要求；借贷利息为“利头好立机两匹，各长贰丈伍尺”；还债期日明确：“真善到，利头当日还纳，本物限入后壹月还纳”。为切实保障债权的实现，契约还约定了担保条款，“若路上般次不善者，仰口承人弟彦祐于尺数还本绫本绵绫便休”。在这件借贷契约中值得注意的是，借贷双方当事人在约定贷物人如遇不可抗力或不可预料之事由，即“路上般次不善者”，导致贷物人还债不能的情况下，债权人收回的仅仅是除却利息的本物，从而使契约中的这类条款又具有了风险分担性质。此外，这件借贷契约的末尾署名处，不仅附有贷物人贾彦昌的画押、担保人贾彦祐的签字，还有见证人赵富住的签名，表明订约当事人对契约见证意义的重视，体现了唐代民间立契技术的相对成熟。

如果说这件契约缺少现代社会一般合同的违约罚则的话，那么，《吐鲁番出土文书》中收录的大量计息借贷契约则弥补了这一缺陷。如《唐龙朔元年（661年）龙惠奴举练契》：“龙朔元年八月二十三日，安西乡人龙惠奴于崇化乡人右（应为左，《吐鲁番出土文书》第六册有多件以左憧憙为债主的借贷契约，且此件契尾署名的练主也为左——作者注）憧憙边举取练叁拾匹，月别生利练肆匹。其利若出月不还，月别罚练壹匹入左。”[①]“月别罚练壹匹”给债权人左憧憙，是对债务人龙惠奴逾期不送缴利息违约行为的罚则。

唐律令对私人间计息借贷债权的不完全救济，还表现在对民间计息借贷债权人提起的，要求实现债权的诉讼“官不为理”。《宋刑统》卷二十六《杂律·受寄财物辄费用》引唐《杂令》：“诸公私以财物出举者，任依私契，官不为理”；“诸以粟麦出举，还为粟麦者，任依私契，官不为理”。唐律令对民间计息借贷债权人实现债权主张的漠然置之，显然与儒家长期倡扬的“君子喻于义，小人喻于利”观念有关，同时更是出于稳定其统治秩序的需要，因此，唐律令对官府为民间计息借贷债权人征理债权更是严加禁止。《唐会要》载唐敬宗宝历元年（825年）正月敕：“应京城内有私债，经十年已上，曾出利过本两倍，本主及原保人死亡并无家产者，宜令台府勿为征理。”[②]《唐大诏令集》载唐懿宗咸通八年（867年）德音：“举便欠负，未涉重条，如闻府县禁人，或缘私债及身锢监禁，遂无计营生。须有条流，俾其存济。自今日已前，应百姓举欠人债，如无物产抵当，及身无职任请俸，所在州县及诸军司，须宽行期限，切不得禁锢校料，令其失业，又辄不得许利上生利，及回利作本，重重征收。如有违越，堪实奏闻。”[③]

唐律令对计息借贷行为的“任依私契”和“官为不理”，使得法律令对计息借贷行为的管理仅局限于对借贷利率的限制。唐《杂令》规定，计息借贷“每月取利不得过六分，积日虽多，不得过一倍。……又不得回利为本”；计息借贷

---

① 国家文物局古文献研究室等编：《吐鲁番出土文书》（第六册），文物出版社1985年版，第408页。

② 《唐会要》卷八，景印文渊阁四库全书，台湾商务印书馆。

③ 《唐大诏令集》，景印文渊阁四库全书，台湾商务印书馆。

粟麦粮食的债务“仍以一年为断，不得因旧更令生利，又不得回利为本”。[①] 限制利率为月利百分之六，利息累积总额不得超过原本，不得计算复利，且粟麦计息债务只能在年内计息。唐中后期，进一步降低借贷利率。据《全唐文》卷三十记载，玄宗时曾下诏：“比来公私举放，取利颇深，有损贫下，事须厘革。自今已后，天下私举质，应四分收利，官本五分收利。”文宗开成二年（837 年）敕，规定民间有息借贷“不得五分已上生利”，即月利不得超过百分之五；“出举”债务人经年久月不偿还债务，债权人的利息也只能是“止于一倍，不得虚立倍契”。但唐律令关于计息借贷利率的规定与限制，在民间实际借贷活动中并未得到执行。如《吐鲁番出土文书》第六册所收录的《唐总章三年（670 年）白怀洛举钱契》：“总章三年三月二十一日，顺义乡白怀洛于崇化乡左憧憙边举取银钱拾文。月别生利钱壹文。”[②] 这里“拾文”即“生利钱壹文”的月利率为百分之十，远远高出百分之四、五的限制，且该利率标准在当时具有通用性。同书收录的《唐乾封三年（668 年）张善憙举钱契》：“乾封三年三月三日，武城乡张善憙于崇化乡左憧憙边举取银钱贰拾文，月别生利贰文。”[③] 借钱贰拾文，月利“贰文”，其利率也是百分之十。这两件契约都约定了严格的送缴利息和还贷期限，“到月满”，债务人即“须送利”。两件契约的债权人皆为左憧憙，“到左须钱之日”，无论是白怀洛还是张善憙皆“须本利酬还”。承担如此高额的借贷利率和如此严格的缴利、还贷期日限制，借贷人为生计所迫又不得不为之，足见唐时贫民经济的困顿，从而也就不难理解唐律令为何主张对计息借贷债权人之债权淡然处置了。举贷贫民本已生计惟艰，官府如若再插手征理，后果无疑是“官逼民反”。

需要指出的是，唐朝官府也经常对民间进行有息放贷。据《唐会要》记载，唐初，朝廷允许京师各府司设置“公廨本钱”，挑选商人为“捉钱令史”[④]，高利放贷公廨本钱，从而使官府把向民间计息借贷作为一条生财之道进行经营。为保障其债权的实现，唐代对计息债权诉求的“官为不理”，不适用封建官府对民间的有息借贷。《文苑英华·赦》卷四四二载唐宪宗元和十四年（819 年）赦文：“公廨及诸色本利钱，其主、保逃亡者，并正举纳利十倍已上，摊征保人纳利五倍已上，及展转摊保者，本利并宜放免。”再如该书卷四四一载唐文宗太和八年（834 年）德音：“在京诸司、诸使食利钱，其元（原）举人已纳利计数五倍已上，本利皆放。其有人户逃、死，摊征保人，其保人纳利过两倍已上者，其本利亦并放免。”对于官债，债务人纳利高达原本的五倍，保人代纳利息达到两倍，还须皇帝敕令赦免，可见，唐代官府对官方债权的保护是不遗余力的。

---

① 《宋刑统》卷二六。

② 国家文物局古文献研究室等编：《吐鲁番出土文书》（第六册），文物出版社 1985 年版，第 432 页。

③ 国家文物局古文献研究室等编：《吐鲁番出土文书》（第六册），文物出版社 1985 年版，第 422 页。

④ 《唐会要》卷八、卷九一，景印文渊阁四库全书，台湾商务印书馆。

二、不计息借贷契约

唐代称不计息借贷为“负债”。《唐律疏议·杂律》疏议曰：“负债者，谓非出举之物，依令合理者。”礼治社会张扬儒家博爱、助人为乐的精神，无息借贷他人钱物，一般情况下债权人进行借贷的目的是解救他人出困境。因而，作为告贷者，在受到别人援助后，自然也就有义务、有责任如期、如约还贷。倘若无息借贷债务人在债务到期时违约不偿，或偿债不如约，债权人为其债权的完全实现，除自力救济外，必然要诉诸法律。作为封建官府，出于稳定统治秩序和主持社会正义的需要，理所当然地要对此类纠纷和案件予以受理。因而，对不计息借贷债权，唐律令明文规定了保护措施。《唐律疏议·杂律》中专设了“负债违契不偿”的罪名，规定：“诸负债违契不偿，一匹以上，违二十日笞二十，二十日加一等，罪止杖六十；三十匹加二等；百匹又加三等。各令备偿。”[①] 唐代对民间契约的订立采取宽松式管理，计息借贷的“任依私契”原则同样适用于不计息借贷。因而，民间在进行不计息借贷时，作为贷物人往往要立下一定形式的保证，以示其如期还贷的诚意。《敦煌资料》中诸寺户请贷麦种牒六件，就是此类文牒。如李庭秀等牒：“龙兴寺户团头李庭秀、段君子、曹昌晟、张金刚等，状上右庭秀等并头下人户，家无着积种莳，当时春无下子之功，秋乃凭何依托。今人户等各请贷便，用济时难。伏望□□商量，免失年计。每头请种子五拾驮。至秋输纳，不敢违迟。乞请处分。牒件状如前谨牒。”[②] 文牒结尾处为李庭秀、段君子、曹昌晟和张金刚的签名画押。正是具备了他们的秋后保证还贷文牒，作为债权人的龙兴寺才“分付仓所由付”。再如史太平等牒：“金光明寺户状上团头史太平、户安胡胡、安进汉、安达子、僧奴右件人户粮食罄尽，种子俱无，缺乏难为，交不存济。请便麦贰拾驮，至秋依数填纳。伏望教授和尚矜量，乞垂处分。牒件状如前谨牒。”金光明寺也是在接受了史太平等人的乞请和保证还贷文牒后“依计料支给”，并重申“至限收征”[③] 的约定。

从出土的《敦煌资料》有关借贷契约看，尽管多数不计息借贷有贷物人写立的保证还贷文书，但作为出借方，对贷物方的保证效力还是心存疑虑，因而正式订立借贷契约之时，双方须再次写立违约罚则。如《酉年（829 年）下部落百姓曹茂晟便豆契》：“酉年三月一日下部落百姓曹茂晟为无种子，遂于僧海清处便豆壹硕捌斗。其豆自限至秋八月三十日已前送纳。如违不纳，其豆请陪（倍）。”[④] 这里的违限罚息额度“其豆请陪（倍）”，与《唐律疏议·杂律》中规定的违约“备偿”是一致的。从吐鲁番出土的文物资料中可见，有些不计息借贷的违限罚息数额是依当地民间习惯确定的。如《唐麟德二年（665 年）赵丑胡

---

① 刘俊文点校：《唐律疏议》，中华书局 1983 年版，第 485 页。

② 中国科学院历史研究所资料室编：《敦煌资料》（第一辑），中华书局 1961 年版，第 397 页。

③ 中国科学院历史研究所资料室编：《敦煌资料》（第一辑），中华书局 1961 年版，第 401 页。

④ 中国科学院历史研究所资料室编：《敦煌资料》（第一辑），中华书局 1961 年版，第 357 页。

贷练契》："麟德二年八月十五日，西域道征人赵丑胡于同行人左憧憙边贷取帛练叁匹。其练回还到西州拾日内，还练使了。到过其月不还，月别依乡法酬生利。"① 借贷时强调借贷标的三匹练"到西州拾日内，还练使了"，表明这是一件不计息借贷；"到过其月不还，月别依乡法酬生利"，表明其约定的违限罚则数额是由当地民间惯常利率作依据的。另外，这件借贷契约的内容有一点值得注意，即原本不计息借贷，但当贷物人超出还贷期限不偿时，不计息借贷就在原约定还贷期满后转为计息借贷了。对这类计息债权的诉请，官府不仅予以受理，而且对债权人实现债权的主张也是给予积极支持的。《唐律疏议·杂律》律疏解释："或欠负公私财物，乃违约乖期不偿者，一匹以上，违二十日笞二十，二十日加一等，罪止杖六十。'三十匹加二等'，谓负三十匹物，违二十日，笞四十，百日不偿，合杖八十。'百匹又加三等'，谓负百匹之物，违契满二十日，杖七十，百日不偿，合徒一年。各令备偿。"这条律疏解释的"欠负"，指的就是不计息借贷契约中贷物方违约不偿的行为，对这种"欠负"，可以比照"负债"不偿的法律规定处理。可能是立法者对不计息贷物人违约不偿这种"以怨报德"行为的愤恨，因而唐律特别规定"欠负"行为如再"延日，及经恩不偿者，皆依判断及恩后之日，科罪如初"②，即对此类违期不偿的债务人，如果在官府"判断"之后仍延期不偿，或者经过宽大处理后仍不偿还者，均要以官府判决后期日或宽限以后期日，按"欠负"之条重新科罪量刑，可见处罚之重。

三、借贷契约中的担保

唐律令对民间借贷契约订立的"任依私契"原则，以及对民间计息借贷债权人主张债权诉请的"官为不理"原则，并不意味着当时民间借贷行为可任意作为。相反，为规范民间借贷行为的有序进行，保障债权的真正实现，唐律令积极承认并支持民间借贷契约中以保障债权充分实现而设置的种种担保条款。

首先，唐律令允许债权人在债务人不能清偿到期债务时扣押债务人财产，这在当时被称为"牵掣"。从《吐鲁番出土文书》和《敦煌资料》整理收录的民间借贷契约看，几乎所有的契约都设定有"牵掣"债务人财物的条款。如前所列举《唐麟德二年（665年）赵丑胡贷练契》，其内容明确约定借贷人赵丑胡必须在债务到期日偿还所借贷的"练叁匹"，如赵丑胡违限不偿，不仅不计息借贷在此后转为有息借贷，"月别依乡法酬生利"，而且再"延引不还"，一任债权人左憧憙"听拽家财杂物平为本练直"。再如前引的《唐乾封三年（668年）张善憙举钱契》，其中也有张如违约"延引不还，听左拽取张家财杂物平为本钱直"③的约定。为防治债权人滥行"牵掣"权造成经济秩序混乱和社会动荡不安，《唐

① 国家文物局古文献研究室等编：《吐鲁番出土文书》（第六册），文物出版社1985年版，第412页。

② 刘俊文点校：《唐律疏议》，中华书局1983年版，第485页。

③ 国家文物局古文献研究室等编：《吐鲁番出土文书》（第六册），文物出版社1985年版，第422页。

律疏议·杂律》规定，债权人“牵掣”债务人家财前，必须向官府报告，经批准后方可行使“牵掣”权，且规定“牵掣”债务人家财所值，不得超过其借贷契约的债务本值，否则对债权人以坐赃论罪。即疏议所释：“违契不偿，应牵掣者，皆告官司听断。若不告官司而强牵掣财物，若奴婢、畜产，过本契者，坐赃论。”即便欠负官债，官府“牵掣”债务人财产也必须遵守不得超过借贷契约债务本值的规定：“若监临官共所部交关，强牵过本契者，计过剩之物，准‘于所部强市有剩利’之法。”①

其次，若债务人确无财产可供“牵掣”，债权人可迫使债务人“役身折酬”，即驱使债务人及其家属以劳役抵偿债务。《宋刑统·杂律》引唐《杂令》“家资尽者，役身折酬”，说明在“牵掣”债务人财产后依然不足以抵偿债务的情况下，“役身折酬”是为一种补救债权实现的方式。这条《杂令》还规定了“役身折酬”的服役者必须是男性，每日劳役折算绢三尺。

再次，唐律令规定借贷债务，在债务人死亡或逃亡的情况下，借贷契约中署名的担保人要代为清偿。从吐鲁番地区和敦煌出土的借贷契约中，无论是计息借贷还是不计息借贷，由保人承担连带责任和代为清偿的约定几乎写进了每件契约中。此类约定流行的惯语一般是“若身东西，一仰保人代还”。关于契约中的保人担保，也有一个值得注意的现象，即多数担保人是债务人的近亲属。如《敦煌资料》中贾彦昌贷生绢契，担保人为贾彦昌之弟贾彦祐；张和和便麦契，署名的保人也是其弟张贾子。《吐鲁番出土文书》中《唐总章三年（670 年）张善憙举钱契》，保人为张善憙之子君洛、女如资。这种以家庭成员或亲属承担债务担保的现象，是当时家族共财观念在债权中的反映。

此外，唐代借贷已较为普遍流行质押或抵押担保。《敦煌资料》中的《癸未年彭顺子便麦粟契》，就是一件以紫罗裙为质的借贷契约：“癸未年五月十六日平康乡彭顺子乏少粮用，遂于高通子便麦两硕，至秋肆［硕］，便粟两硕，至秋肆硕。只典紫罗郡（裙）一要（腰）。”② 唐律令允许债务人向债权人提交质押财产，称之为“收质”。对质押物的处置，唐《杂令》规定，如债务人不能按期清偿债务，利息累计已与原本相等时，债权人应报告市司，传唤债务人到场，当面出卖质押物，卖价抵充债务本利后的余额应归还债务人。唐朝专业经营放债收质的“质库”业相当发达，收质的财物种类繁多。关于抵押借贷，出土的文献资料中也有此类契约。如前所引《唐乾封三年（668 年）张善憙举钱契》，就有“若延引不与左钱者，将中渠菜园半亩，与作钱质，要须得好菜处。两和立契，获指为验。左共折生钱，日别与左菜伍尺园，到菜干日”③。从《吐鲁番出土文书》中看，贫寒之人张善憙曾向财主左憧憙多次举贷，家中恐怕早已无动产可以为质，因而只好以半亩菜园作抵押再次举债。唐代民间将这种指定某项不动产为

① 刘俊文点校：《唐律疏议》，中华书局 1983 年版，第 486 页。
② 中国科学院历史研究所资料室编：《敦煌资料》（第一辑），中华书局 1961 年版，第 367 页。
③ 国家文物局古文献研究室等编：《吐鲁番出土文书》（第六册），文物出版社 1985 年版，第 422 页。

抵押的债权担保方式称为“指当”或“指质”。除上述担保方式外，民间借贷关系中还有恩赦担保条款，即双方约定如果在契约订立后，朝廷发布有关的大赦令，契约继续有效，不受朝廷大赦令文内容的影响。此类担保文句最早见于吐鲁番出土的《唐乾封元年（666 年）郑海石举银钱契》，其中提到“公私债负停征，此物不在停限”①。敦煌出土的《酉年（829 年）下部落百姓曹茂晟便豆契》，也有“中间或有恩赦，不在免限”的约定。封建朝廷为宣扬“仁政”，时有宣布禁止征收债负的诏令下达，这对债务人当然是一种“福音”，尤其是对确系无力偿债的极度贫困者而言，具有“救生”意义。从这一角度解释，债权债务关系以此方式消灭，有利于社会稳定。但应该看到，把借贷债权债务关系单纯地理解为道义关系，对民事法律关系的发展是有负面影响的。

综上，唐代由于民事法律关系的发展，其借贷活动甚为活跃，由此而来的是借贷契约制定的相对严谨与完善。民间相对成熟的立契技术，不仅在一定程度上为当时借贷关系的正常运行提供了保障，而且为后世借贷行为立约提供了示范程式。所有这些，当是中华民族古代民事关系理念在形式上的体现，也是我国现行借贷之债成立要件的某些民族法文化渊源。

---

① 国家文物局古文献研究室等编：《吐鲁番出土文书》（第六册），文物出版社 1985 年版，第 417 页。

继往开来：西夏法律史研究现状的综述①

于 熠

一、绪言

西夏学研究受特殊历史的影响发展并不均衡，一度几成绝学。西夏（1038—1227 年）作为由党项建立的少数民族政权曾先后与辽、宋、金、蒙古成对峙的局面，而这个曾盛极一时的封建王朝却在公元 1227 年被蒙古攻陷后与其文化一同消失在历史的尘埃中。

对于西夏的记载，正史中并无一席之地，概其原因，学界主要猜测有二：①西夏的事迹多用西夏文记录。自元昊立国后便开始“自制蕃书，命野利荣仁演绎之”，在西夏境内广泛使用，史官所载当为西夏文字。据《天盛改旧新定律令》卷十“司序行文门”记载，“史院”因属于专业技术岗位，其他人员无法代替，故“勿续转”。由此可知西夏有专门的史官和机构负责记录史实。故西夏国灭亡之后，因“文义莫辨，遂至掌故失传，宋、辽、金三史有附传而弗详”。②正统观念根深蒂固的结果。赵尔巽在其为戴锡章《西夏纪》所作的序言中认为辽、金建国，完全是人为的结果。辽、金皆为外来民族且通过入侵中国（中原）获得领土而得以建立政权。而西夏在唐五代之际乃是藩镇，其国家也是在割据的基础上建立的。因而西夏“是在深谋远虑的管理方针下定居在唐朝版图以内的非汉族人，他们长期以来就已经是唐朝地方体制和军事体制的一部分”。受以上两种原因的影响，元朝史官未能给西夏专修史书也就不足为奇了。

长期以来，西夏本国的各项史实记录鲜有流传，但这并没能阻挡学者们研究西夏的热情。清代的学者在搜集、整理、编纂西夏文献方面就作出了重大贡献。流传至今的学术著作有：周春撰写的《西夏书》15 卷，为纪传体，成书时间在嘉庆元年（1796 年）；吴广成撰写的《西夏书事》42 卷，为编年体，成书时间约在道光初期（1821 年）；张鉴撰写的《西夏纪事本末》36 卷。此外，还有《西夏书》20 卷（秦恩复著），《西夏国志》16 卷（洪吉亮著），《西夏志略》（无名氏著，卷数不详），《西夏事略》16 卷（陈昆著），《西夏书》4 册（王云著），《西夏书》（徐松著），《西夏地理考》（徐松著）等书籍仅存目录，而未见流传。

20 世纪初，俄国探险家科兹洛夫在中国黑水城发掘出大量西夏文献，使西

① 本文系国家社会科学基金西部资助项目（14XFX004）、湖南省社会科学基金重点项目（15ZDB034）阶段成果，受湖南师范大学青年学术骨干（15XGG08）和博士启动（2016BQ01）经费支持。

夏学这门学科又焕发了新生机和活力。陈寅恪先生曾经说过，一代学术，必有新材料的发现和新问题的提出，运用此材料来研究问题，则为时代学术新潮流。有一分材料说一分话，故凡能掌握第一手西夏材料的地方，西夏学的研究就会兴盛。苏联、英国、日本等国家在20世纪80年代前，就远远走在了西夏学研究的前列。这种状况在当时不禁让人感叹“西夏在中国，西夏学在国外”。直到20世纪70年代末，这种状况才有所改善。关于西夏的专著，香港出版社曾于1975年出版了林旅芝的《西夏史》，内容相当丰富，内有西夏世系表、西夏帝系表，特别是该书附录了张澍的西夏姓氏录，这对厘清西夏政权的整体脉络有着重要贡献，但该书对史料的编纂却没有创新。在史学大家范文澜先生的主持下，1979年由蔡美彪等人所著的《中国通史》第六册第一次将西夏与辽、金放在同等的地位在通史类著作中进行编写，有开创之功。之后，时任四川大学历史系副教授的吴天墀于1980年撰写了《西夏史稿》出版，对于西夏史的研究具有里程碑的意义，它标志着西夏学迎来了春天。

从史料的分布看，目前西夏学研究的重镇主要集中在：俄罗斯、日本、法国、英国，以及中国的北京、内蒙古、甘肃、宁夏等地区。这种学术研究地域分布使得“西夏学”成了标准的“国际化”学科。经过百年的学术发展历程，“西夏学”的研究已远非对西夏文献本身的研究，而是囊括了其主体民族——党项（民族学）和西夏统治190年间的经济、政治、文物、军事、地理、考古、宗教、文化艺术、语言文字、社会风俗等各方面的研究。

西夏文献分布表

<table>
<tr><th>国家</th><th>地区（城市）</th><th>藏馆</th><th>备注</th></tr>
<tr><td rowspan="2">俄罗斯</td><td rowspan="2">圣彼得堡</td><td>俄罗斯科学院东方研究院圣彼得堡分所</td><td rowspan="2">《俄藏黑水城文献》①</td></tr>
<tr><td>艾尔米塔什博物馆（冬宫）</td></tr>
<tr><td>英国</td><td>伦敦</td><td>英国国家图书馆</td><td>《英藏黑水城文献》②</td></tr>
<tr><td>法国</td><td>巴黎</td><td>法国国家图书馆</td><td>《法藏敦煌西夏文文献》③</td></tr>
<tr><td rowspan="4">日本</td><td rowspan="3">京都府京都市</td><td>京都大学文学研究科图书馆</td><td rowspan="4">《日本藏西夏文文献》④</td></tr>
<tr><td>京都大学人文科学研究所东亚人文情报学研究中心</td></tr>
<tr><td>龙谷大学图书馆（大宫图书馆）</td></tr>
<tr><td>大阪府大阪市</td><td>大阪大学外国学图书馆（旧大阪外国语大学图书馆·石滨文库）</td></tr>
</table>

① 中国社会科学院民族研究所、俄罗斯科学院东方研究院、上海古籍出版社编：《俄藏黑水城文献》（汉文部分1～6册，西夏文世俗社会文书部分12～14册），上海古籍出版社1997—2016年版。该丛书预计全部出齐共30册，从1997年至今已出版14册。

② 西北第二民族学院、英国国家图书馆编：《英藏黑水城文献》（第一至四册），上海古籍出版社2005年版。北方民族大学、英国国家图书馆编：《英藏黑水城文献》（第五册），上海古籍出版社2010年版。

③ 西北第二民族学院、法国国家图书馆编：《法藏敦煌西夏文文献》，上海古籍出版社2007年版。

④ 武宇林、［日］荒川慎太郎主编：《日本藏西夏文文献》，中华书局2011年版。

（续上表）

国家	地区（城市）	藏馆	备注
日本	大阪府吹水市	国立民族学博物馆	
	东京都	东京大学附属图书馆	
	奈良县天理市	天理大学附属天理图书馆	
中国	北京市	国家图书馆	《中国藏西夏文献》①
		北京大学图书馆	
		中国国家博物馆	
		中国社会科学院考古研究所	
		故宫博物院	
	宁夏回族自治区银川市	宁夏回族自治区博物馆	
		宁夏回族自治区文物考古研究所	
	陕西省西安市	西安市文物局	
	甘肃省敦煌市	敦煌研究院	
	甘肃省兰州市	甘肃省博物馆	
	甘肃省武威市	武威市博物馆	
	内蒙古自治区呼和浩特市	内蒙古自治区博物馆	
		内蒙古自治区文物考古研究所	
	内蒙古自治区阿拉善盟	内蒙古自治区额济纳旗文物管理所	

二、研究材料

（一）历史文献方面

尽管正史中对于西夏的记载寥寥，但两宋时期宋人却记录了大量关于西夏的内容。《隋书》《旧唐书》《新唐书》《旧五代史》《新五代史》《宋史》《辽史》《金史》《元史》中都有涉及西夏（党项）的传记。李焘在其编写的《续资治通鉴长编》中也对西夏多有记录。曾巩所撰的《隆平集》记载了西夏的习俗和制度。王称的《东都事略》则专门记述了西夏立国前直至北宋末期宋夏关系的史实。此外，宋人曾大量撰写过文集和笔记，也为学者从多角度研究西夏提供了方便。[2] 江少虞所撰的类书《宋朝事实类苑》和彭百川的政书《太平治绩统类》以及

---

① 史金波、陈育宁主编：《中国藏西夏文献》，甘肃人民出版社、甘肃文艺出版社2005年版。

② 文集如司马光的《温国文正司马公文集》、范仲淹的《范文正公集》、张方平的《乐全集》、余靖的《武溪集》等；笔记如司马光的《涑水纪闻》、沈括的《梦溪笔谈》、魏泰的《东轩笔录》、陈师道的《后山谈丛》、曾布的《曾公遗录》、田况的《儒林公议》等。

宋人编写的《宋大诏令集》都可以找到西夏的重要记录，特别是清人徐松所辑的《宋会要辑稿》（《兵》《方域》《蕃夷》等门类）使西夏的许多史料得以保存。

（二）考古文献方面

位于今内蒙古自治区境内的黑水城在历史上曾经是水草丰美的绿洲，因发源于祁连山的黑水流经此地而得名。西夏建国后，作为重要的军事重镇，黑水城设立了黑水监军司①，方便了西夏对之进行有效的治理。蒙古人于西夏宝义元年（1226 年）攻破黑水城后，元世祖曾在这里设立“亦集乃”② 路总管府。直到元朝灭亡，因黑水改道，黑水城变为沙丘而渐被遗弃。尽管土地沙化令这里的地表发生了重大变化，黑水城不再适宜人类居住，但因气候干燥反而使得大量文献被保存了下来。1908 年至 1909 年，科兹洛夫以沙俄皇家地理学会的名义在偶然的机会下两次对黑水城进行挖掘，获得了大量的第一手西夏文献。六年后（1914 年），英国人奥莱尔·斯坦因也来到这里，窃走西夏文献 7 000 余件。等到 1923 年，美国人兰登·华尔纳来到此处寻宝时，已是收获寥寥。1927 年，中国考古学家黄文弼与瑞典探险家斯文·赫定对该地区进行了全面挖掘，获得大量社会文书。③（这里需要注意的是：黑水城出土的文献并非完全是记录西夏时期的，它包括了元朝在这里设立“亦集乃”路总管府时期的文字记录。但这并非说元朝时期的记录对于研究西夏就没有意义了，因为在黑水城地区人们的生活习惯并未因元的占领而立刻发生了改变）经过对黑水城出土文献近一个世纪的发掘和整理，得出西夏法律文献主要包括以下几类：

1. 法典

（1）《天盛改旧新定律令》。

党项民族世代“无法令”，④ 但元昊“通蕃汉文字，案上置法律”。李德明死后，其子元昊承袭爵位，“明号令”，⑤ 开创了西夏法治的传统。《天盛改旧新定律令》因成书于天盛（西夏仁宗年号）年间而得名，该律令系西夏中期颁行的一部重要成文法典（现为俄罗斯所收藏），包括了刻本和写本，由西夏文写成。《天盛改旧新定律令》为今人翻译所成，据史书记载，亦可翻译为《天盛革故鼎新律令》⑥。从其《颁律表》可知该律令由皇族嵬名地暴主持编纂，修纂团队共

---

① （西夏）嵬名地暴等著，史金波、聂鸿音、白滨译：《天盛改旧新定律令》，法律出版社 2000 年版，第 370 页。

② “亦集乃”为西夏文黑水之意。

③ 史金波、陈育宁主编：《中国藏西夏文献》，甘肃人民出版社、甘肃文艺出版社 2005 年版。

④ 《旧唐书》卷一九八《党项传》，引自韩荫晟编：《党项与西夏资料汇编》，宁夏人民出版社 2000 年版，第 3 页。参看《通典》卷一九〇《边防六》、《太平寰宇记》卷一八四、《唐会要》卷九八。

⑤ 《宋史》卷四八五《外国传一》，引自韩荫晟编：《党项与西夏资料汇编》，宁夏人民出版社 2000 年版，第 60 页。

⑥ （元）脱脱等著：《宋史》卷四八六《外国传二》，引自韩荫晟编：《党项与西夏资料汇编》，宁夏人民出版社 2000 年版，第 91 页。

有23人，是“中国历史上第一部用少数民族文字颁行的法典”[①]。经推测该法典在颁布时应包括西夏文和汉文两种文本，[②] 但至今只发现了西夏文本。全书共二十卷，一百五十门，一千四百六十一条。从体例结构上看，该律令与《宋刑统》有着极大的相似性。[③]

（2）《贞观玉镜统》。

作为游牧民族，党项人世代逐水草而居。弱肉强食对于一个文明尚不发达的民族来说是生存的唯一法则。在长期争夺放牧地域的过程中，党项民族逐渐形成了尚武的性格，“有战则相屯聚”[④]。一支精锐的部队，除了要勇猛，更要有严明的纪律。唐贞观初期，党项首领拓跋赤辞归唐，太宗使之镇守静边等州。后在此基础上，拓跋后人世居夏州，称平夏部。至唐末，拓跋思恭因平定黄巢起义有功，被封为定难军节度使。[⑤] 作为唐代的地方军政长官，党项人已开始有严明的军纪。特别是在元昊承袭爵位后，开始“以兵法勒诸部”[⑥]，极大地提高了党项的军事行动力。《贞观玉镜统》（原文为西夏文，另译为《贞观玉镜将》）刊行于西夏崇宗贞观年间（1084—1139年）（现为俄罗斯所收藏），是西夏保留最完备的军事法典。[⑦] 从内容看，该军事法典包括五个部分：序言现存1页；第一章为政令篇，仅存目录1页，共44条（缺9条）；第二章为赏功篇，目录77条，正文现存15条，包括目录和正文共23页；第三篇为罚罪篇，正文缺少2页，包括目录和正文共31页；第四篇为进胜篇，共16条，保存最为完整，包括目录和正文在内共17页。该法旨在正军令，明赏罚，规范将士行为。通过《贞观玉镜统》，可窥见西夏依法治军的概况。

（3）《亥年新法》《法则》。

除上述法典之外，俄罗斯收藏的西夏文献中还有《亥年新法》和《法则》。《亥年新法》颁行于西夏神宗光定乙亥年（1215年），内容多引用《天盛改旧新定律令》条文。从体例上看，该法与《天盛改旧新定律令》稍有不同，在正文中没有设立门类。[⑧] 现存的《亥年新法》残卷版本众多，均为抄写版本。《法则》

---

① （西夏）嵬名地暴等著，史金波、聂鸿音、白滨译：《天盛改旧新定律令》，法律出版社2000年版，第3页。

② （西夏）嵬名地暴等著，史金波、聂鸿音、白滨译：《天盛改旧新定律令》，法律出版社2000年版，第108页。“合汉文者奏副中兴府正汉大学院博士杨时中，译汉文者西京尹汉学士讹名□□，译汉文纂定律令者汉学士大都督府通判芭里居地，译汉文者番大学院博士磨勘司承旨学士苏悟力。”

③ 参看（宋）窦仪等撰，薛梅卿点校：《宋刑统》，法律出版社1999年版；（西夏）嵬名地暴等著，史金波、聂鸿音、白滨译：《天盛改旧新定律令》，法律出版社2000年版。

④ 《隋书》卷八三《党项传》页一八四五，引自韩荫晟编：《党项与西夏资料汇编》，宁夏人民出版社2000年版，第1页。

⑤ 《宋史》卷四八五《外国传一》，引自韩荫晟编：《党项与西夏资料汇编》，宁夏人民出版社2000年版，第49页。

⑥ 《宋史》卷四八五《外国传一》，引自韩荫晟编：《党项与西夏资料汇编》，宁夏人民出版社2000年版，第60页。

⑦ 陈炳应：《贞观玉镜将研究》，宁夏人民出版社1995年版。

⑧ 中国社会科学院民族研究所、俄罗斯科学院东方研究院、上海古籍出版社编：《俄藏黑水城文献》（第九册），上海古籍出版社1999年版。

因未署落款，故尚未能准确辨识其颁布时间，但其体例仿效《天盛改旧新定律令》的模式设立了“门”和“条”，内容也是对《天盛改旧新定律令》的补充或者改定，故推测应在12—13世纪之交。对于该法，目前尚无人翻译。

（4）《番汉合时掌中珠》《圣立义海》。

《番汉合时掌中珠》由西夏人骨勒茂才编写，刊印于西夏仁宗嵬名仁孝乾祐二十一年（1190年），是西夏文与汉文对照的词语集，更是沟通番汉语言文字，在西夏境内广为流传的词语类书，能客观反映当时西夏的社会状况。《圣立义海》则是一部由西夏人撰写的百科全书，编者与初版时间不详，现存的出土《圣立义海》残卷中印有“乾祐壬寅十三年（1182年）五月十日刻字重新刻印”的字样，可知该书的编写至迟不晚于西夏仁宗时期。这两部典籍所记载的内容是我们了解西夏地理、民族等状况的重要依据。

2. 契约、文书

对黑水城出土的汉文文书进行整理，可将其归结为：契约、账单、书信、柬帖、包封、印本书、习字和抄本。这些契约和文书涉猎内容广泛，包括民间交易、婚书、法律档（诉状、验伤文书、监狱管理）、判例等。这部分内容散落在俄罗斯、英国、中国、日本等国家。（参看上文《西夏文献分布表》及其备注）

（三）游记方面

意大利人马可波罗的《马可波罗行纪》[①] 与瑞典人斯文·赫定的《亚洲腹地旅行记》[②] 中对于西夏人（党项人）的生活习俗有大量记载。

三、研究动向

西夏学研究涉猎广泛，学科上包括历史、民族、宗教、艺术、印刷、版本、风俗、语言、考古、经济、政治、外交、畜牧业生产等方面。本文仅梳理法律史相关的科研成果与研究方向。

（一）中国学者的研究现状

近年来，随着西夏学越来越受到学人关注，西夏法律制度的研究成果数量显著增长，从20世纪90年代至今，有关西夏法律的论文已近200篇，西夏文法典

---

① ［意］马可波罗著，冯承钧译：《马可波罗行纪》，上海书店出版社2001年版。

② ［瑞典］斯文·赫定著，周山译：《亚洲腹地旅行记》，江苏文艺出版社2011年版。

(《天盛改旧新定律令》)翻译2种,[①] 学术专著8部,[②] 西夏学专家李范文主编的《西夏研究》自2005年以来已经出版了8辑,[③] 成为学者展示西夏研究成果的平台。然而上述成果主要集中于法律制度领域的研究,关于法学理论、法律思想研究的成果几为空白。

1. 法典体例研究方面

中国学者周伟洲在其著作《唐代党项》[④] 一书中对早期党项的族源与族属、分布与迁徙、社会组织与习俗、党项与吐谷浑及隋唐王朝的关系,以及党项拓跋部的崛起等问题作了较为详细的论述,这也是截至目前对于党项前期研究最为全面的专著。但是,因历史记载不尽相同,故对于党项族源的问题学界存在着两种不同的观点。以周伟洲为代表的一派认为党项源于羌族,而吴天墀则认为党项拓跋氏原为北魏鲜卑皇族后裔,[⑤] 汤开建得出的结论与吴天墀相同。[⑥] 截至目前,这一问题在学界尚未形成定论。然而结论一旦确立,将会在一定程度上决定对西夏元昊确立法律制度的思想走向。[⑦] 随着党项部落的不断发展壮大,西夏统治者便开始不再承认中原政权的正统性,认为自己才是正统,更在诸多方面为自己"正名"。[⑧] 受中原王朝先进成文法典传统的溢出性影响,西夏的法律体系既体现了诸法合体的结构,更体现了鲜明的民族特点。[⑨] 杜建录认为正是西夏的独特地理位置和生存环境使得其法律在承袭了中原王朝法律的同时又带有自己的鲜明特点,[⑩] 主要体现在:军法完备,刑罚残酷,重视如农田水利等方面的经济性立法

---

① [俄]克恰诺夫译,李仲三译:《西夏法典——〈天盛改旧新定律令〉》(1~7章),宁夏人民出版社1998年版;史金波、聂鸿音、白滨译:《西夏天盛律令》(《中国珍稀法律典籍集成》甲编第五册),科学出版社1994年版,该版本于2000年进行了修订,为(西夏)嵬名地暴等著,史金波、聂鸿音、白滨译:《天盛改旧新定律令》(中华传世法典),法律出版社2000年版。

② 罗福颐辑,李范文释:《西夏官印汇考》,宁夏人民出版社1982年版;陈炳应:《贞观玉镜将研究》,宁夏人民出版社1995年版;王天顺主编:《西夏天盛改旧新定律令研究》,甘肃人民出版社1998年版;杨积堂:《法典中的西夏文化——西夏〈天盛改旧新定律令〉研究》,法律出版社2004年版;杜建录:《〈天盛改旧新定律令〉与西夏法制研究》,宁夏人民出版社2005年版;姜歆:《西夏法律制度研究——〈天盛改旧新定律令〉初探》,兰州大学出版社2005年版;陈永胜:《西夏法律制度研究》,民族出版社2006年版;邵方:《西夏法制研究》,人民出版社2009年版。[俄]克恰诺夫:《天盛改旧新定律令》(四卷),苏联科学出版社1987—1989年版。

③ 李范文主编:《西夏研究》(第一至八辑),中国社会科学出版社2005—2008年版。因其中与法律相关的内容在后面会有介绍,此处不再一一指出。

④ 周伟洲:《唐代党项》,广西师范大学出版社2006年版。

⑤ 吴天墀:《西夏史稿》,广西师范大学出版社2006年版,第2页;吴天墀:《论拓跋氏族属及西夏国名》,《西北史地》1986年第1期。

⑥ 汤开建:《关于西夏拓跋氏族源的几个问题》,《中国史研究》1986年第4期。

⑦ 《宋史》卷四八五《夏国传上》就讲述了元昊称帝的理由:臣祖宗本出帝胄,当东晋之末运,创后世之初基。

⑧ 吴广成《西夏书事》载:元昊即位后,"复以李、赵赐姓不足为重",于是去掉唐宋所赐李、赵姓氏,改姓"嵬名氏",自号"兀卒"(青天子),改宋明道年号在国内称"显道",颁布"秃法令","立官制","别服式"。

⑨ 赵江水:《西夏的立法概况》,《宁夏大学学报》(哲学社会科学版)1999年第4期。

⑩ 杜建录:《论西夏〈天盛改旧新定律令〉的特点》,《宁夏社会科学》2005年第1期。

与对政府的专门机构进行编制和品级划分等方面。

随着《天盛改旧新定律令》翻译成汉文出版后，中国学者对西夏法律史的研究也在不断深入。有学者认为西夏与辽、金政权的建立有着本质的区别，然而要对西夏的法律形态做全面的了解，则必须对其前身党项部落和大夏国这一时期的习俗、信仰以及西夏统治者对中原王朝的政策反应逐一进行了解，否则难以看清其发展的脉络。对于《天盛改旧新定律令》介绍性的著述主要有：李范文的《西夏法典》①、李温的《〈西夏法典〉述评》② 和《〈西夏法典〉：研究西夏史的珍贵资料》③、史金波的《西夏〈天盛改旧新定律令〉略论》④、李温与罗矛昆合著的《西夏法的特点》⑤ 和《一部罕见的中世纪法典》⑥、白钢的《佚失西域的西夏法典：〈天盛改旧新定律令〉》⑦ 等文。而对于《天盛改旧新定律令》的历史作用和文献价值方面则有杜建录撰写的《西夏〈天盛改旧新定律令〉的历史价值》、姜歆撰写的《论西夏法律制度对中国传统法律文化的传承与创新——以西夏法典〈天盛改旧新定律令〉为例》等文。

在对西夏立法的研究上，许多学者就《天盛改旧新定律令》的成书时代、体例编纂、特色等方面进行了深入的探讨。赵江水认为《天盛改旧新定律令》是由西夏的第五代君主嵬名仁孝颁下诏令进行修纂，在天盛二年（1150 年）完成的。陈永胜的文章指出了西夏立法所经历的发展阶段、立法指导思想和立法特点，并对西夏立法各问题进行了较细致的分析，同时认为西夏法律制度是中华法系的有机组成。⑧ 在对《天盛改旧新定律令》的残卷补译方面，聂鸿音经过研究指出，俄罗斯所藏的黑水城 6965 号西夏文残卷是《天盛改旧新定律令》卷十四的另外一种写本，同时可对通行版本的《天盛改旧新定律令》补缺 23 条，并对该 23 条进行了翻译，⑨ 这有利于学界更好地研究西夏法律制度的全貌。刘菊湘认为《天盛改旧新定律令》颁布于嵬名仁孝击破任得敬等分国势力的阴谋后，在加强皇权集中方面有着重要意义。且在这种分析下得出：天盛年间实行的当为旧法，而《天盛改旧新定律令》应颁布于乾祐（仁孝年号）早期，而不应晚于公元 1182 年。⑩ 对于这一论断，聂鸿音曾在其《西夏〈天盛改旧新定律令〉成书年代辨析》一文中进行了考证。⑪ 此外，姜歆曾撰文对西夏的军事法、民族习惯

① 李范文：《西夏法典》，《宁夏大学学报》（哲学社会科学版）1990 年第 1 期。

② 李温：《〈西夏法典〉述评》，《法律科学》1990 年第 2 期。

③ 李温：《〈西夏法典〉：研究西夏史的珍贵资料》，《丝绸之路》1997 年第 6 期。

④ 史金波：《西夏〈天盛改旧新定律令〉略论》，《宁夏社会科学》1993 年第 1 期。

⑤ 李温、罗矛昆：《西夏法的特点》，《宁夏法学》1994 年第 3 期。

⑥ 李温、罗矛昆：《一部罕见的中世纪法典》，《宁夏法学》1994 年第 6 期。

⑦ 白钢：《佚失西域的西夏法典：〈天盛改旧新定律令〉》，《光明日报》，1995 年 3 月 6 日。

⑧ 陈永胜：《论西夏的立法》，《甘肃理论学刊》2004 年第 4 期。

⑨ 聂鸿音：《俄藏 6965 号〈天盛改旧新定律令〉残卷考》，《宁夏大学学报》（哲学社会科学版）1998 年第 3 期。

⑩ 刘菊湘：《关于〈天盛改旧新定律令〉的成书年代》，《固原师专学报》（哲学社会科学版）1998 年第 4 期。

⑪ 聂鸿音：《西夏〈天盛改旧新定律令〉成书年代辨析》，《寻根》1998 年第 6 期。

法和财产法等方面进行了探讨，认为《天盛改旧新定律令》不但吸收了中原法典的编纂经验，且在体例、结构上均有所创新。[①]

2. **刑事及诉讼立法研究方面**

受中华法系的影响，《天盛改旧新定律令》中刑事法律条文较多，这使得西夏刑事法律制度方面的研究进展较大。杨积堂所著的文章在对《天盛改旧新定律令》的刑事法律条文梳理后，认为西夏的法律形成了以“笞、杖、徒、死”为主刑，“罚、没、革、黥、戴铁枷”为附加刑的刑罚体系，并对各刑罚的具体适用进行了探讨。[②] 姜歆在其文章中认为如将刑事法律制度从《天盛改旧新定律令》中剥离出来将会发现其刑事制度相当完备，业已形成了一整套完整的刑事法律体系，其中更以刑名和量刑原则为突出。[③] 同时姜歆还将西夏的监狱管理制度与唐宋的律令进行了比较。[④] 李鸣著文论证了西夏的法律制度无论是对司法机构的设立还是在诉讼审判制度方面都与鼎足而立的辽、宋、金有着相似的一面，同时也认为西夏具有“因时立法，缘俗而治”的羌族政权特色。[⑤] 陈永胜认为，西夏的“五刑”是有其特色的主刑，附加刑更兼具了财产刑和体罚刑的内容。[⑥] 杜建录分析后发现西夏的审判制度包括了判案期限、审判管辖、刑讯、取证、申诉、终审等方面。判案期限的确定由案件轻重来衡量，审判管辖则以级别管辖为主，在司法审判过程中，证据（人证、物证）的收集将作为审判的重要依据。当然并不是说西夏刑事司法程序已达到了很高的现代法律文明程度，这是因为一旦证人证言与原告陈述相同但被告仍不招供时，则可以刑讯逼供。值得注意的是这其中存在对刑讯人的约束——如果因滥施刑讯导致囚犯死亡，按律是要治罪的。关于终审的规定，对于重大刑事案件最终的决定权仍掌握在皇帝手中，如有僭越——未奏而自行判决则要依律治罪。[⑦] 姜歆对西夏的狱政管理进行了分析，其在《论西夏法典中的狱政管理制度——兼与唐、宋律令的比较研究》中提出，《天盛改旧新定律令》在对于囚犯的法律地位、生活饮食、医疗卫生、权利保障以及狱官的管理上已经形成了完整的监狱法律系统。[⑧] 张翅与许光县合著的文章提出，西夏自建国之后即已拥有了典章制度，其制定监察法律时便开始注意吸收和继承中原王朝的监察法制内容，且能够注意结合自身实际来适时调整具体内容，对本民族习惯给予了充分的保留。[⑨]

---

① 姜歆：《论西夏法典结构及私法在其中的地位》，《宁夏大学学报》（哲学社会科学版）2003 年第 1 期。

② 杨积堂：《西夏刑罚体系初探》，《宁夏大学学报》（哲学社会科学版）1999 年第 4 期。

③ 姜歆：《论西夏法典中的形式法律制度》，《宁夏社会科学》2003 年第 6 期。

④ 姜歆：《论西夏法典中的狱政管理制度——兼与唐、宋律令的比较研究》，《宁夏大学学报》（人文社会科学版）2004 年第 5 期。

⑤ 李鸣：《西夏司法制度述略》，《西南民族大学学报》（哲学社会科学版）2003 年第 6 期。

⑥ 陈永胜：《试论西夏的刑罚》，《甘肃理论学刊》2006 年第 1 期。

⑦ 杜建录：《西夏的审判制度》，《宁夏社会科学》2003 年第 6 期。

⑧ 姜歆：《论西夏法典中的狱政管理制度——兼与唐、宋律令的比较研究》，《宁夏大学学报》（人文社会科学版）2004 年第 5 期。

⑨ 张翅、许光县：《西夏监察制度探析》，《宁夏社会科学》2007 年第 2 期。

3. 民事立法研究方面

西夏的婚姻制度方面：邵方的研究成果颇丰，先后撰有《试论西夏的婚姻制度：〈天盛改旧新定律令〉》[①]《西夏亲属关系的法律效力及拟制》[②]《西夏婚姻制度的特征——兼论女性在西夏婚姻中的地位》[③]《西夏婚姻家庭法律制度研究》[④]《略论西夏法律对党项社会婚姻制度的规定》[⑤]《西夏服制与亲属等级制度研究》[⑥]《西夏党项社会的族际婚》[⑦]，并出版了专著《西夏法制研究》[⑧]，对西夏的丧服制度、同居共财的规定都进行了深刻的法理分析，同时由此衍生出对“亲亲相隐”和“荫庇”“连坐”的看法。韩小忙对这一领域也进行了涉猎，针对西夏的婚姻制度[⑨]和妇女地位[⑩]提出了自己的观点。史金波则从法典中对亲属和婚姻的称谓角度分析了西夏的婚姻制度。[⑪]

西夏的民事契约方面：王新元将目光放在了《西夏天盛二十二年卖地契文》所反映的西夏政权的法律制度问题及有关西夏政权的其他问题上。[⑫] 王元林针对《西夏光定未年借谷物契》从“契约的法律依据及其作用”“契约所体现的经济问题”以及“契约所反映的民族问题”三方面进行了分析。[⑬] 赵彦龙则通过系统整理西夏契约，撰写了一系列关于西夏契约的文章，[⑭] 并集结成书[⑮]。

4. 行政立法研究方面

李范文[⑯]、文志勇[⑰]结合自己的理解分别对《西夏官阶封号表》进行了考释。王绍坤[⑱]与史金波[⑲]则对西夏的职官制度进行了梳理和概括性的分析，具有开创之

---

① 邵方：《试论西夏的婚姻制度：〈天盛改旧新定律令〉》，《民族研究》1998 年第 4 期。

② 邵方：《西夏亲属关系的法律效力及拟制》，《固原师专学报》1999 年第 4 期。

③ 邵方：《西夏婚姻制度的特征——兼论女性在西夏婚姻中的地位》，《宁夏社会科学》2003 年第 6 期。

④ 邵方：《西夏婚姻家庭法律制度研究》，《河北法学》2003 年第 5 期。

⑤ 邵方：《略论西夏法律对党项社会婚姻制度的规定》，《法学评论》2003 年第 1 期。

⑥ 邵方：《西夏服制与亲属等级制度研究》，《法学评论》2004 年第 3 期。

⑦ 邵方：《西夏党项社会的族际婚》，《西北民族研究》2004 年第 3 期。

⑧ 邵方：《西夏法制研究》，人民出版社 2009 年版。

⑨ 韩小忙：《〈天盛改旧新定律令〉与西夏婚姻制度》，《宁夏大学学报》（哲学社会科学版）1999 年第 2 期。

⑩ 韩小忙：《从〈天盛改旧新定律令〉看西夏妇女的法律地位》，《宁夏大学学报》（哲学社会科学版）1997 年第 3 期。

⑪ 史金波：《西夏党项人的亲属称谓和婚姻》，《民族研究》1992 年第 1 期。

⑫ 王新元：《〈西夏天盛二十二年卖地契文〉研究》，《西北第二民族学院学报》1994 年第 4 期。

⑬ 王元林：《〈西夏光定未年借谷物契〉考释》，《敦煌研究》2002 年第 2 期。

⑭ 赵彦龙：《西夏契约研究》，《青海民族研究》2007 年第 4 期；《西夏契约成立的要素》，《宁夏师范学院学报》2007 年第 5 期；《西夏契约再研究》，《宁夏社会科学》2008 年第 5 期。

⑮ 赵彦龙：《西夏文书档案研究》，宁夏人民出版社 2010 年版。

⑯ 李范文：《西夏官阶封号表考释》，《社会科学战线》1991 年第 3 期。

⑰ 文志勇：《〈西夏官阶封号表〉残卷新译及考释》，《宁夏社会科学》2009 年第 1 期。

⑱ 王绍坤：《西夏官制述略》，《宁夏文史》1991 年第 9 辑。

⑲ 史金波：《西夏的职官制度》，《历史研究》1994 年第 2 期。

功，对学者的进一步研究有着指导性意义。雷天寿分析了西夏的行政管理体系。[①]张金明通过三篇系列文章，综述了宋辽西夏时期朝廷的反贪腐举措，对今天的治贪有着重要的借鉴意义。[②] 赵彦龙认为是西夏开明的政治制度使谏官得以盛行，是西夏兴盛的主要原因之一。[③] 张翅等认为西夏监察法制既吸收和继承了汉族的法律制度，又结合本民族的实际进行了内容的调整并保留了浓厚的民族法律特征，在中国监察制度发展史上居于独特的历史地位。[④]

5. 经济立法研究方面

杜建录撰文认为，从《天盛改旧新定律令》可以看出西夏在手工业和农业的管理上已经实现了产业分离，冶矿、铁器制作、金银加工、货币铸造、酿酒、采盐、制陶、纺织、印刷等行业的发展突飞猛进。[⑤] 张玉海从畜牧业、冶金业、盐酒业和商业等方面就国家对经济的控制这一问题进行了梳理和分析，认为西夏的禁榷制度在这些方面都有所体现，并提出正是禁榷制度使得西夏的经济得到了充分发展，在与辽、宋、金对峙时起到了重要作用。[⑥] 顾吉辰[⑦]、陈炳应[⑧]、李学江[⑨]分析了西夏的货币制度，对西夏货币法令给予了高度评价。

党项是在草原上成长起来的民族，因此国家对于农牧业的法律规定有着鲜明的民族特点。姜歆认为西夏的《厩牧律》是国家对于从事畜牧业者进行残酷盘剥的法律基础，满足了贵族进行奢侈消费的需求，对研究西夏的民族成分、宗教信仰以及伊斯兰教传入中国的路线都有一定的价值。[⑩] 杜建录总结西夏官牧制度的发达为西夏建立骑兵队伍提供了物质基础，也因此西夏在对宋的贸易当中掌握了牲畜产品出口的主动权。[⑪]

土地制度方面：李蔚认为正是开垦荒地使得西夏逐步形成了个体小农土地所有制，而农业小生产者又面临着残酷的封建剥削，国家与贵族、地方、僧侣地主竞相剥削小农业生产者。[⑫] 杜建录通过对西夏土地制度的分析，认为与中原王朝封建租佃制不同的是西夏社会走向了封建农奴制的发展方向。[⑬]

---

① 雷天寿：《西夏行政管理探微》，《宁夏大学学报》1995 年第 2 期；《西夏行政管理体制特点刍议》，《天津师范大学学报》1997 年第 6 期。

② 张金明：《宋辽西夏时期的反贪启示录》（上），《中国人事报》，2000 年 10 月 24 日；《宋辽西夏时期的反贪启示录》（中），《中国人事报》，2000 年 11 月 3 日；《宋辽西夏时期的反贪启示录》（下），《中国人事报》，2000 年 11 月 24 日。

③ 赵彦龙：《试论西夏谏官制度》，《宁夏社会科学》2002 年第 2 期。

④ 张翅、许光县：《西夏监察制度探析》，《宁夏社会科学》2007 年第 2 期。

⑤ 杜建录：《〈天盛律令〉所记的西夏手工业》，《固原师专学报》2000 年第 1 期。

⑥ 张玉海：《从天盛律令看西夏榷禁制度》，《宁夏社会科学》2000 年第 1 期。

⑦ 顾吉辰：《西夏货币制度演变及其流通渠道》，《宁夏社会科学》1991 年第 3 期。

⑧ 陈炳应：《西夏的丝路贸易与钱币法》，《中国钱币》1991 年第 3 期；《西夏的衡制与币制》，《中国钱币》1994 年第 1 期；《西夏货币制度概述》，《中国钱币》2002 年第 3 期。

⑨ 李学江：《从〈天盛改旧新定律令〉看仁孝时期的西夏货币》，《固原师专学报》1998 年第 4 期。

⑩ 姜歆：《西夏〈天盛改旧新定律令〉厩牧律考》，《宁夏社会科学》2005 年第 1 期。

⑪ 杜建录：《西夏官牧制度初探》，《宁夏社会科学》1997 年第 3 期。

⑫ 李蔚：《略论西夏的小农土地所有制》，《中国经济史研究》2000 年第 2 期。

⑬ 杜建录：《论西夏的土地制度》，《中国农史》2000 年第 3 期。

税收方面：史金波对西夏文记载的农业税收内容进行了释译。[①] 通过对西夏土地税账册的分析，赵彦龙认为西夏政府异常重视土地交易的税收，对征税的程序规定严谨，建立起了税收方面的磨勘制度，奖励催税管员，对偷漏税行为严惩不贷，因税收而进行的贪污受贿处罚则更为严厉。[②]

6. 民族风俗宗教立法研究方面

邵方对西夏的原始宗教、佛教、道教的法律制度进行了系统的分析。[③] 姜歆认为《天盛改旧新定律令》中对于佛、道等教进行规定是为了将宗教制度法律化，希望借助宗教的世俗化服务于统治者，以至于宗教对司法影响大，而对立法影响小。[④] 韩小忙通过归纳《天盛改旧新定律令》中关于道士的规定和处罚，试图找到道教在西夏流行的原因以及国家对其实行的管理模式。[⑤] 在法律对佛教的规定方面，韩小忙[⑥]、崔红芬[⑦]认为《天盛改旧新定律令》罕见地将佛教的相关内容进行规定，既体现了奉佛国家对于佛的尊敬，也实现了统治者对僧侣行为的有效约束。

7. 军事立法研究方面

李蔚认为《贞观玉镜统》并非一般意义上军队在和平时期驻防演练所使用的兵书，而是西夏在面对宋夏军事斗争严峻形势下，西夏君主及时组织官员进行修订、颁行，供西夏军队作战时使用的军事法典。[⑧] 陈炳应通过分析认为西夏文兵书《贞观玉镜统》对研究西夏的兵制、军律、兵书、经济和中国的印刷术等都有非常重要的价值，它使得西夏形成了一支人数较多的军队，将官与军人上下熟悉，从而提高了战斗力。[⑨]

8. 法律思想研究方面

关于对西夏法律思想的研究方面，现有成果和论著少之又少。目前仅姜歆和邵方对《天盛改旧新定律令》的法律思想有所涉猎。姜歆认为《天盛改旧新定律令》的颁布和执行意味着西夏法律价值、制度、风格基本定型，所体现的儒家正统法律思想趋于成熟。[⑩] 邵方经过研究指出，西夏通过效法中原王朝的政治制度，在国内倡导儒学，推崇以孝为美德以及建立完备的家庭亲属关系，是西夏在《天盛改旧新定律令》中体现唐宋法律礼法结合特征的主要原因。[⑪]

---

① 史金波：《西夏农业租税考——西夏文农业租税文法译释》，《历史研究》2005 年第 1 期。

② 赵彦龙：《论西夏土地税账册文书——西夏账籍文书研究之二》，《宁夏师范学院学报》2008 年第 4 期。

③ 邵方：《西夏的宗教法》，《现代法学》2008 年第 4 期。

④ 姜歆：《西夏法典〈天盛律令〉佛道法考》，《宁夏师范学院学报》2009 年第 4 期。

⑤ 韩小忙：《〈天盛改旧新定律令〉中所反映的西夏道教》，《西北师大学报》（社会科学版）1998 年第 3 期。

⑥ 韩小忙：《〈天盛改旧新定律令〉中所反映的西夏佛教》，《世界宗教研究》1997 年第 4 期。

⑦ 崔红芬：《〈天盛改旧新定律令〉与西夏佛教》，《宗教学研究》2005 年第 2 期。

⑧ 李蔚：《略论〈贞观玉镜统〉》，《宁夏社会科学》1997 年第 5 期。

⑨ 陈炳应：《西夏兵书〈贞观玉镜将〉》，《宁夏社会科学》1993 年第 1 期。

⑩ 姜歆：《西夏法律思想定型化初探》，《固原师专学报》2004 年第 2 期。

⑪ 邵方：《唐宋法律中儒家孝道思想对西夏法典的影响》，《法学研究》2007 年第 1 期。

（二）外国学者的研究情况

由于特殊的历史原因，国外，尤其是苏联和日本，在研究西夏历史方面时间长，成果集中且突出。

“十月革命”之前，苏联学者伊凤阁①和鄂登堡②针对从中国运回的大批西夏文书进行研究。从20世纪20年代开始，聂历山③、龙果夫④等人开始有规模地研究西夏学，其中对于西夏的法律制度略有涉猎。自20世纪50年代后，苏联从事西夏学研究的学者就更多了，其中克恰诺夫⑤、戈尔芭切娃⑥、捷连吉耶夫—卡坦斯基⑦等人的研究视角已从语言文字转向了全面深入探讨西夏的法律和文化。

日本方面，首推冈崎精郎，他从1947年起即开始发表一系列关于西夏民族信仰、习惯法律和法典等问题的文章，考释详尽，史料颇丰。⑧ 此外，松沢博⑨、

---

① ［俄］伊凤阁：《黑城的西夏写本》《西夏文文献》《西夏语言数据》《西夏史一页》等文，载孙伯君编：《国外早期西夏学论集（一）》，民族出版社2005年版。

② ［俄］鄂登堡：《从黑城携来的佛像》，载孙伯君编：《国外早期西夏学论集（一）》，民族出版社2005年版。

③ ［俄］聂历山：《西藏文字对照西夏文字抄揽》《关于西夏字典》《西夏研究小史》《西夏文字及其典藏》等文，载孙伯君编：《国外早期西夏学论集（二）》，民族出版社2005年版。

④ ［俄］龙果夫：《夏汉字典中“尼卒”型的二合字》，载孙伯君编：《国外早期西夏学论集（二）》，民族出版社2005年版。

⑤ ［俄］克恰诺夫、［德］傅海波（H. Franke）：《11—13世纪的西夏文与汉文军事法典》，《巴亚尔科学院哲学历史论文集》（第104卷），慕尼黑，1990年；《贞观玉镜统1101—1103)》，莫斯科，2005年，第5-34页；《天盛改旧新定律令1129—1169)》（共4册，包括文献刊布、翻译、研究），莫斯科，1988—1989年；《1170年的西夏文卖地契》，《东方写本遗迹：历史与语文学研究》（1971年卷），莫斯科，1974年，第193-203页。

⑥ ［俄］戈尔芭切娃、克恰诺夫编：《西夏文写本及刊本——苏联科学院亚洲民族研究所藏西夏文已考订写本及刊本目录》，莫斯科，1963年，第5页。

⑦ ［俄］A. Л·捷连吉耶夫—卡坦斯基著，崔红芬、文志勇译：《西夏物质文化》，民族出版社2006年版。

⑧ ［日］冈崎精郎：《中国西北史研究·五代时代夏州季氏を中心に——昭和21年度人文科学研究费补助による研究报告（要旨）》，《人文》3：1，1949年；《五代期における夏州政権の展开》，《东方学》9，1954年；《宋初における二三の禁令とタングート问题——李継迁の兴起をめぐって》，《东洋史研究》18：1，1959年；《宋初における夏州政権の展开と贸易问题——西夏建国前史の一节として》，《追手门学院大学文学部纪要》1，1967年；《タングート惯习法と西夏法典》，《田村博士颂寿东洋史论丛》，京都大学文学部东洋史研究室，1968年。

⑨ ［日］松沢博：《西夏文·谷物贷借文书私见（2）——天理図书馆所蔵夏汉合璧文书断片を中心として》，《东洋史苑》38（龙谷大学），1992年。

岩崎力①、岛田正郎②、植松正和滋贺秀三③通过不同的视角从西夏的法典特点、法律结构、法律沿革、部门法律等方面进行深入的探讨和研究，对于西夏法律史学术研究的推进作出了重大贡献。

除以上两个国家外，对于西夏法律史进行研究的还有美国的邓如萍（Ruth Dunnell）（博士论文 Tanguts and the Tangut state Ta Hsia④ 及其承担的《剑桥中国史》西夏部分⑤）、保罗（Paul Friedland）（博士论文 A reconstruction of early Tangut history）、费正清（John King Fairbank）（《剑桥中国史》隋唐部分），法国的汉米尔顿（Hanmilton）⑥ 和德国的弗兰克（Franke）⑦。这些学者通过对党项——西夏历史的沿革和转变的探讨，为西夏法律史的研究提供了新的视角和思路。

四、西夏法律的研究意义

西夏是中国历史上众多封建王朝中的一个，但其特殊性却是不容忽视的。选择西夏法律的封建化进程为题进行讨论，不仅在理论上为西夏学研究、民族地方法律史研究以及中国传统法律的整合研究提供了一个崭新的视角，而且在今天借鉴外来法律指导中国法律的特色实践方面也有着重大的现实意义。

（一）研究西夏各项法律制度的理论价值——夹缝中求生存的西夏法典

党项最初是以唐所属藩镇的姿态出现在历史舞台上的。然而由于唐末田制的崩坏，社会呈现纷扰的乱象。五代时，各路诸侯争相逐鹿中原，无暇西顾，为党项的生存营造了有利的外部环境。党项的首领正是能够抓住时机，在这种复杂的周边大国夹缝中寻求自己的立国途径，最终得以和平建国。

对于中国传统法律文化的研究而言，西夏法制在中华法制文明演进中的地位是非常特殊的。元昊“慕中原文化”，同时自诩党项拓跋氏本为北魏拓跋氏的后裔，更具正统性。因此，在西夏建国后，执政者一方面以吸收汉族先进的法律制

---

① ［日］岩崎力：《五代のタングートについて（上）西夏建国前史の再検讨（4）》，《人文研纪要》64，2008 年；《五代のタングートについて（下）：西夏建国前史の再検讨（4）》，《中央大学アジア史研究》33，2009 年。

② ［日］岛田正郎：《西夏法典初探——その1，正刑と付加刑他 -》，《法律论丛》69 - 3，1997 年；《西夏法典初探——その2，十悪》，《法律论丛》70 - 2，1997 年；《西夏法典初探——その3，偷盗》，《法律论丛》70 - 5，1997 年；《西夏法典初探——その4，犯奸と违律の婚》，《法律论丛》71 - 1，1998 年；《西夏法典初探——その5，私畜》，《法律论丛》71 - 6，1998 年；《西夏法典初探——その6，鬪殴·误杀伤》，《古代文化》51 - 2，1999 年。

③ ［日］植松正、滋贺秀三编：《元典章·通制条格——附，辽·金·西夏法》，《中国法制史—基本资料の研究—》，东京大学出版会，1993 年。

④ RUTH DUNNELL. Tanguts and the Tangut state Ta Hsia. Ph. D. , Princeton University, 1983.

⑤ ［德］傅海波、［英］崔瑞德主编，史卫民等译：《剑桥中国辽西夏金元史》，中国社会科学出版社 1998 年版。

⑥ HANMILTON, JAMES R. Les Ouighours à l'époque des einq dynasties d'après les documents chinois. Paris: Presses Universitaires de France, 1955.

⑦ FRANKE, HERBERT, ed. Sung biographies. 4 Vols. Wiesbaden. Franz Steiner, 1976.

度作为法律改革的大方向；另一方面则注重对党项民族习惯法律的传承和改进。通过法律、军事、官制、风俗、宗教等方面的改革，西夏迅速形成了强大的凝聚力，体现了“以佛治心、以道养生、以儒治世”的理念。法律制度反映了一个国家处理各种社会生活纠纷时的根本思维逻辑，更是这个民族法律文化特征的主要体现，因而，研究西夏法律制度演变之轨迹必然能够有助于窥探西夏法制由原始习惯法向有党项民族特色的封建制法律演进的法制封建化全貌。但是，受西夏事迹多用西夏文记录和正统观念根深蒂固的影响，正史中关于西夏的记载或评价往往过于简单或片面，更毋庸说关于西夏的法律方面了，这就一度造成了当今学术研究的偏差或者空白。所以，研究西夏一朝对于法律制度的相关规定，应当成为我们研究西夏法律所关注的对象之一。从这个意义上讲，通过对西夏法律制度的全面考察，应当可以提供如何处理外来文明与本土文化相融合的路径，即在吸收先进经验的同时，还应注重对本民族文化生活习惯的保留。对于少数民族法律史而言，作为少数民族政权的社会运行制度，必然对当时的外部环境产生过特殊的影响。中华民族是一个多民族融合的大家庭，中华法系的形成固然以汉民族的法律制度为主导，但也与少数民族的智慧贡献分不开。

（二）研究西夏法律封建化的现实意义——外来法律本土化的得与失

研究西夏法律封建化，是为了正确认识西夏法律制度发展的得与失，以及它在社会中所处的位置和价值，从而掌握法律演进的客观规律，以便弘扬民族传统法律文化中的优秀因子，使社会主义法治建设道路走得更为稳健。

西夏前期与辽、北宋、吐蕃、西州回鹘等势力并立，仁宗时期发展至鼎盛，同金、吐蕃、回鹘称强。当其制度进入僵化时期，先前充满朝气的法律制度逐渐丧失了活力，最终在绵延了190年后化为历史的尘埃。近年来，发生在清末民初的地方自治运动作为一次大规模的法律移植活动成为学界的一个关注热点。有学者分析，从法律文化的角度来看，这无疑是一场本土文化与外来法律文化之间的重大博弈。地方势力与中央集权的冲突、既得利益集团对于国家法律的不满，以及随着改革推进而出现的“改革综合症”等因素的反作用导致了这次运动最终归于沉寂。不难看出，在吸收外来文化的冲突时所产生的“排异反应”，是外来的先进制度在本国“水土不服”走向衰亡的重要内因。这种理论的提出，为研究西夏法律封建化过程中的诸多曲折提供了新的视角。陈景良教授认为：“中国古人视法为君主定分止争，塞民上乱的工具，其地位虽然重要，但其主导功能却在于强制和惩处；礼虽有启人向善的功能，但思想家的主旨在于强调社会个体的道德自觉，而不从保障个体权利与自由的角度设定法的情神。”在中国法律文化的传统中，法与礼在维护社会秩序中的侧重点和事实方式各不相同，二者是有机统一的。西夏自建国之初，即已开始向中原王朝借鉴先进制度，对于儒家的学说更是表现出浓厚的兴趣。但是当儒家思想进入到西夏制度体系后，其本民族特有的“凝聚力”也逐渐丧失。不难看出，制度的优越性对于政权的发展与巩固起着至关重要的作用。一个由少数民族建立的西夏政权，在某些方面几乎超越了宋朝，更创造了灿烂的法律文化，“党项族”却最终消失在历史的尘埃中。究其原委，概因成吉思汗在临终前曾嘱咐子孙定要将党项灭族。待到蒙古吞并西夏后，发觉仅将党项族人全部杀掉是实现不了灭族的，只要党项的文化得以传承，那这个民族就不会消失。于是执政者改变了策略，首先灭其语言，不许使用西夏文字，禁止民俗礼节传统，毁弃庙宇佛塔。一个民族的人找不到文化的归宿自然就逐渐消亡了。

法律是一个国家、一个民族文化的重要体现。对西夏法律的研究，有助于我们认识如何在世界发展的全球化进程中准确定位自己，既不能文化迷信，也不能墨守传统，而是要找到二者的最佳契合点，做到与时俱进。

五、以往研究中存在的困难和问题

黑水城西夏文献的陆续出版扩展了西夏法律史研究的广度和深度，但是，经过数百年的风蚀，这些材料大多残缺不全。要完全弄明白材料的含义，需要历史学和考据学的深厚基本功，这是法学出身者的弱项。此外，从现已整理出版的《俄藏黑水城文献》《英藏黑水城文献》《法藏敦煌西夏文文献》《日本藏西夏文文献》和《中国藏西夏文献》等第一手资料来看，这些流传下来的法典、契约文书、法律文书以印刷方式形成的毕竟为少数，大多为手工抄写而成。这些材料中大多字体潦草，为辨认和学术研究带来困难。

众所周知，元昊建国后，为了确立自己的中心地位，便命野利荣仁制定西夏文字，并在西夏境内广泛使用。公元 1227 年，随着西夏的灭亡，党项后裔并入了蒙古，西夏文字逐渐淡出历史舞台。尽管通过西夏人自纂的《文海宝韵》《番汉合时掌中珠》《音同》《五音切韵》《纂要》《三才杂字》《义同一类》等音韵书籍和字典，今人得以研习西夏文字，从而得以了解考古发掘的西夏文文献，但掌握一门语言需要耗费相当大的时间和精力，且西夏文是已经“死亡”的文字，即便对西夏文有所掌握，仍不能确定是否为其本义。法律史学者的任务主要是通过历史材料进行纵向的法律研究，因而不可能要求每个法律史学者都是语言专家，这也为西夏法律史的研究带来一定的困难。

据统计，法学专业出身对西夏法律史研究者少之又少。从学术梯队上看，尚未形成像研究宋代、明代、清代法律史那样的西夏法律史专门学术团队。这无疑会使西夏法律史的研究松散和缓慢，导致西夏法律史的深度没有得到更好的发掘。

清代官员开复的适用条件与程序

姚秀兰　党丽敏

开复制度是清代的一项重要的官吏管理制度，凡受到罚俸、降级留任、革职留任、降级调任、革职五大类共十九等级行政处分的官员，因满足相应条件，可依相关程序恢复其俸禄、品阶和职位。

由于该制度处于处分制度与任用制度的衔接环节，所以自始至终都表现出极为明显的程序性。在本质上，开复制度的核心就是行政处分的效力问题。因而流程中的每一个环节都紧扣着资格条件与时效条件。从程序上保证了受处分的官员可以因处分完成而恢复相应的权力，实质上则保证了处分效力在实际运作中的充分性。

一、法定开复的一般适用条件

（一）前提条件：以行政责任为限度

中国古代针对官吏的犯罪及过错行为，有公罪、私罪之分。这个区别起初是作为追究官员刑事责任的基准，随着行政责任去刑罚化的历史演进，这种定性也成为官员承担行政法律责任的基本准则。《嘉庆会典》规定："凡官，罪有二：曰公罪，有处分以励官职；曰私罪，有处分以儆官邪。"《光绪会典》对其具体含义作了进一步解释："公罪，是因公事获罪，及虽私事获罪而出于无心者，如失察家人之类。"其设立目的在于"以励官职"，即通过处分公事活动中的各种错失以提高行政效率。私罪指"因私事获罪，及虽公事获罪而出于有心者，如徇庇属员"，其设立目的在于"以儆官邪"[①]，即针对官员利用职务之便而行私人之利的主观恶意。

清代行政处分的立法出发点，正是根据公罪私罪的危害程度不同，而规定为公罪从宽，私罪从严。例如，《钦定六部处分则例》中规定："其公罪有至降调革职，非事关重大者，酌改从宽。"[②] 公罪罚俸者、降级者，准用加级、记录抵销；私罪罚俸者，皆实罚，降级调用者，皆实降，虽然有加级、记录不转抵销。[③] 之所以确立公罪从宽的原则，主要是由于公罪多为因公致误，甚至有些过

① 《大清会典》（光绪）卷一一《吏部》。

② 《钦定六部处分则例》卷一《公式·处分条例注明公罪私罪》。

③ 《大清会典》（嘉庆）卷八《考功清吏司》。

错如水旱灾害等意外事故造成民间普遍损失，虽与官员的管理不力有关，但天灾非人力完全可以抵御，责罚过重，对官员个人也不公平。

清代行政处分，据规定“凡处分至革职则止焉”，但若过错严重，即所谓的“革职有余罪者”[①]，更有“甚者曰：永不叙用”。处分而至于“革职永不叙用”则不可开复。

对于后果严重的公罪，即便是无心之失，责任超出行政处分范围，仍须承担刑责。若过失情节严重，交由刑部审理，将可能受到流或者流以上的刑罚，并且可能会失去开复的机会。例如，乾隆十五年（1750 年），云南、贵州两省运京铜铅沉溺一案，本为公罪，因损失重大，故判令“逾年赔完免罪，不准开复”。实际上，对于公罪以情节是否严重而区别对待，其本质就是在区分行政处分和刑罚。

古代中国法律传统中，行政处分与刑罚始终长期交融混合。清代时，虽然行政处分与刑罚有了较为明确的区别，例如刑事案件一般由刑部审理，主要依据《大清律例》，而行政案件一般由吏部处分，主要依据《处分则例》。但在一定程度上仍然相互交融，例如《大清律例》中规定的许多行政违纪行为仍被认为是犯罪而处以刑罚。而一些后果不严重的私罪，虽然从性质上属于刑事犯罪，但由于当事人的官员身份，只处以行政处分。故而，就开复的条件而言，只允许开复不严重的公罪和私罪，都是力图将责任追究限定在行政责任的范围内，而不欲上升至刑事责任。开复制度本身就是行政责任去刑罚化的典型表现。故而，在原则上，开复的前提条件便是以行政责任为限度。

（二）时效条件：处分期满

在清代开复程序中，处分时效也是一项基本条件。一般案件自处分决定作出时即可确定处分期限，至期满方可满足开复的时效条件。

可以开复的处分有五大类十九个等级，根据处分不同，期限也有所不同。

1. 罚俸

原有一月、二月、三月、六月、九月、一年、二年，共七等。据顺治十八年（1661 年）谕“其三年之内，如有罪过罚俸，仍照日月扣除”[②]，可知罚俸处分期的计算即以法定的七个等级为准。

2. 降级留任

在清初只是规定京官在一年之后可以开复，而没有对外官的开复年限作严格规定。顺治十八年（1661 年）谕“内外各官，降级仍留任者，三年无过，俱准题请复级”[③]，确定了受降级留任处分，无分内、外官，皆需三年期限。

但在降级留任处分中，如果出现品级低至无级可降的特殊情况时，则可试看一年，然后决定是否开复。清初曾规定“应该降级留任者，议革职留任；议降级

---

① 《大清会典》（光绪）卷一一《吏部》。

② 《大清会典》（康熙）卷一一《吏部九·开复抵销（追捕罚俸附）》。

③ 《大清会典》（康熙）卷一一《吏部九·开复抵销（追捕罚俸附）》。

调用者，则议革职”[1]。雍正三年（1725年），因迁安县知县王孔彰失察矿徒一案中，典史刘然无级可降，应革职，但考虑到“凡文武微员，其过愆本不至革职，因无级可降而遽行革职，似属太过，况远省微员，罢斥回籍，路费艰难，更觉可悯，其微员罪止降调，无级可降者，作何酌量，仍留原任，定以年限开复之处”[2]，所以最终定为革职留任。但是在实际中，“若照此例，则有级可降者，已至调用，转不如无级可降者，得以仍留原任。立法未为允协”[3]。也就说受到同样的行政处分，有级可降的官员，即职位高者需要调用，无级可降者即职位低者反而留任。革职留任者，顶戴虽去，声势如故，其实比降级调任还轻。这样反而有失立法的公平。于是，雍正八年（1730年）规定：“从九品未入流等官无级可降，遇应行降调之案，在三级以内者，如到任已历数月，著该督抚将居官，如何之处，声明到部，居官好者议以革职留任，三年无过开复。平常者议以革职，或甫经到任，尚未定其贤否，亦著该督抚声明到部，议以暂行留任，俟试看一年能黾勉效力，准其三年开复。平常者照例参革，至各部院笔帖式例应降调者，亦令各该管官声明送部。”[4] 而后，又有“笔帖式从九品未入流等官，无级可降议以革职，如所降在三级以内，咨询平日居官贤否以别去留，降级数多者仍革职”[5]。也就是说，无级可降者有一年的查看期，根据表现，方决定是否开复。

3. 革职留任

雍正四年（1726年）谕：“向来革职留任官员，从前无开复之例，但年久奉职无愆，亦应示以鼓励。嗣后革职留任之员，如四年无过，该督抚等题明，准其开复，著为定例。”[6] 补充了革职留任官员的开复期限为四年。乾隆年间规定“凡降级留任官三年无过开复，革职留任官四年无过开复”[7]，此后基本上沿用这一规定，即以降级留任三年，革职留任四年为常例。但是，在此之外，也有一些例外的情形会减少或增加年限。如革职留任不到四年即开复者，有乾隆十年（1745年）谕曰：“礼部尚书来保，前在刑部尚书任内，有革职留任之案，今已阅三年。著准其开复。”[8] 而延长为五年、六年、八年、十年、十二年方准开复的例子也不少，其中又以六年、八年、十年较多见。例如，乾隆四十四年（1779年），直隶按察使文禄在司任内获咎，经引见仍补授直隶按察使，“带革职留任，五年无过，方准开复”。[9] 又乾隆九年（1744年），闽省属有收受规礼之事，“本应照例处分，朕念人员众多，特格外加恩。曹显庚等，著照部议革职从宽留任；陆福宜等，著照部议所降之级从宽留任；潘汝龙，俟补官之日，亦著照部议所降

① 《清世宗实录》卷七八。
② 《清世宗实录》卷七八。
③ 《清世宗实录》卷九一。
④ 《清世宗实录》卷九一。
⑤ 《大清会典》（乾隆）卷六《吏部·考功清吏司·功过》。
⑥ 《大清会典》（雍正）卷一七《考功清吏司·开复抵销》。
⑦ 《大清会典》（乾隆）卷六《吏部·考功清吏司·功过》。
⑧ 《清高宗实录》卷二三七。
⑨ 《清高宗实录》卷一〇九五。

之级从宽留任。以上各员、部议革职提问者，俱俟六年无过，再行开复”[①]。又乾隆四十三年（1778 年）三月，谕曰：“直隶布政使单功擢，徇庇劣员，又曾保举卓荐，经军机大臣会同该部，议以革任，固属罪所应得……单功擢，著加恩仍留直隶布政使任，其革任之处，仍照例注册，但此案情节重大，非寻常公过处分可比，俟八年无过，方准开复。”[②] 乾隆三十三年（1768 年），“鄂宁著降补福建巡抚其革职之案，带于新任，十年无过，方准开复”[③]。嘉庆三年（1798 年）六月，据军机大臣会同吏部议奏广西省仓谷缺贮一案中，“以降调之丁忧留办军务知县史书笏等四员俱著从宽改为革职留任，八年无过，方准开复。议以降二级调用不准抵销之州县袁镛等十二员，亦著从宽改为革职留任，俟四年无过，方准开复。议以革职之州县王千骥等三十一员，著从宽免其革任，俟十二年无过，方准开复”[④]。尽管作出处分时所确定的年限比法律规定的一般情形要多甚至几倍，但实际操作上，常会因为官员表现优异，或者有功绩而缩短开复期作为奖励。例如，嘉庆十六年（1811 年），谕“朕本日驻跸正定府隆兴寺行宫，沿途民妇，夹道欢迎，约有数万人之多，具见该民人等情殷望幸，爱戴出于至诚……总督温承惠绥抚有素，约束得宜，著加恩赏还头品顶带，所有伊前得革职留任处分八年无过方准开复之案，著改为四年无过照例开复，以示奖励”[⑤]。

4. 降级调任、革职

这两种处分情况，由于已经离开原任职位，牵扯众多，须经过主管官考察，若依例可以开复，或由谕旨交部审议，或由督抚出具考语送部。不管何种方式，都应由督抚送部引见，引见后待旨定夺。[⑥]

（三）实质条件：处分期内再无过愆

官员受到罚俸、降级、革职等处分而申请开复时，除了经过一定的期限外，还要求在规定的期限内没有发现旧问题或者发生新过错，即不能再有处分。否则，会因处分累加而延长开复期限。乾隆十四年（1749 年）议准：“在外督抚，在京三品以上大员，遇有降革留任等案，扣满年限，即从各本衙门，将年限内有无过愆之处，逐一查明。如年限内并无罚俸及别案降革留任事故，或虽有降罚之案，业经以纪级抵销者，准其咨部，具题开复。若有罚俸之案，未经抵销，即照例俟罚俸之银缴完，扣完，再行咨送开复。或别有降革留职之案，亦照定例，后案在前案限内满者，前案限满，后案并行咨送开复，后案在前案限外满者，俟后案限满，一并咨送开复。至若开复之限已满，续有议处之案，应行罚俸及降革留任者，其后案处分，既在前案开复限满之后，应仍将前案移送开复，由部逐一查

① 《清高宗实录》卷二二九。
② 《清高宗实录》卷一七八。
③ 《清高宗实录》卷八一三。
④ 《清仁宗实录》卷三一。
⑤ 《清仁宗实录》卷二四一。
⑥ 《钦定六部处分则例》卷二。

覆具题，其应行开复案件，原可随时咨报查办，不必限定汇题。”① 如《乾隆会典》中规定：“未开复之前有罚俸之案，于年限内加扣罚俸月日，见缴者免扣；如复有降革之案系奉旨从宽留任者，计案递加，扣满年限方许开复；系例应留任，则计其后案开复；在前案年限之内者，前后案并准开复。如在前案年限之外者，以后降后革之日为始计满年限开复。”② 有些官员在处分期内再受处分，严重者甚至数案累计，导致开复期限长达十数年甚至数十年。

二、法定开复的常规程序

（一）提出申请

法定开复的启动，一般是由已满足开复条件的官员主动向其上一级主管部门主管官员呈交书面申请。在呈文中，须如实说明相关情况。“如属官隐瞒本身罪过，呈请开复者，亦罚俸一年。”③

若申请无瑕疵，该主管官员不得拒绝受理。在特殊情形下，甚至主管官员会主动排查下属处分完成情况。

清代文官按京官和外官区分，其上级官员也有所不同。外官的主管官员一般为该省的巡抚或总督，京官则为其所在衙门的长官，即“堂官”。特别的，职位高的“例得自陈之大臣”如外官督、抚，京官三品以上大员，由于其直接主管上级就是皇帝本人，所以直接向皇帝奏请开复。

（二）逐级核查

对于提交的开复申请，有权受理的主管官员应审查其是否满足开复条件。经核查属实，文官即应移送咨文上报到吏部，武官则报至兵部，特别之案可以送都察院或宗人府等，地方微员则逐级上报至该管督、抚。

在上报程序中，每个环节负责人均负有审查义务。也就说巡抚或者总督，堂官、转详官，吏部官员均负有审查义务。特别的，得以自请的大员，虽然直接向皇帝申请，不经过吏部具题，但皇帝会交由吏部审查。由督、抚具题的地方微员案件，吏部同样负有审查义务。

对于负有审查义务的各级官员，所需承担的责任也非常明确：“内外官不将降级罚俸情由查明，遽题请开复者，题请官罚俸六个月。转详之司道府等官罚俸一年。如督、抚将伊等续有之降级罚俸情由，不行题明遽请开复者，罚俸一年。至本官已经申呈开复，该管上司勒措不详者，罚俸一年。督、抚不具题者，罚俸六个月。”④

① 《大清会典事例》（光绪）卷八六《吏部·处分例·官员开复一》。

② 《大清会典》（乾隆）卷六《吏部·考功清吏司·功过》。

③ 《大清会典》（康熙）卷一一《吏部·考功清吏司·开复抵销》。

④ 《大清会典》（康熙）卷一一《吏部·考功清吏司·开复抵销》。

（三）上报皇帝

督、抚及吏、兵部收到咨呈开复申请文件后，经核查确定申请者满足开复条件，应以题奏的书面形式上报皇帝。

上报皇帝的方式，依照官员品阶、京官、外官、案件类型等不同，一般分为专案具题和汇题两种。所谓专案具题即以一案为单位向刑部或者皇帝呈送审理报告，审理报告本身被称为题目。但凡内容、性质相同，不必一事一奏的事务，可汇集起来，定期题奏，谓之汇题。据《光绪会典事例》规定，京官三品以上议叙处分开复，俱专案具题；四品以下降革处分专案具题；其降革、留任、罚俸、处分以及议叙开复入于十日汇题。外官三品以上，议叙开复降革处分，俱专案具题；道府降革处分及降革开复原官者，俱专案具题；降级处分有加级抵销者亦专案具题；其降革、留任、罚俸等项处分以及议叙并开复降革留任等项，又数案降革，只开复一二案者，俱入于十日汇题。[①]

对于因公诖误而导致降级的，以奏折的形式上报皇帝。“康熙三十八年谕，嗣后官员有因公诖误降级者，三年满日，开复时，停其具题，该部缮折启奏。”[②]

（四）最终裁定

开复申请上报皇帝，最终由皇帝裁定是否给予开复。若皇帝同意给予开复，则由吏部注销处分，将案件归档，该官员按规定进入铨选程序。关于注销处分，也有严格规定：“又议准：各官参罚，功司移付选司，注册立案。开复时，功司移文内，若年月款项，与前册不符，即行驳查，不得朦胧注销。”[③]

若皇帝认为不应开复，则会驳回申请。如道光元年（1821 年）：“谢天樛，前于嘉庆二十三年在武定府任内，延案拖毙人命，经和舜武参奏，钦奉特旨革职，留于东省缉拿祝现等六逆，迄今未获一名，其所获寻常命盗案犯，皆系会同地方官协拿，无功足录，乃不知愧奋，始而在巡抚衙门具禀，希图奏请开复，继则遣人赴都察院呈诉，妄思邀恩录用，实属谬妄。本应按律治罪，姑念伊前在指挥任内，曾有缉获逆犯微劳，业经革职，即留缉亦属无用，著即押令回籍，若再不知安分，定当严惩不贷。”[④] 此案中，皇帝认为已革知府谢天樛的功绩非因其个人能力所得，因此不予开复。

对于驳回者，可以再次申请开复，但再次申请时须注明曾经驳回。“同治五年奏准：降革人员，或尚未保奏开复，或开复之案已驳，或行查尚未议准，或开复之案已准，仍令补缴银两，如续有劳绩保举，令该员将前案曾否开复，有无准驳，自行详细呈明，于保案内声叙，以便稽查。如不呈明前案，致后案蒙混照

---

① 《大清会典事例》（光绪）卷八一一六《吏部·处分例·官员开复一》。

② 《大清会典》（雍正）卷一七《考功清吏司·开复抵销》。

③ 《大清会典》（康熙）卷九《吏部七·还职》。

④ 《清宣宗实录》卷二一。

准，一经发现，照蒙混例，革职。”①

三、特殊开复的适用条件与程序

清代官员管理制度相对成熟，除一般性规定之外，在制度设计上不避烦琐，尽量兼顾各种特殊情形。引起处分的事由不尽相同、所受处分的轻重有别，以及不同职位、官阶的特殊性，在开复制度中对这些特殊情况就有了各自的适用条件及相应的特殊处理程序。

（一）计案开复

计案开复的特殊之处在于所涉及的案情类似现在的项目管理性质的事务，如捕盗、工程之类，中途换人对整体进度会有不利影响。特别是一些大型工程项目，由受处分的官员继续负责管理，有助于保证项目进展的稳定性。所以，清代对于因缉拿盗贼不利、拖欠钱粮、修建河工失误之类案件，尽管已经因过误而处分了相应官员，但为了鼓励尽快完结案件，会根据实际的进展状况，以项目完结为标准而及时开复，不必坐等“三年”“四年”之后再开复。顺治十八年（1661年）规定：“拖欠钱粮，能作速完解，缉拿盗贼，能依限捕获者，不拘月日，俱即准题请开复。”②《大清律例》也规定：“凡州县侵挪亏空，审明确系知府、直隶州知州徇隐，应着落独赔之项，将徇隐之知府、直隶州知州革职离任。其州县亏空银米，依侵挪等赃年限，先于本犯名下尽数着落严追，一年限内全完，系侵欺之项，本犯拟死罪者，照例减二等发落；拟军、流、徒、杖者，照例释免。若系挪移之项，至二万两以上者，本犯照例释免；未至二万两者，本犯照例准其开复。其徇隐之知府，亦一体准其开复。”又如，针对兵饷延迟延误的官员规定：“州县、卫所官降三级，司道府直隶州各降二级，督抚各降一级，皆令其戴罪督催，完日开复。”③再如，盐池渠墙堤堰岁修大修工程中“如有玩误浮冒者，将该管协助各官降一级，戴罪督修，工完之日，盐政题请开复”④。

这种以项目完结为标准的特殊的制度设计是为了激发官员的积极性，提高相应案件的完成效率，所以开复期没有下限，只要任务完成即可开复。但为防止出现长期拖延、久而不结的情况，每种案件的办理限期是有上限要求的。超过最长限期仍然不能完成，则要接受进一步处分。

以缉拿盗案为例，康熙初年，盗案多为两参制，初参疏防之后，限一年拿获，如若不获则降调。也就是说此时盗案疏防例限（承缉盗案的期限，不同类型的案件规定的期限也有所不同）以案发之日期计算，而后以督抚题参疏防之日期算展限一年。在此一年期限内若完成任务，将盗匪缉拿归案，则不拘日月即可开

① 《大清会典事例》（光绪）卷八七《吏部·处分例·官员开复二》。
② 《大清会典》（康熙）卷一一《吏部·考功清吏司·开复抵销》。
③ 《大清会典事例》（光绪）卷《吏部·处分例·起解钱粮物料》。
④ 《大清会典事例》（光绪）卷一〇六《吏部·处分例·修筑盐池》。

复。至康熙二十年（1681 年）发展为三参制，“凡道路村庄失事。承缉州县官及专汛武职，一年限满不获，降一级留任，再限一年缉拿。无级可降之官，革职仍留任，再限一年缉拿。如再不获，分别调用革任。其同城之知府，与捕盗之同知、通判，初参停升，罚俸六个月，限一年缉拿。如不获，罚俸一年，照案缉拿。道官及兼辖武职，初参罚俸六个月，免其停升，限一年缉拿。限满不获，罚俸一年。若未满一年之限升迁者，照离任官例，于新任内罚俸一年”①。也就是说在两参后，以上次期限届满之日起算又获得一次展限，延长了可获得开复的期限。雍正三年（1725 年）又发展为四参制：“承缉盗案，初限不获，降一级，无级可降之官，革职，俱留任，仍照旧例遵行外，至再限不获，例应调用革职者，今议再留任一年，如一年内能获盗过半，照例开复。”② 不论是二参制、三参制还是四参制甚至五参制，若超过参展期最终未能捕获结案就会再受处分。

（二）劳绩、军功开复

在清代的法律观念中，“国家纪功、纪过，赏罚维昭”，而“大小官员因公诖误，则降黜夺俸以罪之”，因而“其事情著有劳绩，或事后报罪邀恩者，俱得复其原官，食禄如故焉”③。劳绩开复就是一些官员受到降、革、罚俸等处分后，因为在其他事项中有立功表现而给予开复全部或者部分行政处分。实际是对有功劳官员的奖赏，也可看作戴罪立功，功过相抵。

第一，此类开复的首要条件即需要劳绩。清初，劳绩开复并不常用，仅针对一些重大的立功事件方准予开复，大多为战事功绩。例如，乾隆十四年（1749 年），“大兵进剿金川，经过陕省地方，一切安台马匹事宜，总督尹继善俱能星速赶办，调度得宜。于军行甚为有益。朕深为嘉悦。著将伊从前革职留任之处，加恩开复”。对于有些官员还限定，必须要有军功劳绩，才可开复。例如，同治元年（1862 年）谕：“凡加倍半不准捐复人员，非军功劳绩，不得保奏开复。”④

第二，针对不同的职位，劳绩的次数有不同的要求。例如，同城的道员及佐贰官失守城池，需要有二次劳绩，方准开复。不同城的知府，著有劳绩，即可开复。“同治二年奏准，同城之道员及佐贰官失守城池，革职无余罪者，如准其营督同克复，给予虚衔顶戴，再有劳绩，准其开复，均令补缴加倍捐复银两。至不同城之知府，革职无余罪，不同城之道员，例止降调，如准其留营督同克复，著有劳绩，经该督抚奏报到日，即予开复。亦令补缴加倍捐复银两，不准奏请免缴，其例应引见之员，俟捐项缴清，给咨部引见。”⑤ 但是，劳绩次数历朝多有变化，尤其清后期咸丰年间，因为社会动荡、战事频繁等原因，著有劳绩者非常多，各地官员稍有劳绩即请求开复，咸丰四年（1854 年），因为“已革知县黄元

① 《清圣祖实录》卷九六。
② 《清世宗实录》卷三八。
③ 《大清会典》（雍正）卷一七《考功清吏司·开复抵销》。
④ 《大清会典事例》（光绪）卷八七《吏部·官员开复二》。
⑤ 《大清会典事例》（光绪）卷八七《吏部·官员开复二》。

吉请予开复”，而“该革员屡经失事”，所以规定“因有微劳，遽请开复，未免过优。著俟该员再有劳绩，准其酌保，候朕施恩”。[①] 劳绩的次数要求也越来越多。例如，州县及同城知府捕盗等官，以及失守城池革职者需要四次劳绩方可开复。免罪留营人员需三次劳绩方可开复。“同治五年奏准，州县及同城知府补盗等官，及失守城池革职，减等议罪后，戴罪留营人员，再次得有劳绩，方准免罪，由刑部知照吏部，暂行存记，三次得有劳绩，给予虚衔顶戴，四次得有劳绩，准其开复。免罪留营人员，再次得有劳绩，给予虚衔顶戴，三次得有劳绩，准其开复，均令补缴加倍捐复银两，不准奏请免缴，其例应引见之员，俟捐项缴清，给咨送部引见。至戴罪、免罪留营各员，必须克敌献阵，战功卓越，方准保奏，其办理文案，筹办粮饷等项，寻常劳绩，不准行保奏。”[②]

第三，除了劳绩外，针对官员的职位和所受处罚不同，还需要附加其他特殊的条件。其一，大多均还需要补缴银两。如咸丰五年（1855 年）奏准：“城池并未失守，而地方被贼滋扰，及地方失守，本无城池，降革人员，如得有劳绩，经督抚大臣保奏开复者，俱令补缴加倍捐复银两，不准奏请免缴。”“咸丰五年又奏准，失守被扰降革人员，保奏开复，并尽先遇缺等项，除令其分别加成补缴捐复银两外，其尽先遇缺等项，并令逐层补缴减半银两，俟银两缴清，给咨送部引见。”[③] 其二，失守废遣人员，奏准释回，复奏留戍者，获得开复的劳绩必须是留戍时期始终努力而得。“同治三年奏准，失守废遣人员，奏准释回，复奏留在戍，得有劳绩，准其奏奖虚衔顶戴，再有劳绩，保奏开复，仍令补缴加倍半捐复银两，不准奏请免缴，俟银两缴清，给咨赴部引见。”对于此项规定，又有特别说明：“此项人员必扣足三年之限，始终出力，不得因偶有劳绩遽请开复，如非该员实能始终奋勉出力，该处办事实在需员，不得滥用留戍，豫为保奏虚衔及开复原官地步。至发遣释回，未经留戍，已回原籍者，得有寻常劳绩，不得援以为例。”[④]

武官戴罪者，“得功则开复”[⑤]。武职官员军功开复，不限处分等级，只要有功即可开复。例如，光绪二十九年（1903 年）谕：“已革大名练军参将马振武，拿获逸匪郝振邦有功，恳恩开复原官，得旨。”[⑥] 是革职者亦得以军功开复的例子。

（三）审虚开复

审虚开复的对象主要是被参革职并交由督抚，或刑部、都察院等审理的官员。经审理，认定该官员并没有过错，应撤销处分。“凡官员果有冤抑者，旧例

---

① 《清文宗实录》卷一四九。

② 《大清会典事例》（光绪）卷八七《吏部·官员开复二》。

③ 《大清会典事例》（光绪）卷八七《吏部·官员开复二》。

④ 《大清会典事例》（光绪）卷八七《吏部·官员开复二》。

⑤ 《大清会典》（嘉庆）卷三八《兵部·职方清吏司》。

⑥ 《清德宗实录》卷五二四。

许于吏部呈办。康熙八年覆准，年久已结之案，有在吏部呈办者，概不准行，如有冤抑，许赴通政司鼓厅控告，至降级革职之官，或在通政司鼓厅呈辩具题者，吏部查明冤抑果真，准其开复。其同案内处分之人，一并昭雪。"① 在此类案件中，"大凡革职发审之员若审明是虚，即应准其开复，不得混称已经革职"②。

审虚开复属于处分撤销，与其他开复情形的性质有别，因而其开复的后果也有极大的差异。但由于此类案件追溯至误参之人，惩误参之罪，往往涉及甚广，又因为在接受审理而停职期间，其原职位往往会被其他官员补缺，至案件审结时，该官员已难以回任原职。因此，吏部在铨选程序中，对此类官员多按照已革职再开复的情形处理。

雍正七年（1729 年），"湖广总督迈柱覆奏，湖北参革粮道张廷枢挪移南米纵役勒索一案，据供失察是实，应准监守自盗论，罪止杖流，准徒。因无婪赃情弊，折赎俱免……今迈柱既称，审明张廷枢并无贪赃款迹，惟一失察案款，即应奏请开复，何得仍以相沿陋习，含糊归结，甚属不合"③。针对此案的纠葛，雍正八年（1730 年）"谕内阁：凡官员始初被参，革职发审，及审系全虚，例应准其开复。该部往往但免其罪，而以已经革职无庸议含糊归结，非情理之正。又有原参重罪审虚，而该员尚有轻罪应以降级罚俸归结者，则应开复其官，按其所犯，与以降级罚俸之处分，方于情法允协……审系全虚，照例准其开复"④。对于无过案件与其他处分案件竞合的情况，则规定"如该员先经别案革职者，本案审虚，止将审虚之案开复，其从前降革之案，不得概与开复"，"其先经别案降革留任者，本案审虚亦将审虚之案开复，俟补官日，仍将从前降革留任之案，带于新任"，"至原参重罪审虚，而该员尚有轻罪，例应降级罚俸者，将原参革职之案，准其开复，按其所犯轻罪，分别议处，永著为例"。⑤ 同时，为了严明吏治，乾隆时期，明确了误参官员的法律责任，同时也对明确规定承审官不详请开复者的后果，从而明确了官员审案责任，有助于政治管理。

审虚开复的案件，若完全没有责任，可以适用一种简易程序，即随误参之案声明开复。"遇官员被参革审之案，审系全虚，该督抚及该衙门应该随案切实声明准其开复。"

另外，"若原参重罪审虚而该员尚有笞杖轻罪，应降级罚俸者，亦随案切实声明，将原参革职之案开复，仍按其所犯轻罪分别议处，如该督抚及该衙门并未将参革之案于本内声请开复，仅胪列各项轻罪听候部议者，仍行驳回，俟切实声覆后再按例定议"⑥。若该督抚等有意苛驳，不为声请，结案后，准本员赴部告理，经部查核案情，专折请旨饬令该督抚及衙门据审查明，俟覆奏到日，如实系

① 《大清会典》（康熙）卷一一《吏部九 · 开复抵销》。
② 《清世宗实录》卷八一。
③ 《清世宗实录》卷八一。
④ 《清世宗实录》卷八二。
⑤ 《清世宗实录》卷九二。
⑥ 《钦定六部处分则例 · 举劾 · 误参官员审虚开复》。

例应开复不应声请者，即将该员奏请开复。

（四）特旨开复

特旨开复则是在一般法律程序之外，由皇帝行使其最高权力在官吏管理中实施特别干预，以诏书或谕旨的方式发布其特别旨意，而给予特定官员的开复。可以分为恩旨开复和特例开复。

所谓恩旨开复，多为在皇帝诞辰、登基、巡游及其他重大庆典或礼仪活动中，对受罚官员集体特别开释，在性质上属于皇帝行政奖励。所谓特例开复，是针对特定的个别官员而专门降旨开复，其提起并不限于某种礼仪性的政治活动背景，在性质上属于皇帝行使其特有的赦免权。

特旨开复的特殊性主要在于提起程序受成文法的约束非常小，因而表现出极强的灵活性，而且往往暗含非常具体的政策性诉求，故而在职官管理的法律层面不为常例。恩旨开复、特例开复的一般程序也可以看作简易程序。启动环节，一般是由皇帝主动启动，而主管官主动排查，只要核查情况属实，即由吏部查销。如“官员恭遇恩诏开复原议处分。凡历任现任内所有降革等项事故但与诏内开复之款相符者，即予销册，无庸具题”①。特别的，宗人府、内务府各官处分不由吏部核议者，居多应听本衙门自行查销。若是圣驾时巡各省地方官时，恩旨开复处分者，系督抚藩臬大员，俟咨册汇齐到日，另本具题。其四五品以下各官令该督抚造册送咨部归入汇题，无庸俟到齐再办。其未经造册以前遇有升调，该督抚随本另备咨文，逐案声叙吏部，即于议复本内核明开复，仍令入于汇咨册内备查。

四、结语

经历了一个长期的逐渐完善过程的清代开复制度，最终形成了一套体系完备的程序。从开复的提起到上报，从审核到裁决，其间的各项处理流程和期限，以及与其他相关制度的对接关系，每一个环节都做了具体的规定，且对于程序的违反者，明确了相应的行政责任，以促使各级官员积极地按程序处理。

在不具备现代意义的法治原则的社会中，对官员因过愆而处分，因处分消灭而开复，官员承担应有的责任，也因处分而得到锻炼。以这种方式培养官员的权力理性，虽是不得已而为之，但毕竟也是一种有序化的方式。从处分到开复这个完整过程，在微观上是官员自身行政能力“过而能改”的修复过程，在宏观上则是官僚体制的自我修复过程。正是这种统一性，支撑和维护了清代官僚体系的稳定性。观察并分析开复制度内在的规律和程序运作的原理，理解其所对接的历史背景，在法价值的层面理解法制文明的延续性，才是以古为鉴的可行之道。

---

① 《钦定六部处分则例·公式·恩诏核办事宜》卷一。

晚清民国亲属相奸罪存废所体现的亲属法伦理变迁[①]

张亚飞

一、导论

奸非罪在古代是一项很古老的罪名，因为性是奸非罪所侵犯的对象，性可以使人发生强烈的刺激，从而导致社会秩序混乱。故在远古时代，人们就开始对性行为有禁忌，即对时间和地点进行限制。婚姻制度是人类社会产生较早的社会制度，婚姻制度下的性关系是合法的性关系，而违反婚姻制度之外的性关系，就是非法的性关系，“公然猥亵亦即妨害风化实是历史上最古老的罪名”[②]。故从远古社会开始，即对性关系有严格的限制，延至后世，随着婚姻制度的产生、家庭制度的建立，亲属制度在此背景下自然诞生，于是亲属之间的性禁忌变得忌讳，历代法律对非法的性关系处分极重。

和奸罪的相关罪名包括“亲属相奸”“无夫奸”“通奸”“诱奸”“私奸”等。从唐律开始，一直到清代律典均保持了一致的条文，仅是刑罚轻重发生了变化。到1902年清末修律开始，随着对《大清新刑律草案》关于废除亲属相奸、“无夫奸”“通奸”的规定，礼教派与法理派展开了激烈的争论，最终当《钦定大清刑律》颁布时，没有采纳礼教派的观点。自此，和奸的相关罪名变为奸非罪，经《中华民国暂行新刑律》、《刑法第一次修正案》、《刑法第二次修正案》、《刑法草案》、《改定刑法第二次草案》、1928年《中华民国刑法》、1933年《中华民国刑法修正案初稿》、1934年《中华民国刑法修正案》、1935年《中华民国刑法》一直在发生变化，故有必要对“亲属相奸”的罪刑变迁进行分析。

另外，清末修律时期，由于礼教派与法理派针对《大清新刑律草案》中“亲属相奸”的存废进行了激烈的争论，李贵连教授称之为：“从文化上说，是外来法文化与传统法文化之争（或者说，是工商文化与农业文化之争）；从制度上说，是旧法与新法之争；从思想上说，是家族伦理与个人自由权利之争（或者说，是国家主义与家族主义之争）。”[③] 亲属相奸”进入了《钦定大清刑律》，礼教派胜利。

---

① 本文为2015年国家社会科学基金青年项目《近代中国法治与刑法伦理的变迁研究》（项目号：15CFX008）和2015年山西省高校哲学社会科学研究一般项目《晚清民国时期亲属犯罪研究》的阶段性成果。

② 蔡枢衡：《中国刑法史》，中国法制出版社2005年版。

③ 李贵连：《沈家本传》，法律出版社2000年版，第297页。

“亲属相奸”在《钦定大清刑律》中延续下来，说明法律在转型之初，封建伦理对立法影响巨大，清廷想实现中华法系的转型面临着很大的障碍。故清廷在立法过程中持有一种矛盾的心态，一方面想维护濒临倒台的统治，唯有通过变法来适应社会的发展；另一方面，社会不接受国家自上而下的变法，尤其是清廷统治者中礼教派极力维护封建伦理，保护其集团利益，生怕利益受到侵蚀，极力反对废除封建伦理的法条。

二、清末修律时期：立法与司法实践的断裂

（一）立法：固有法的延续

光绪三十四年（1908 年），《大清新刑律》草案已经拟定完毕，上交各省督抚签注。但由于新刑律须在新宪法施行之后才能颁布，正式立宪又在多年之后，且新刑律颁布尚需时日，而旧律又不适用于社会，故修改《大清律例》迫在眉睫。沈家本上书“旧律之删订，万难再缓”，并决定四项办法，一是删除总目，由于现行官职已经改革，故删除按照吏、户、礼、兵、刑、工六部分类的刑律总目。二是修订刑名，废除封建五刑之笞、杖、徒、流、死，改用死刑、安置、工作、罚金四项。三是采用新章刑法。“惟自同治九年以来垂四十年，通行章程，不下百有余条”[①]，经过甄别，决定其存废。四是采用简易例文。针对 2 000 余条例文，将已经不符合当时情形的，或另订新章，例文成为虚设，“或系从前专例无关引用者”，或例文互有矛盾者，均加以删并，改为简易例文。经过修改、修并、续纂、删除四项具体措施，一年多后，于宣统元年（1909 年）二月二十九日，《大清现行刑律》初稿修改完成，沈家本、俞廉三上书，共计编订律文 414 条，例文1 066条。清廷交宪政编查馆审核，又勘正 261 条，于宣统元年十二月二十三日上奏。又因为在宣统元年三月十六日通过《法院编制法》，“奏准变通秋审旧制，所有审判之覆核，京控、秋审之会录解勘与从前办法不同，均照新章更正，计修改五十七条，删除十条，加具按语”[②]。最终《钦定大清现行刑律》于宣统二年四月初七日颁布。

“亲属相奸”条是顺治三年（1646 年）增修的，雍正三年（1725 年）修改，乾隆五年（1740 年）又重新修订，到《钦定大清现行刑律》时增加了部分规定。《大清律例》规定奸义子妇比照奸缌麻以上亲之妻律，杖一百，徒三年。奸乞养子妇，比照奸前夫之女律，杖一百，徒三年。奸义女，比照奸前夫之女律，杖一百，徒三年。奸义妹，比照奸同母异父姊妹律，杖一百，徒三年。“亲属相奸”条到《钦定大清现行刑律》，改为奸同宗无服之亲及无服亲之妻者，处十等罚。“亲属相奸”亦分为三类：奸缌麻以上亲及缌麻以上亲之妾；奸从祖伯叔母，姑从夫姊妹母之姊妹及兄弟妻兄弟子妻者；奸父祖妾、伯叔母姑姊妹子孙之妇兄弟

---

① 故宫博物院明清档案部编：《清末筹备立宪档案史料》，中华书局 1979 年版，第 853 页。

② 故宫博物院编：《钦定大清现行刑律》，海南出版社 2000 年版。

之女，增加了奸义子妇、义女、义妹、同母异父姊妹的定罪量刑。

1907 年《大清刑律草案》分则第 23 章“关于奸非与重婚之罪”，均规定了和奸罪、重婚罪，因为和奸之行为礼教与舆论足以遏制，而不用刑法来制裁，故《大清刑律草案》废弃了旧律中奸非之条，仅规定单纯奸非罪。奸非之罪自元代以后逐渐加重，均处重刑。《大清刑律草案》中仅有第 278 条规定了和奸罪，第 272 条规定了猥亵之行为，第 273 条、第 274 条、第 275 条规定了奸淫之罪。

《大清刑律草案》在颁布伊始，引起众多非议，在这些争论中，主要出现了礼教与法理两派，由此开始了清末的“礼法之争”。这一场争论是传统法文化与西方法文化之争，家族主义与个人主义之争，固有法与移植法之争。礼教派维护家族本位立法原则，以维持封建制度为目的。而法理派则维护“人权”，坚持法理本位，进而以个人主义立法原则，建立君主立宪制，实现新政。在整个争论过程中，礼法两派都绝对地主张法理或礼教，法理派虽主张以西方法律思想和价值为价值判断，制定新律，但亦不抛弃大多数礼教条文。

高汉成先生再现了中央各部院、各省督抚的签注意见，这些意见几乎一致肯定了此次刑律草案的成绩，仅是对部分不合中国风俗和礼教的条款提出异议，[①]尤其是对第 23 章奸非罪的异议，认为和奸罪不及无夫之妇（处女）、孀妇，有坏礼防，突破男女之别，有损中国本土风俗。针对亲属相奸亦不属于和奸罪，认为属于破坏家庭伦理，离间亲属之间的亲密关系，破坏封建礼教，与中国风俗相背驰，使得忠孝观念败坏，礼义廉耻观念丧失殆尽，中国几千年来的封建礼教在刑律草案中几乎没有体现。为此，各省督抚、中央各部院一致认为须恢复亲属相奸罪，更须将寡妇、处女均列为和奸罪的处罚对象。

清廷将中央各部院、各省督抚的签注意见反馈给修订法律馆和法部，沈家本与修订法律馆迫于礼教派之反对意见，采取了“于有关伦纪各条，恪遵谕旨，加重一等”，然后送交法部。法部在《大清刑律草案》后加《附则五条》，明确规定亲属相奸条有关伦理礼教，不能随意废弃。《大清刑律草案》经过这次修改，定名为《修正刑律草案》，于宣统元年由廷杰、沈家本联名上奏。

《修正刑律草案》上奏后，不但没有平息争论，反而激起更大的风浪。礼教派代表人物张之洞已经过世，劳乃宣成为礼教派的领头人，与法理派展开了激烈的争论。劳乃宣针对《修正刑律草案》提出了反对意见，认为其违反伦理，向宪政编查馆上《修正刑律草案说帖》，针对“亲属相奸”条，提出亲属相奸“古称内乱禽兽刑。在中国习俗，为大犯礼教之事。故旧律定罪极重。在德国法律，亦有加重之条。若我刑律不特立专条，非所以维伦纪而防笃乱也”[②]，故“今拟其文曰‘奸父、祖妾、伯叔母姑姊妹子孙之妇、兄弟之女者，处死刑、无期徒刑。其余亲属相奸者，处一等至三等有期徒刑”[③]。

① 高汉成：《签注视野下的大清刑律草案研究》，中国社会科学出版社 2007 年版，第 67 - 168 页。
② 李贵连：《沈家本传》，法律出版社 2000 年版，第 312 页。
③ 李贵连：《沈家本传》，法律出版社 2000 年版，第 312 页。

沈家本反驳劳氏学说，“新草案和奸有夫之妇，处三等至五等有期徒刑。较原案又加一等者，原包亲属相奸在内，但未明言耳。此等行同禽兽，固大乖礼教，然究为个人之过恶，未害及社会，旧律重至立决，未免过严。究之，此等事何处无之，而从无人举发，法太重也”[①]，认为不应给予重罚，即使重罚，“间有因他事牵连而发觉者。办案者亦多曲声叙，由立决改为监侯。使非见为过重，何若是之不惮烦哉”？[②] 由于刑法太重，大多数和奸罪无法按律量刑，导致此罪形同虚设；如果法太轻，则人可以承受，受到惩戒则可起到警示效果。故此类案件处罚二等有期徒刑，与旧律刑罚相当，没有宽纵之嫌。“应于《判决录》详定等差，毋庸另立专条。”

后劳乃宣收回“亲属相奸”的修正意见，只对“无夫奸”和子孙违反教令进行争论。后《大清新刑律》附加《暂行章程》五条于1910年12月由资政院通过，于1911年1月25日颁布。“亲属相奸”入律，外表看是礼教派获得了胜利，然而并不代表法理派真正被打败了。这实质上是中西两种法律文化之间的较量，是西方个人主义法文化和中国传统家族法文化的较量。但礼教派与法理派的出发点都是为了巩固清廷摇摆不定的统治，希望通过国家上层建筑——修律和宪政，来实现国家自上而下的变革。但腐朽的清王朝已经不能阻止历史的脚步，上层建筑的改变已不足以维持社会的有效运行。

（二）司法实践：固有法的延续

从光绪二十八年（1902年）清廷设立修订法律馆开始，到宣统二年四月初七日（1910年5月15日）《钦定大清现行刑律》颁布，在这期间，司法实践中所适用的是《大清律例》的律条。而从1910年5月15日开始，到1912年2月12日辛亥革命结束，在这不到两年的司法实践中，适用《钦定大清现行刑律》来审判案件。因此，在清廷最后的十余年中，司法实践呈现出两个阶段，一是古代律学《大清律例》的适用，二是作为1911年1月25日《钦定大清刑律》颁布之前过渡形态的《钦定大清现行刑律》的适用。故清末修律时期刑事司法实践中亦有两个阶段：一是宣统元年（1909年）到宣统二年（1910年），这一时期还是适用《大清律例》；二是1910年5月15日《钦定大清现行刑律》的颁布到清廷灭亡，虽然1911年1月25日颁布了《钦定大清刑律》，但是其没有用于司法实践中。这两个阶段表现为传统律学向近代刑法的转变，所体现出来对固有法的延续和继受法的初步移植，使得两种法律文化在司法实践中呈现出激烈的碰撞，在县级、省级、国家三级审判机关中均呈现出此种特点。

清末修律时期的“礼法之争”表明当时立法上一直移植西方刑法，借以改造中国传统律学，而礼教派又不甘心全部西化，竭力要保持“无夫奸”这一体现礼教的条文，法理派也在一定程度上妥协，使得《钦定大清刑律》得以尽快

---

① 李贵连：《沈家本传》，法律出版社2000年版，第315页。

② 李贵连：《沈家本传》，法律出版社2000年版，第315页。

颁布。而司法实践中，清廷适用的是《大清律例》和《钦定大清现行刑律》，在光绪朝适用的还是《大清律例》中的封建五刑，而在宣统朝则适用了《大清律例》和《钦定大清现行刑律》的刑罚，没有适用《钦定大清刑律》。故清末修律时期亲属相奸的立法和司法实践是断裂的，立法一直趋向于西方刑法典内容，以日本刑法典为模板制定新刑法典，而司法实践中依然适用的却是旧律中的罪刑。这种情况到北洋政府时期逐步缓解，立法和司法实践逐步开始融合。

三、北洋政府时期：固有法与继受法的冲突和融合

（一）立法层面：刑罚的确定化

北洋政府时期，袁世凯将《钦定大清刑律》简单修订后，命名为“中华民国暂行新刑律”。《中华民国暂行新刑律》关于亲属相奸条文直接沿用《钦定大清刑律》。到 1915 年《修订刑法草案》第 306 条：“本宗缌麻以上之亲属相奸者，处四等有期徒刑。有夫之妇女，处三等有期徒刑。其知情相奸者，亦同。”① 本条较《中华民国暂行新刑律》第 290 条第一款没有变化，只是对有夫之妇女相奸者，加重到三等有期徒刑（三年至六年），刑法加重一等。《修订刑法草案》删除了“无夫奸”条。

再到 1918 年《刑法第二次修正案》第 16 章妨害风化罪第 239 条亲属相奸条：“四亲等内之宗亲相和奸者，处一年以上、七年以下有期徒刑。”② 此案中亲属范围和亲属种类都发生了很大的变化，但亲属范围与旧律服制图的范围相似，改为寺院计算法下的四亲等内的宗亲，如发生相奸者，处一至七年有期徒刑，与《中华民国暂行新刑律》和《修订刑法草案》中的刑罚相比发生了变化，不再区分几等有期徒刑，而是直接规定刑罚年限。到 1919 年《改定刑法第二次修正案》第 16 章妨害风化罪第 250 条：“四亲等内之宗亲相和奸者，处一年以上、七年以下有期徒刑。”③ 该条延续了 1918 年《刑法第二次修正案》的原文。综观北洋政府时期的刑事立法，“亲属相奸”延续了《钦定大清刑律》的规定，一直向西方刑法典靠拢，但同时亦不废除旧律中事关伦纪的条文。北洋政府时期刑事立法一直在旧律和新律之间权衡。

（二）司法实践：对亲属相奸罪的补充和扩张

北洋政府时期在司法实践中运用的是《中华民国暂行新刑律》、大理院判决例、大理院解释例来指导审判工作。大理院受到两方面的挑战，一方面是纷繁复杂、无所适从的法律，另一方面是新观念冲击影响下的各种新案件。进退维谷的大理院一方面要坚持旧律中的有关法律，另一方面要创制性地制造判决例和解释

---

① 黄源盛纂辑：《晚清民国刑法史料辑注》，元照出版有限公司 2010 年版，第 717 页。

② 黄源盛纂辑：《晚清民国刑法史料辑注》，元照出版有限公司 2010 年版，第 849 页。

③ 黄源盛纂辑：《晚清民国刑法史料辑注》，元照出版有限公司 2010 年版，第 849 页。

例，供下级司法机关运用，作为判决的依据，弥补立法的不足和疏漏。这一举措不但弥补了西方近代刑法的基本原则，而且弥补了旧律与司法实践之间的差距。

在大理院解释例中，妾与家长通奸，和奸之人在服制图内属于无服亲属，仍应以普通和奸罪论（七年上字第 759 号）[①]。这是因为刑律补充条例第 12 条对于刑律第 82 条第 2 项及第 3 项第 1 款，虽有称妻者，于妾准用之。如妾与家长兄弟无服，若二者相奸，应以普通和奸罪论，而不予以亲属相奸论。又有与再从兄弟之妻相奸，不能构成亲属相奸（九年上字第 503 号）[②]。上告人与某人系同曾祖，则上告人系某人再从兄弟，但其与某人之妻某氏并无服制，不能算作亲属相奸。上述两个解释例说明，在实际案件中，对暂行新刑律第 289 条的亲属范围作了进一步限制，妾与家长兄弟相奸，与再从兄弟妻相奸，都属于无服亲属，故不属于亲属相奸。

宜城县知事朱介曾称一国之法律，必与本国历史相关。中国古代刑律凡关于服制罪名，无不特别加重，即暂行新刑律无夫奸不为刑事犯。而第 290 条亲属相奸罪的处罚较第 289 条有夫奸罪重。“诚以为伦常为人生大本，悬法宜严。查前清现行律娶亲属妻妾者，以服制之轻重定罪刑之轻重。今民法未颁，婚姻制防，前清现行刑律当然继续有效。惟有效者仅制防其婚姻，设于成婚后告诉，在审判衙门当然不认为其婚姻成立，男女间是否仍独立为奸非罪。照新刑律第 290 条办理，大有疑义。”[③] 对此有两种处理意见，甲说认为婚姻制防，男女间媾和，即属奸罪。乙说认为虽然犯婚姻联防，男女间究因为婚姻条件而媾和，只能撤销其婚姻，不能认为其犯奸罪。最终大理院认为中国最重人伦，社会上兄亡以嫂为妻、弟妇为妻，此乃恶习，应禁止亲属相奸罪，以甲说为准。此解释例是对《暂行新刑律》和《中华民国暂行新刑律补充条例》亲属相奸罪的补充和完善。传统旧律中娶亲属妻妾的行为，根据服制远近来确定罪刑轻重。基于两个原因认定这个行为在民国初年为亲属相奸行为，一是北洋政府初期没有颁布民律，而运用前清刑律，故娶亲属妻妾的行为是亲属相奸罪；二是民国建立伊始，西方法律的个人主义思潮与传统律学中的家族主义处于一种对立和融合的状态，大理院一边想废除“无夫奸”的罪名，但又不得不面对娶亲属妻妾这一广为存在的现实，故对传统律学作出了妥协，承认亲属相奸罪。

北洋政府时期是一个旧势力没有完全被消灭，而新生力量也没有成长起来的时期，这种新旧之间的冲突在亲属相奸罪中表现得尤为明显。大理院对普通和奸罪给予了多方面的扩展和补充，使得亲属相奸罪符合近代西方刑法理论，变通了《中华民国暂行新刑律》中一些不适应社会现实的法律条文。大理院解释例和判决例对亲属相奸罪也作了进一步的变通和扩张，同时维护了传统律学。

---

① 郭卫编：《大理院判决例全书》，台北成文出版社有限公司 1972 年版，第 506 页。
② 郭卫编：《大理院判决例全书》，台北成文出版社有限公司 1972 年版，第 506 页。
③ 郭卫编：《大理院判决例全书》，台北成文出版社有限公司 1972 年版，第 264 页。

四、南京国民政府时期：罪刑法定原则的确立

1928 年《中华民国刑法》第 15 章妨害风化罪第 245 条："四亲等内之宗亲相和奸者，处一年以下、七年以上有期徒刑。"① 该条沿用了 1919 年《改定刑法第二次修正案》第 250 条的规定，到 1933 年《中华民国刑法修正案初稿》第 16 章妨害风化罪第 218 条："直系或三亲等内旁系血亲相和奸者，处五等有期徒刑。"② 这一修正案中亲属相奸的范围发生了变化，为直系或三亲等内旁系血亲，而且刑罚变为五等有期徒刑。亲属种类从"宗亲"变为"血亲"，范围从"四亲等内"变为"直系或三亲等内旁系"。到 1934 年《中华民国刑法修正案》第 16 章妨害风化罪第 225 条："直系或三亲等内旁系血亲相和奸者，处五等有期徒刑。"③ 这一条延续了 1933 年的规定。到 1935 年《中华民国刑法》第 16 章妨害风化罪第 230 条："直系或三亲等内旁系血亲相和奸者，处五等以下有期徒刑。"④ 一直延续 1933 年《中华民国刑法修正案初稿》的规定。

在南京国民政府时期，最高法院在司法实践中一直致力于趋近近代西方刑法理论，试图摆脱民初大理院在审理案件时处于传统律学与近代刑法之间进退维谷的境地，抛弃古代律学的罪刑，并逐渐缩小与当时刑事立法的差距，逐步融合。

在 1932 年 11 月 11 日刑事非字第 150 号所记载的案例中，⑤"刑法第 245 条之规定，以相和奸之人属于四亲等内之宗亲为限，随母改嫁之子，对于继父不得认为刑法上直系尊亲属，则对于继父一方之亲族，即不生宗亲关系，加有和奸行为，自不构成前项法条之罪"。周全梅自幼随母嫁入周维昌家为子，与其继父之胞弟周于香作邻居。周全梅后与其继叔母周江氏通奸，周于香发现后告到法庭，是否认定为亲属相奸？法律原规定继母不是刑法上之尊亲属，而继父之胞弟更不是其直系亲属，故周全梅与继父之胞弟妻子周江氏通奸，不是四亲等内之宗亲，不属于亲属相奸罪。

综上所述，南京国民政府时期，最高法院一直致力于弥合刑事立法与司法实践中的断裂，亲属相奸罪亦一直延续下来，亲属范围由"四亲等内之宗亲"，改为"直系或三亲等内旁系血亲"，相奸罪的亲属范围没有太大的变化。在司法实践中，和奸罪处刑依然较亲属相奸罪轻，亲属之间的和奸罪处罚重于凡人相奸罪。但是随着近代西方刑法的影响，罪刑法定原则亦受到近代平权立法思想的影响，亲属相奸罪的罪刑逐渐减轻。

---

① 郭卫编：《大理院判决例全书》，台北成文出版社有限公司 1972 年版，第 979 页。

② 郭卫编：《大理院判决例全书》，台北成文出版社有限公司 1972 年版，第 979 页。

③ 郭卫编：《大理院判决例全书》，台北成文出版社有限公司 1972 年版，第 1131 页。

④ 郭卫编：《大理院判决例全书》，台北成文出版社有限公司 1972 年版，第 1131 页。

⑤ 郭卫、周定枚编：《最高法院刑事判例汇刊（第 11 期）》，上海法学书局 1934 年版，第 38 - 40 页。

五、结论——亲属法伦理徘徊在家族主义和个人主义之间

纵观近代中国刑法中亲属相奸罪之变迁，均有亲属相奸罪重于凡奸罪，足见其重视伦理纲常，维系家族和睦，严厉打击威胁家族秩序行为，进而维持社会稳定的内在意义。亲属相奸律在秦律中有相关规定，到汉律有详细记载，至唐律分为三条“奸缌麻以上亲及妻”“奸从祖祖母姑”“奸父祖妾”。宋亦没有太大变化，明清律对亲属相奸作了更为详细的补充和完善，从而使亲属相奸罪成为凡奸罪中的一种特殊形态。

通过比较分析，发现清律亲属相奸罪较唐代处罚严重，旨在维持家庭秩序，保持亲属关系的和睦，利用严峻刑罚营造一种男尊女卑的社会秩序，使人们生活在家族主义之中，一切均由家长和族长做决定，极力压制个人主义，使其处于统治者所营造的社会秩序之中。但通过对清末修律时期的司法实践研究可以发现，因普通和奸罪和凡奸罪案件发生的命案之多，对清代统治者所宣扬试图创立尊卑有别的社会秩序产生了怀疑，即亲属关系并不是十分和睦的，而是一种对立，或者说一种仇视。

到“礼法之争”，针对“亲属相奸”发生了激烈的争吵，法理派认为奸罪问题是依靠教育可以解决的，而不是刑法所管辖的范围。礼教派认为如果不让奸罪入律，则难以维持尊卑有别、长幼有序的礼法，有损于家庭秩序，造成淫风大盛，国家失德。二者在立法上的争执主要体现在家族主义与个人主义之上。但最终和奸罪之“无夫奸”和“亲属相奸”入律，可见到1911年《钦定大清刑律》一方面继承了中国家族主义的立法，严守中国“男女之别”之传统社会秩序，严禁禽兽之“无夫奸”；另一方面，继受了近代西方刑法的立法指导思想，完全借鉴日本刑法典的体例，同时亦参考了德意等国刑法典。清末立法者在固有法与继受法之间平衡，寻求最合理、最完备的立法技术，立法者一直试图摆脱传统律学的束缚，企图用近代西方刑法理念来改造中国传统律学，短时间内融入了世界发展的大格局之中。

中国传统律学有关礼教与伦理的规定，一直流淌在中国人的血液之中，在国人心中留下了深刻的印象，人们依然注重家庭，家庭和睦在国人心中依然占有重要位置。但近五十年中国刑法在近代化的过程中，一直通过立法的技术层面和司法实践的操作层面，来改造中国传统律学。近代西方刑法一直注重个人主义的立法指导思想，与中国重视家族主义的社会现实不符。由此看出，单方面抛弃中国传统律学或完全继受西方刑法，均不可取，即不能单方面坚持家族主义或个人主义，只有学贯中西，充分融合，方能实现二者的有效结合。当前中国刑法中缺乏“亲属相奸”的规定，常常陷入社会现实中大量亲情伦理犯罪的尴尬境地，较常人相奸并没有区别，使得审判处于窘境，且在当前刑法典中无“亲属相奸”条款，故“亲属相奸”条款应列入刑法典，加重处罚，实现亲属伦理与刑法的完美结合。因此，可有效借鉴近代中国刑法变迁的历程，为当前中国刑事立法提供参考，摆脱仅通过改造立法和司法实践的指导来实现改造社会的目的的局面。